RBG

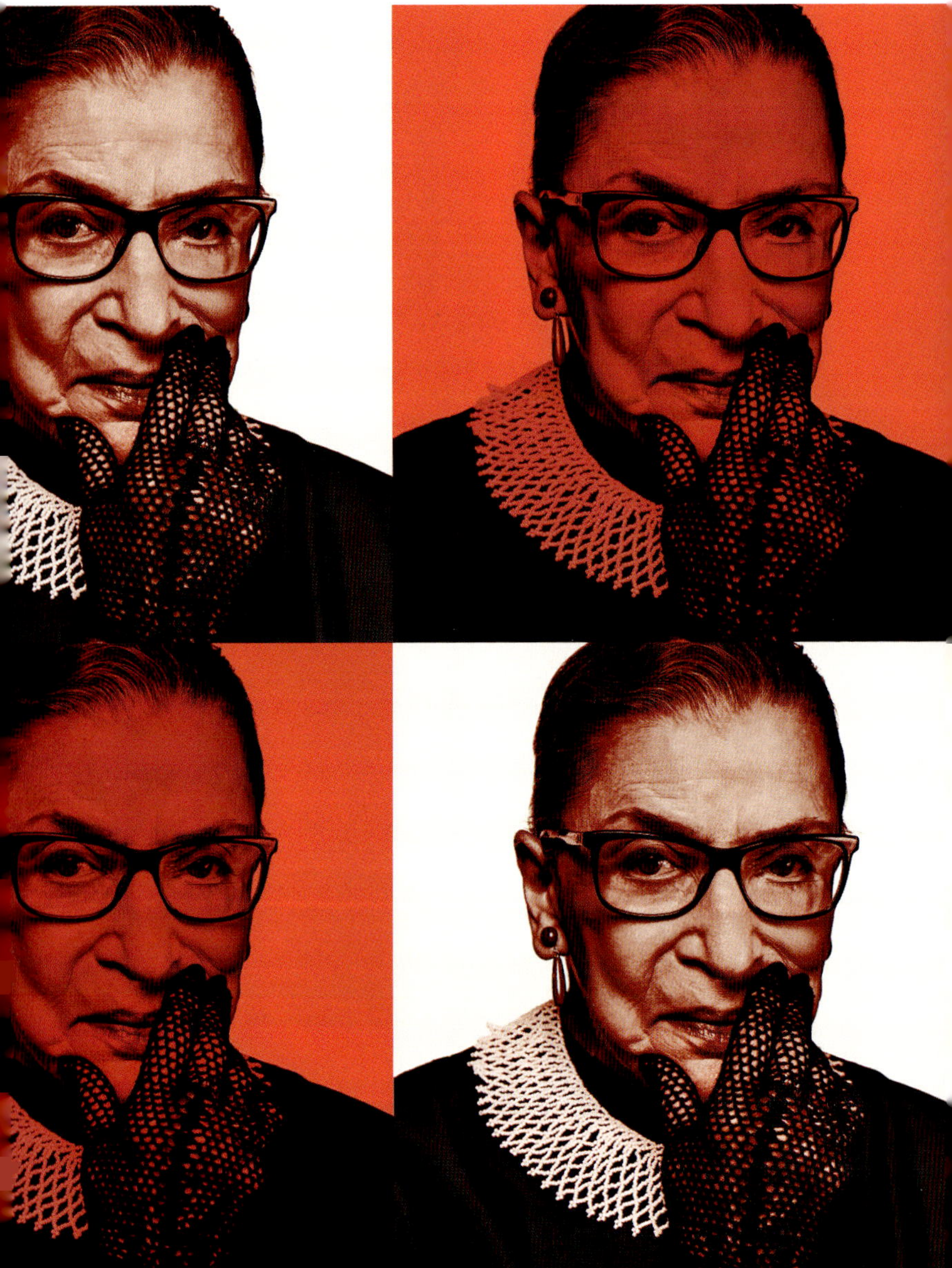

NOTORIOUS RBG

アメリカ合衆国連邦最高裁判事

ルース・ベイダー・ギンズバーグの「悪名高き」生涯

イリーン・カーモン　シャナ・クニズニク 著
柴田 さとみ 訳

光文社

いまを生きるわたしたちの土台をつくってくれた、
すべての女性たちへ

——もちろん、2020年9月18日に
最高裁判事のまま亡くなった
RBG、あなたにも
心からの感謝を込めて
（日本語版編集チームより）

CONTENTS

Published by arrangement with Dey Street Books, an imprint of HarperCollins Publishers,
through Japan UNI Agency, Inc., Tokyo

写真キャプションの肩書きはすべて撮影当時のものです。

著者まえがき

こんにちは。わたしの名前はイリーン。表紙に載っている名前は一つでも、本というのは共同作業でできている。しかもこの本の場合、名前は二つ。というわけで、わたしたち著者二人のこと、それからこの本ができるまでのことを、ちょっとだけ紹介しよう。

本書のもう一人の著者であるシャナは、ロースクールの学生だった当時にTumblr《タンブラー》でブログを立ち上げた。有名ラッパーのノトーリアスB.I.Gをもじって「ノトーリアスR.B.G」と題されたそのブログは、RBGこと連邦最高裁判所判事ルース・ベイダー・ギンズバーグを称えるファンサイトで、いわばデジタルなトリビュート作品だった。シャナのこのブログをきっかけに、世界的なRBG現象が巻き起こることになる。

一方のわたしは、ジャーナリストだ。ニュース専門放送局MSNBCでRBGにインタビューをさせてもらった（これ以上、この文にイニシャルをねじ込むのはやめておこう）。わたしとシャナはどちらもネット大好きな「#ミレニアル世代」だけれど、何か実際に手にできる、形あるものをつくりたいとも思っていた。――少なくとも、ブラウザのタブを閉じたら終わりじゃなく、デバイス上に保存できるものを。

この本のための調査とまとめは、二人で協力して進めた。執筆担当はわたし。なので、本文中に「わたし」とあったら、それはわたしイリーンのことだ。シャナはさまざまな画像の収集と管理も担当してくれた。

この本は、RBG本人の言葉（そのなかには二〇一五年二月にわたしが行ったインタビュー内で彼女が語ってくれたことも含まれる）、それにRBGの家族や、親しい友人、同僚、調査官たちへのインタビューを下敷きにしている。さらには、アメリカ議会図書館に収蔵されているRBGのさまざまな記録文書も掘り返した。他の誰かの記事をありがたく頼りにさせていただいた場合は、巻末注に参照元を記載している。

ギンズバーグ判事は二〇一五年五月、本書のいくつかの箇所についてファクトチェックをするため、わたしに直接会ってくださった。このとき、わたしは彼女の忍耐強い心の広さに触れるとともに、付き合っていた彼氏に「いま裁判所の連邦保安官がそっちに向かってるから」とメールするという、めったにない体験をさせてもらったのだった。

ノトーリアスB.I.Gへのオマージュを込めて、各章のタイトルは彼のリリックにちなんだ形にした。彼の遺産とその使用を許可してくださったソニー・ミュージックに感謝している。各章のタイトル文字を美しく描いてくれたのは、グラフィティ・アーティストの「Toofly」ことマリア・カスティーリョ。彼女は女性によるグラフィティ・プロジェクトも主宰している。さらに本書のいたるところには、さまざまな写真（この本で初公開となる写真もある）や、RBGへの愛に突き動かされたアーティストやクリエイターによる作品がちりばめられている。

見くびられがちだった一人の女性が、いかに世界を変え、いまも先頭に立って仕事に邁進《まいしん》し続けているか。もしあなたがそういうことを知りたいのなら、この本はきっと役に立つ。いや、自分はただ八〇歳を超えても腕立て伏せ二〇回をこなせるくらい体を鍛えたいんだ、というあなたにも、ちょうどぴったりな章がある。さらに、今回わたしたちはラッキーにも法曹界有数の優秀な頭脳に力を借りて、RBGの手がけた法的文書のキーポイントも解説させてもらった。

RBGは生涯を通じて抜きん出た人だけれど、けっしてソロ・パフォーマーであろうとはしなかった。彼女はつねに、ほかの女性たちや社会的に軽視されてきた人々を立ち上がらせることに力を尽くした。たとえどんなに不可能に思えても、同僚の判事たちと協力することに力を尽くした。

今回調べていくなかで知ったRBGのそういう姿を、わたしたちは率直にすごいと思ったし、それをいまからみなさんに紹介できることが、すごく楽しみだ。

1

NOTORIOUS

“ノトーリアス”

悪名高き判事

“ わたしはただ、良い仕事を
するために全力を尽くそうと
努めているだけです。
人を感動させられるかどうかを
考えたことはありません。
ただ、自分にできる最善を
尽くすまでです。 ”

—— RBG, 2015

三

二度を超える六月のその朝、繰り広げられるのはこんな光景だ。ビジネスカジュアルの夏服にランニングシューズを合わせた報道各局のインターンの子たちが、連邦最高裁判所の広報オフィスの周りにたむろしている。大理石の長い階段をばたばたと下って、裁判所から出された「意見書」を中継スタッフに手渡すためだ。事務官が並べた箱の数はきちんとチェックする必要がある。というのも、各箱には一つか二つずつ意見書のコピーが入っているからだ。長い意見の場合は、箱一つを丸々占めることになる。それは、法廷内にカメラが入ることが許されないがゆえに存在する、まわりくどい儀式だった。裁判所はおのれの伝統を厳重に守り、スタンドプレーを恐れているのだ。

静まり返った法廷の内側では、さながら舞台のような場面が展開されている。モーゼやハンムラビが彫刻されたフリーズ（帯状の装飾壁）の下、いかめしい表情で傍聴人に静粛を促す丸刈りの廷史たち。判事たちの足もとには、いまもまだ陶磁器製の痰壺が置かれている。午前一〇時きっかり。ブザーが鳴って、人々がさっと起立する。廷史の「静粛に、静粛に、静粛に！」という掛け声が響いたら、この界隈で「RBG」として知られるルース・ベイダー・ギンズバーグ陪席判事に注目してみるといい。翼のようにカーブを描くマホガニー製のベンチに着席しようとしている彼女の、首もとをよく見て。ガラスビーズをあしらった波形の付け襟が黒い法衣に沿うようにきらめいていたら、リベラル派にとっては悪いニュースだ。なぜならそれは、RBGが「反対意見」を示すときに身につける付け襟だから。

二〇一三年六月二五日のその日、RBGの首もとには鏡面仕上げの付け襟が、光を反射して青と黄色に輝いていた。このとき彼女はすでに八十代、もう二〇年にわたって連邦最高裁判事を務めてきた。その姿はか細くて、背中もすっかり曲がっていて、黒い椅子の高い背もたれの前ではことさらちっぽけに見える。彼女は二度、がんを患った。けれど、これでRBGも引退だろうと考えた人たちは、結局間違っていた。二度ともだ。五六年にわたって連れ添った夫のマーティン・ギンズバーグが死去したあと、さすがにこれまでどおり執務は続けられまいと考えた人たちも、やっぱり間違っていた。RBGは一日も休むことなく法廷に現れ、執務をこなした。徹夜で仕事をして、夜中の二時や三時に部下の調査官たちにボイスメールで指示を送った。

その日の前夜も長いものになった。先任順に並ぶ判事席の右から三番目に座るRBGは、ふだんはときおり大理石の円柱を見上げては、自分がいまいるのは本当に法廷か、それとも夢の中かと考えたものだ。けれど、この火曜日の朝、彼女の目は手もとのメモに注がれていた。意見はすでに完成している。ただ、彼女にはほかにも言うべきことがあって、それを完璧な形で伝えたかったのだ。左隣に座るサミュエル・アリート判事が二つの意見を読み上げているあいだ、彼女は熱心にペンを走らせていた。アリート判事の意見は、土地利用に関するものと、「インディアン児童福祉法令」にまつわる悲痛な親権訴訟に関するものだった。どちらも、報道陣が待ち受けていたものではない。なんといっても、この日の意見書は箱二つ分。まだあと一箱分、意見は残っている。

ジョン・ロバーツ首席判事の番がきた。ロバーツ首席判事は「シェルビー郡対ホルダー」裁判について、自らが執筆を担当した法廷意見を読み上げた。この訴訟では、選挙における人種差別を防ぐために一九六五年に制定された投票権法の中核部分について、その合憲性が問われていた〔訳注：

投票権法は、有色人種排除を目的とした差別的な選挙ルール（有権者登録時に識字テストを課すなど）を禁じる法。特に差別が根強く残る特定地域に対し、選挙法の変更時に連邦政府から事前の承認を得ることを義務付けた第四条および第五条がその中核となっていた。「シェルビー郡対ホルダー」裁判では、アラバマ州シェルビー郡がこの第四・第五条を違憲であると訴えた」。

ロバーツ首席判事は中西部的な人当たりの良さと、簡潔ながらエレガントな言葉づかいの持ち主だ。それらは彼自身が判事の前で弁舌をふるっていた弁護士時代、おおいに役に立ってきた。「投票におけるあらゆる人種差別は許しがたいものだ」、その朝、彼はそう宣言した。「しかし、この五〇年間で我が国の状況は変わった」

二〇世紀に入って制定された公民権法のなかでも最も重要な部分は、暴力に満ちた光景から生まれた。ミシシッピ州フィラデルフィアで殺害された公民権運動家たちの顔。アラバマ州セルマの橋の上で若きジョン・ルイスの頭蓋骨を打ち砕いた州兵たち。けれど、そのセルマから六〇マイル（約九六キロメートル）と離れていないシェルビー郡が起こした今回の訴訟は、そうして得られた権利を抑え込もうとするものだった。投票権に対するこの新たな挑戦に対して、ロバーツ首席判事がこの国に示したのは、慰めとなるような明るいイメージだった。黒人投票率の高まりによってバラク・オバマは大統領選に勝利し、アラバマ州やミシシッピ州には黒人の市長が生まれた。議会がほんの数年前に再承認した差別防止の保護規定は、もはや正当とは認められない。人種差別はいまではもうほぼ過去のものだ、わたしたちは前に進んでいい——。

RBGは静かに自分の番を待っていた。より多くの判事が賛同した多数意見が法廷で示されるのはふつうのことだ。一方、反対意見が声高に読み上げられることは少ない。それはいわば、火災報知器のスイッチを押すようなものだ。多数派のことを公の場でこきおろして、世界中に聞かせようというんだから。RBGはそのわずか二四時間前にも判事席から反対意見を二つ読み上げ、警報を鳴り響かせていた。一つはアファーマティブ・アクション（積極的差別是正措置）に関するもので、もう一つは職場での差別をめぐる二件の訴訟に関するものだった。「法廷は職場の現実を軽視している」と非難する彼女の横で、多数意見を執筆したアリート判事はやれやれという顔で目を回し、頭を振ってみせた。法廷という場ではめったに見られない、敬意を欠くしぐさだ。

投票権に関する判決が下されるこの日、法廷の貴賓席には、そのアリート判事の前任者でRBGの親しい友人でもあるサンドラ・デイ・オコナー元判事が座っていた。ロバーツ首席判事は意見を述べ終えると、こう付け加えた。「ギンズバーグ判事から反対意見が提出されています」

RBGの声はかすれて弱々しくなってはいたけれど、その朝、彼女の語る声にははっきりと情熱がこもっていた。アリート判事は凍りついたように、頬に拳をあてたまま身じろぎもしない。RBGは言った。投票権法の崇高な目的は、有権者への抑圧を防ぐことである。そして、その抑圧はより巧妙化し見えにくい形で、いまも残り続けている。当裁判所の保守派判事たちは制約に配慮し連邦議会に従うべき立場にあるが、彼らはあまりにも行き過ぎた。「本日のこの投票権法の破壊は、傲慢というほかない」、RBGは反対意見の中でこう書き記している。さらに、効力がありすぎるからという理由で投票権法を無力化してしまうのは、「濡れていないからといって暴風雨の中で傘を投げ捨てる」ようなものだとも述べた。

いま存亡の機に直面しているのは、「かつては夢見る対象だったものであり、我々の政体においてすべての人が有する平等な水準の市民権であり、我々の民主主義において人種ゆえに薄められることのない、すべての投票者の声」なのだとRBGは法廷に語りかけた。それは明らかに、マーティン・ルーサー・キング牧師の有名な演説「わたしには夢がある」を指しての発言だ。でも同時に、RBGにとって「平等な水準の市民権」という言葉は、とりわけ特別な意味があった。

四〇年前、RBGはさまざまな判事団の前に立ち、女性もまた憲法という目から見れば同じ人間なのだと彼らに突きつけてきた。女性も男性と同じように、平等な水準の市民権を与えられ、市民としてのあらゆる権利と責任を負うべき存在なのだと訴えてきた。どこへ行っても女だからと門前払いされてきた若き日のRBGは、キング牧師の運動に触発された社会活動の一端を担うかたちで、女性の権利をめぐる訴訟で訴訟代理人を務めるようになる。そして最高裁〔訳注：アメリカ合衆国連邦最高裁判所。連邦制度を採用するアメリカでは各州にも最高裁判所が置かれるが、本書で「最高裁」とのみ記載している場合は連邦最高裁を指す〕で弁論を行った六件の訴訟のうち五件で、勝訴を勝ち取るのだ。若い女性を雇いたがらなかった法律事務所や裁判所。妊娠したからという理由で女性を解雇したり、女性だからというだけで安い給料しか支払おうとしなかった上司たち。彼らは予想だにしなかったことだろう。彼女が、最高裁の法廷に座ることになるなんて。

RBGはよく、子どものころに母親から「怒るのは時間を浪費するだけ」と教えられたと語る。それ以上によく話に出てくるのが、義理の母親から聞かされたという結婚生活へのアドバイスだ。「ときには、ちょっと聞こえないふりをするのも役に立つものよ」。このアドバイスは、あからさまな性差別がはびこる古き悪しき時代から、保守派の反発を浴びた八〇年代、そして実質的に生涯にわたって同僚たちと協力し合わなくてはならない最高裁の法廷で、おおいに役に立ってきた。でもここ最近、RBGは聞こえないふりをするのに疲れてしまった。ロバーツ首席判事は歩み寄りを約束して就任したものの、それからのわずか数年といくつかの五対四での判決を経て、彼女があんなにも苦労して勝ち取ってきた進歩は急速に脅かされつつあった。

この二〇一二年から二〇一三年にかけての開廷期、RBGは五つの訴訟で反対意見を読み上げている。この半世紀のあいだ、どの判事も成し得なかった記録的な数だ。この日彼女が読み上げた投票権訴訟をめぐる反対意見は、そのなかでも最も新しくて、最も激しいものだった。午前一〇時半に差しかかるころ、RBGはマーティン・ルーサー・キング牧師の言葉を直接引用した。「道徳の宇宙の弧は長い。だがそれは正義へと向かう」という有名な一節だ。ただし、彼女はそこに自分の言葉でこう付け加えた。「しかしそれは、成就までやり遂げようという揺るぎない尽力があればこそだ」

すごく詩的かというと、そうは言えない。でも、まさにRBG的だ。法廷の中でも外でも、彼女はつねに揺るぎない。そして、こと正義に関する仕事とあれば、必ず最後までやり遂げるという強い意志をもっていた。RBGは、いつだって仕事の人だ。

RBGを知る人は、あの物静かでおとなしげな彼女はどこに行ってしまったのかと不思議に思う。熱く激しいこの女性はいったいどこからきたのかと。でも本当のところ、彼女はずっと前からそこにいたのだ。

真実《Truth》は、ルース《Ruth》なしには綴れない

六月二五日の朝、RBGは法廷の外にいる人たちの耳に届くようにと、異議を申し立てた。そして、その声はたしかに届いた。どうやら最高裁は（公民権運動の英雄で下院議員でもあるジョン・ルイスの言葉を借りれば）「投票権法の心臓にナイフを突き立てた」らしい、そう悟った進歩派の人々は、絶望と怒りの入り混じった思いにかられながらも、異議の声を上げてくれたRBGに称賛の念を抱いていた。

「ネット上ではみんながいっせいに怒っていました」とアミナトゥ・ソウは振り返る。ソウと友人のフランク・チーはワシントンDCを拠点に活動する若いデジタル戦略家だ。フラストレーションを多くの人が共有できる何かに落とし込むのは、彼らの得意分野だった。二人は何か自分にできることをしたいと思った。そのときチーの頭にとっさに思い浮かんだのが、RBGの肖像画だ。肖像画家のシミー・ノックスによって描かれたRBGは、クールで注意深い瞳を光らせ、きりっと固く口を引き結んでいる。チーはこの画像を編集して背景を赤く塗りつぶし、アーティストのジャン＝ミシェル・バスキアをまねて王冠のモチーフを描き足した。そこに、さらにソウが文字を入れた。「CAN'T SPELL TRUTH WITHOUT RUTH（真実は、ルースなしには綴れない）」。二人はこれをInstagram《インスタグラム》に投稿した。それから、ワシントンDCのあちこちに貼り付けてまわった。

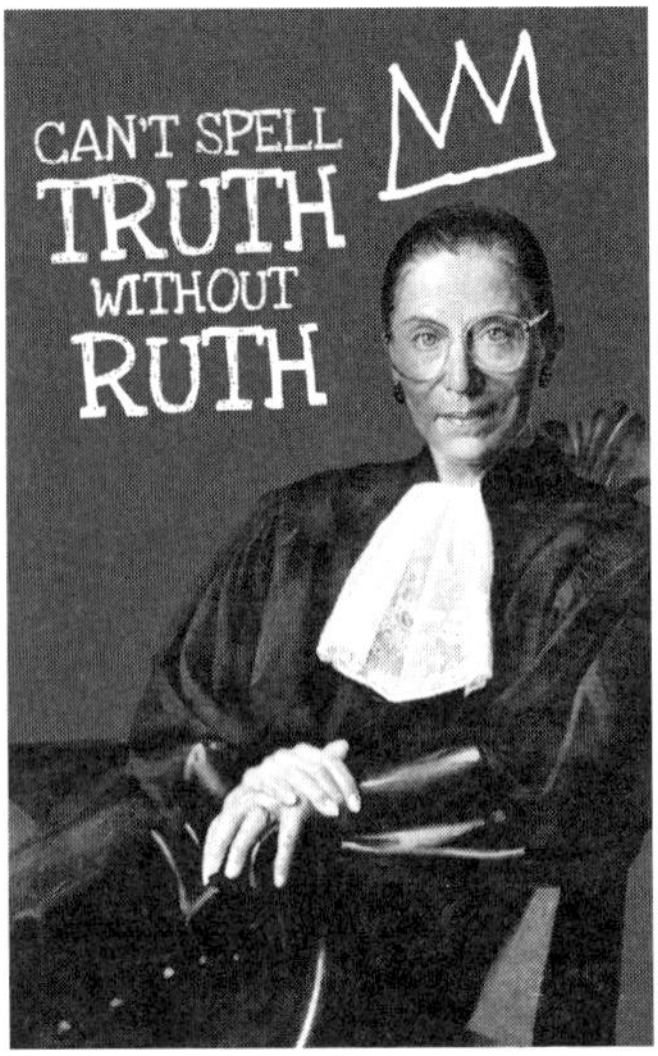

真実《Truth》は、ルース《Ruth》なしには綴れない
Frank Chi and Aminatou Sow

マサチューセッツ州ケンブリッジでは、二六歳の法学生ハリー・ジェイ・ポープが漫画を描いて投稿しはじめた。漫画の中で、RBGは同僚の判事たちに、その週に下された判決のおかしな点を根気強く説明してまわる。でも、シェルビー郡対ホルダーのコマで「ロバーツ」なる人物が「人種主義は是正された（笑）」と軽薄に言い放ったところで、ついにブチ切れる、という内容だ。ポープはさらに「I♥RBG」Tシャツをつくって販売し、その売り上げを投票権関連の活動団体に寄付した。一方そのころ、ニューヨーク大学ロースクールに通う二四歳のシャナ・クニズニクは、投票権法が無残に骨抜きにされたことに愕然《がくぜん》としていた。暗い気分を唯一晴らしてくれたのは、ギンズバーグ判事がみせた忖度《そんたく》のない激しい怒りだった。

そのギンズバーグ判事のことを、同級生のアンカー・マンダニアがFacebook《フェイスブック》上で冗談まじりに「ノトーリアスR.B.G」と呼んだのをみて、シャナはぱっとひらめいた。そして、ソーシャルメディアのTumblr《タンブラー》でギンズバーグ判事を称えるファンブログ「ノトーリアスR.B.G」を立ち上げる。三〇〇ポンド（約一三六キログラム）を超える巨体の有名ラッパー、故ノトーリアスB.I.Gをもじったその呼び名には、フザけた遊び心と称賛の両方がこもっているようにシャナには思えたのだ。そのおもしろさは、両者が正反対なところにあった。かたや上流階級の法廷に立つ判事、かたやストリートのラッパー。かたや白人、かたや黒人。かたや女性で、かたや男性。かたや八十代のおばあちゃん、かたやあまりにも若くして亡くなった故人。騒がれるのがけっして好きではない彼女と、有名人になった彼。でも、そこには共通点もある。二人はどちらもブルックリン出身だ。それに、肩で風を切る不遜なラッパー同様、ふだんは忍耐強く喋るこの小柄なユダヤ系の老婦人も、痛烈な言葉のパンチを繰り出せる。

一部の若者のあいだで広がった称賛の流れは、まだまだ始まりにすぎなかった。かつては「お堅い女性教師のよう」なんて揶揄《やゆ》され、お門違いなフェミニストだとか、時代遅れの化石だとか、急進派にしては生ぬるいとか、文章がつまらないなんて言われてきた女性の名前が、突如として人気のハッシュタグになってしまった。彼女の一言一句がネットニュースになり、閲覧数を稼ぎ出す。ことRBGに関しては、ニュースの見出しに「言った」なんて言葉はもう使われない。だいたいが「痛烈批判」だ。ノトーリアスR.B.Gの名を冠する名物カクテルも、知られているかぎり少なくとも二種類、それぞれ別々の街で登場した。アニメ専門チャンネルのカートゥーンネットワークを見てみれば、ラース・ホーバー・ギンズボットなんて名前のロボットフィギュア（「キミをこてんぱんにする使命のもと生まれた」らしい）まで出てくるほどだ。RBGの顔写真や似顔絵はコラージュされ、ネイルアートになり、少なくとも三人の人の腕にタトゥーとして永遠に刻まれ、バレンタインやグリーティング用のカードを気の利いたダジャレとともに飾った。

ハロウィーンにはお手製のRBG仮装に身を包んだ大人や子どもがあふれた。二〇一五年の春までには、RBGはフェミニストの知性を示したい女性たちにたびたび引き合いに出されるような存在になっていた。コメディアンのエイミー・シューマーしかり、ドラマ『スキャンダル』にゲスト出演したレナ・ダナムしかり、ドラマ『グッド・ワイフ』しかり。コメディアンのケイト・マキノンは『サタデー・ナイト・ライブ』でたびたびRBGのものまねを披露した。何かうまいことを言うたびに「ギンズバーン《burn》！」と叫んでヒップホップに合わせてノリノリで踊り出すそのキャラクターは、すっかりおなじみになった。「ルース・ベイダー・ギンズバーグは、世界で最もワルな女性の一人だと言いたいですね」とソウは断言する。「インターネットによって、まじめな人がおおいに評価されるようになったのだと思います」

　何もかもが、法廷風にいえば「過去に前例のない」ものだった。世間から厳しく精査され、敬意を払われはしても、ここまで人々の心をとらえた判事は彼女をおいてほかにいない。過去三〇年以上にわたって、判事としてのRBGに対する世間一般のイメージは「控えめで穏健」というものだった。RBGに近しい人たちは、そんな彼女が突如として時の人になったことをおもしろがりながらも、同時に少し当惑もしていた。「彼女ほどカルト的人気を得たいと思っていない人間は、ちょっと思いあたりません」、RBGのかつての調査官で、いまは友人のデイビッド・シザーはそう語る。「母のことを今風でイケてると思ったことはありませんね」と息子のジェームズは言う。

　RBGのような老齢の女性が「熱くて博識な人」という好意的なイメージで語られることは、著作家でフェミニストのレベッカ・トレイスターいわく、「力強い女性というものに対するアメリカ人の想像力が決定的に広がった」ことを示していた。この国の文化意識の中では、高齢女性のイメージといえば典型的な「おばあちゃん」か、そうでなければ「男にガミガミ言う威圧的ないじわるばあさん」か、そのどちらかにあまりにも長いこと限定されてきたとトレイスターは言う。RBGの古い友人でフェミニズム運動家でもあるグロリア・スタイネムも、判事のイラストや顔写真が大学キャンパスを席巻しているのを見て驚いた。同時に、自分が長年目《ま》の当たりにしてきた法則をRBGが打ち破ってくれたことが嬉しかったという。その法則とは、「歳をとるほど女性は力を失い、男性は力を得る」というもの。

歴史的にみて、女性が力を失う理由の一つは、別の誰かにその席を譲るために追い出されてきたからだ。RBGがポップカルチャーに「発見」されるほんの少し前、法学教授や法律解説者のあいだでは、彼女に対してこんな声が上がりだしていた。目指すものの実現のためにギンズバーグ判事にできる最善の行動は、バラク・オバマ大統領が新たな後任判事を指名できるよう現職を退くことではないか——。でも、情熱的に仕事に身を捧げていたRBGは、そういう声にほとんど耳を貸さなかった。おとなしく職を去るのを拒むことで、彼女はここでもリスクを負って公然と抵抗を示したわけだ。

法廷では、多くのことが年功序列で決まる。会議での発言順もそうだし、どの判事に意見書の執筆を割り振るかの決定権もそうだ。ジョン・ポール・スティーブンス判事が二〇一〇年に退任して以来、RBGは最高裁におけるリベラル派判事の最古参として、リーダー的役割を担ってきた。彼女が引退を拒んだのは仕事を愛していたからではあるけれど、理由はたぶん、それだけではなかった。

RBGは、最高裁が危険な方向に向かっているのを感じていたのだと思う。長年の、ときに陰ながらの苦闘のすえに、彼女は国民に何がおかしいかを説明していこうという覚悟を決めたのだ。「彼女は変わりました。世間に注目されることをいとわなくなったように感じます」、アメリカ自由人権協会（ACLU）でかつてRBGとともに活動していたバート・ニューボーンはそう語る。RBG自身も二〇一四年に《ニュー・リパブリック》誌上で、「新人判事だったころよりは、ためらいがなくなってきたかもしれません」と話している。「けれど、本当に変わったのは法廷の構成のほうです」。それは、法廷が右傾化していることを示す控えめな表現だった。

RBGは、そんな難題を前にしてひるむような人ではけっしてない。もう歳だし、かろうじてこの世にしがみついているだけだろうと考える人たちは、彼女のことをみくびりすぎだ。なにしろ七十代後半に入ってRBGが受け入れた譲歩らしい譲歩は、水上スキーを控えることくらいだったのだから。

過激じゃない女性の過激な偉業

そもそも、ルース・ベイダー・ギンズバーグとはどんな人なのだろう？　何事もじっくりやるけれど、それで何かを逃したりはしない、それがRBGという人だ。「彼女はどんなことも熟慮します。行動指針としてだけでなく、そういう気質の人なのです」、RBGの友人で批評家のレオン・ヴィーゼルティアは言う。「彼女との会話には格別の喜びがある。なぜなら、考える前にぽろっと出てくるような不用意な言葉が一つもないからです」。特に法廷での仕事には、全身全霊で打ち込んできた。

ACLUの「女性の権利プロジェクト」でRBGの後任として理事を務めたキャスリーン・ペラティスは、以前にこう語っている。「ルースはほぼ純粋に仕事の人です。彼女の人となりを一番よく表す逸話は、そういう逸話がないことでしょう」（ちなみに、この後半部分は厳密にいえば誤りなのだけれど）。RBGはいくつもの悲劇と災厄を乗り越えてきた。そんな彼女を、人は堅物だという。でもそれは、彼女のユーモアがあまりにもさりげなさすぎて、見逃されてしまいがちだからだ。彼女はときに厳しい。けれどその分、誠実さと寛大さをもって応えてくれる。夫のマーティーとのあいだに育まれた情熱的な愛は、六〇年近くたっても薄れることはなかった。

RBGは――これもまた彼女にとって大きな意味をもつ別のフレーズでいえば――ステレオタイプを覆す女性だった。RBGが最高裁判事に指名された当時、《ワシントン・ポスト》紙がACLU時代の同僚二人にインタビューをしている。前出のペラティスと、元法務部長のメルビン・ウルフだ。

二人はRBGがどういう人か、説明しあぐねていた。「彼女は社会的にも政治的にも、彼女自身の知性を除く他のあらゆる点で、ごくふつうの人でした」、ウルフはほんの少しそっけない口調でそう語った。そこにペラティスが口をはさむ。「でもねメル、あの時代に女性が子育てをしながら仕事もして、しかもロースクールに通うなんて、だいぶふつうじゃなかったというのは認めるべきよ」。一九六〇年代の男であるウルフは、肩をすくめてみせた。「まあ、過激な爆弾タイプではまったくなかった、とだけ言っておこうか」と彼は主張した。

「でも――」、ペラティスが言い添える。「彼女は爆弾なみに過激なことをやってのけたんです」

言い方を変えれば、RBGはありのままの自分でいるだけで、すでにじゅうぶん過激だったということだ。彼女は劣勢をはね返して出世してみせた。駆け出しのころ、RBGは法律事務所への就職を希望していた。それに、できれば少し大学での仕事もあればいい。ところが、現実には彼女のための居場所はなかった。そんな不当な扱いを受けたからこそ、彼女には「爆弾なみに過激なこと」を成し遂げるよりほかに道がなかったともいえる。その偉業は、えてして見過ごされてしまいがちだ。それはたぶん、男性的な「過激さ」とはだいぶ様子が違っていたからだろう。それとも、RBGやその同志たちのおかげで世界が大きく変わったことで、当時それがどれだけ大変なことだったか、いまになって振り返ってもあまりピンとこないのかもしれない。

それでも、この本を通じて彼女の人生とその仕事ぶりをみてもらえばわかるとおり、RBGはただ単に「ガラスの天井」を打ち破って男性社会の仲間入りをした女性、というだけの存在じゃない。ACLUで「女性の権利プロジェクト」を立ち上げた共同創立者として、それによく言われるように、女性の権利運動におけるサーグッド・マーシャル〔訳注：公民権運動の先駆者で黒人初の連邦最高裁判事〕的存在として、彼女は丹念に一歩ずつ革新的ゴールに近づくことを目指して計画を打ち立てた。RBGが思い描いたのは、男性が女性と同じ位置に立つようになった世界、性と生殖に関する自由が女性の平等の上に成り立っている世界だ。それを実現するために、彼女は行動を起こした。

このころ彼女が抱いていた理想のなかには、たとえば男性解放や、子育てや介護を担う人々の価値向上など、いまもまだ実現されていないものも多い。RBGの長年の友人シンシア・フックス・

エプスタインは言う。「あの『穏やかな話し方をする、几帳面できちんとした、常識的な生活を送っている女性』という外的イメージがなかったら、彼女はきっととんでもなく過激な人物とみられていたでしょうね」

たとえRBGのそういう一面を知る人がごくわずかであっても、当人はむしろそれでいいと考えていた。「自らの計画の中にあって、本当の自分というものは彼女にとって二の次でした」、かつての同僚ニューボーンは語る。「彼女が手がけた仕事の主役は法であって、法律家ではないのです」

ところが、ブッシュ大統領が指名した二人の判事が就任して以来、最高裁法廷では保守的な政策に対して僅差ながら賛成が過半数を占めるケースが増えた。たとえば、人種差別の是正策を骨抜きにする政策や、医療保険への加入をめぐる政策、労働者保護に関する政策などだ。その一方で企業側はますます多くの権利を与えられ、政治的な影響力を増していた。法廷のバランスはときおり揺らぎながらも右傾化していて、現状すでに危険な状態だ。そして、次期大統領はおそらく三人というかなりの人数の判事を指名できることになる。

RBGは法廷にとどまることを決意した。そうして、同僚やこの国の人々に、いまだ実現していないアメリカの約束について思い出すよう呼びかけていくことを決意した。RBGはよくアメリカ合衆国憲法前文を引用する。「我ら合衆国の人民は、より完全な連邦を形成し――」と続くその文言は、たしかに美しい。でも、彼女がいつも指摘するように、ここでいう「我ら」はもともと、多くの人をその外側に取り残していた。「わたしも、そこに含まれていなかったかもしれません」とRBGは言う。奴隷や、ネイティブ・アメリカンの人たちも。そういった憲法から取りこぼされた人々は、それから数世紀にわたって、自分たちも人間であるということを憲法によって認めてもらうために闘ってきた。その闘いを、RBGは自らのライフワークと見定めた。

だからこそ彼女は、つねに闘える体をキープしてきたのだろう。二〇一四年一一月、パーソナルトレーナーとのいつものトレーニング中に、彼女は少しめまいを覚えた。そして、右冠状動脈にステントを埋め込む手術を受けた。でも、RBGには守るべき約束があった。シャナと、フランク・チー、アミナトゥ・ソウ、アンカー・マンダニアの四人を最高裁に招待していたのだ。「ノトーリアスR.B.Gを生み出した聡明なクリエイターの方々に、判事執務室でお会いできれば嬉しく存じます」。彼女は手紙の中でそう書いている。一二月一〇日、一九四六年連邦不法行為請求権法をめぐる二時間におよぶ口頭弁論が行われたその日の午前中、ネットミームの生みの親たちは最高裁に到着した。

正午ごろ、四人は一列になっておずおずと判事執務室に足を踏み入れた。判事執務室は最高裁判事それぞれがもつ個人的な領域だ。RBGは両脇に調査官を従えて立ち上がった。そのほっそりとした手首には、心臓にステントを挿入したときの処置のため、うっすら青あざが残っている。四人はこう質問した。あなたを敬愛しているすべての若者に、何か伝えたいメッセージはありますか？

RBGは少しのあいだ口をつぐんで考えた。「そうね、こう伝えてください」、彼女は答えた。「来週には、いつもの腕立て伏せを再開するつもりです」

2

BEEN IN THIS GAME FOR YEARS

"この稼業じゃもう長い"

RBGと女性の権利の年表

1828年：それまで最高裁判事は一つ屋根の下で共同生活していたが、ある判事の妻が夫と暮らしたいと主張し、その習わしをぶち壊した。

1853年12月
「首席判事の椅子に座るよう勧められたわたしは、席に座りながら無意識のうちにこう声を上げていました。『いつかこの席に女性が座る日がやってくるかもしれませんね』すると、周りの殿方はどっと笑ったのです」
―奴隷制廃止論者・女性解放運動家、サラ・グリムケ

1897年1月4日：最高裁は「ミルズ対アメリカ合衆国」裁判で、銃を突きつけられて自宅から拉致された女性のレイプ被害を認めなかった。理由は、レイプと認定するには「強制性が不足している」ため。

1900　1890　1880　1870　1860　1850　1840　1830　1820

1848年7月19〜20日
「すべての男性と女性は平等に創られている、わたしたちはこの真実を自明であると考えます」
―「所感の宣言」、セネカフォールズ大会

1868年7月28日：元奴隷の市民権を認め、法の下での平等な保護を約束する憲法修正第14条が批准された。ただし、大事なのは男性の投票権だけ、という姿勢もはっきり示された。

「女性に与えられた至上の宿命と使命は、妻として母としての崇高にして穏やかな務めを果たすことだ。それは創造主の法である」
―「ブラッドウェル対イリノイ州」裁判、ジョセフ・P・ブラッドリー判事の補足意見より

1873年4月15日：最高裁は、原告マイラ・ブラッドウェルに女性だからというだけの理由で弁護士資格を与えなかったイリノイ州の決定を合憲と判断。のちの2011年に行われた再現裁判では、RBGがブラッドウェル勝訴の判決を下している。

「創造主と裁判官とのコミュニケーション手法は、これまでに開示されていない」
―RBG、1972年、最高裁に提出された弁論趣意書より

幼少期のRBG
Collection of the Supreme Court of the United States

コーネル大学に入学した頃のRBG
Collection of the Supreme Court of the United States

1903年：RBGの母、セリア・アムスター生まれる。

1920年8月18日：憲法修正第19条により女性の投票権が認められるも、有色人種の女性には依然として厳しい壁が残される。

1932年6月10日：RBGの未来の夫、マーティン・D・ギンズバーグ生まれる。

1933年3月15日：ジョーン・ルース・ベイダー（愛称キキ）、ブルックリンに生まれる。

1944年：ルシル・ローメンが最高裁初の女性調査官に。

「わたしの調査官に推薦できそうな卒業生がいない、と言うが、そこに女性は含まれているだろうか？もしずば抜けて優秀な者がいれば、わたしが女性を雇うことだってじゅうぶん考えられる」
——ウィリアム・O・ダグラス最高裁判所判事、1944年

1950年：RBGの母セリア・ベイダー、娘の高校卒業1日前に死去。

1950年秋：RBG、コーネル大学に入学。

1953年：シモーヌ・ド・ボーヴォワールの『第二の性』、アメリカで刊行。

1950　1940　1930　1920　1910

1955年7月21日：RBGの娘、ジェーン・ギンズバーグ生まれる。

1956年：RBG、ハーバード大学ロースクールに入学。同学年に女性はわずか9人だった。2年次に夫マーティンにがんが見つかる。

1959年：RBG、コロンビア大学ロースクールを首席で卒業するも、就職先がなかなか見つからず。

1961年11月20日：最高裁は、「女性は依然として家庭と家庭生活の中心と考えられている」として、女性の陪審参加を任意とすることを合憲と判断。

1962年12月：公民権活動家パウリ・マレー、憲法修正第14条を用いて性差別的法律に反論することを提唱。

1960

1954年5月17日：「ブラウン対トピカ教育委員会」裁判で、最高裁は教育機関における人種分離を不平等と宣言、過去に下した「分離すれども平等」の判断を覆した。

1954年6月：ルース・ベイダー、コーネル大学を卒業。マーティンと彼の実家で結婚式を挙げる。

1958年：マーティン、ハーバード大学ロースクールを卒業。RBGはコロンビア大学ロースクールに編入。

「わたしの世代で
法律を学ぶ女性は
かなりまれでした。
1940年代に
生まれ育った
ほとんどの
女子にとって、
最も大切な称号は
BA（学士）
ではなく
MRS（ミセス、奥様）
だったのです」

——RBG

ハーバード大学ロースクール
1958年度アルバムより
Harvard Law School Library, Historical & Special Collections

1963年：RBG、ラトガース大学ロースクールにて女性としては2人目の常任教員となる。

「［学部長からは］、夫の稼ぎが非常に良いのだから、わたしの給与をほどほどに抑えるのはまったく正当なことだと言われました」

―RBG

ラトガース大学1964年度アルバムより
Rutgers School of Law–Newark

RUTH B. GINSBURG
Assistant Professor of Law
B.A. Cornell Univ.
LL.B. Columbia Univ.

1967年6月13日：ジョンソン大統領、名高い公民権訴訟人サーグッド・マーシャル（RBGが刺激を受けた人物でもある）を黒人初の最高裁判事に指名。

1963年6月10日：ジョン・F・ケネディ大統領、性別にもとづく賃金差別を禁じる平等賃金法に署名。ただし、この法律は抜け道だらけだった。

1964年7月2日：リンドン・ジョンソン大統領の署名により、公民権法が成立。雇用における性差別の禁止は土壇場で盛り込まれた。

「［性差別禁止を盛り込まなければ］この国の白人女性は黒人女性の利益のために大幅に差別されることになる」

―アラバマ州選出、グレン・アンドリュース下院議員

1965年：RBG、初の著書『Civil procedure in Sweden（スウェーデンにおける民事訴訟）』をアンデシュ・ブルツェリウスとの共著で出版。

1965年6月7日：最高裁、避妊を禁じるコネチカット州の法律を「夫婦のプライバシー権」を侵害しているとして違憲と判断。

1965年9月8日：RBGの息子、ジェームズ・ギンズバーグ生まれる。

「ですから、最高裁がスウェーデンの民事訴訟に関して難しい問題に直面したときは、いつもきまってギンズバーグ判事のところに直行でした」

エレナ・ケイガン判事

1970年春：RBG、女性と法に関する講義を開始。

「司法省にはたしか男性秘書はいないはずです（……）そういう仕事は女性のほうが優れている、だから女性が雇われるのです」
――ウォーレン・バーガー首席判事、「フィリップス対マーティン・マリエッタ社」裁判口頭弁論にて、1970年12月9日

1972年1月：RBG、コロンビア大学ロースクールで女性初の終身教授に。

1972年春：RBG、アメリカ自由人権協会（ACLU）にて「女性の権利プロジェクト」を共同立ち上げ。

1972年6月23日：教育における性差別を禁じた教育改正法第9編（タイトル・ナイン）、リチャード・ニクソン大統領の署名により成立。

1970

1971年6月25日：RBG、「リード対リード」裁判で、自身初の弁論趣意書を最高裁に提出。

1973年1月22日：「ロー対ウェイド」および「ドウ対ボルトン」の両裁判で、最高裁は中絶をアメリカ合衆国全土で合法とする判決を下す。RBGは最高裁がそこに至るまでの道筋と、その拙速さに不安を覚える。

コロンビア大学ロースクールで教授になったRBG
Courtesy Columbia Law School

1974年：RBG、史上初となる性差別事件の判例集を出版。共著者名の表記では男性著者が先頭にきているが、これはRBGがアルファベット順を提案したため。

1980年4月11日：RBG、ジミー・カーター大統領によりコロンビア特別区巡回区連邦控訴裁判事に指名される。

1980年のRBG公式写真

Collection of the Supreme Court of the United States

1980

1990

「プライバシー権には
（……）女性が
自身の妊娠を
継続するか否かを
決定する権利も
広く含まれる」

—ハリー・ブラックマン、
「ロー対ウェイド」裁判

1981年8月19日：ロナルド・レーガン大統領、サンドラ・デイ・オコナーを女性初の最高裁判事に指名。自分たちと同じ地位に女性が加わるならば自分は辞任すると何年も騒いできた男性判事陣は、結局辞任せず。

1993年6月14日：RBG、ビル・クリントン大統領により連邦最高裁陪席判事に指名される。

1994年5月13日：クリントン大統領、ハリー・ブラックマン判事の退任にともない、スティーブン・ブライヤーを陪席判事に指名。

1996年6月26日：画期的訴訟となった「アメリカ合衆国対バージニア州」裁判で、RBGはバージニア州立軍事学校に女性の入学を認めるよう求める法廷意見を執筆。

1999年夏：RBG、大腸がんと診断されるも、一日も執務を休まず。

2000

2000年12月12日：RBG、「ブッシュ対ゴア」裁判で反対意見を示した4人の判事の1人となる。この裁判により、実質的にブッシュの大統領選勝利が確定。

「法廷による介入の決断と
その最終的な判決が
見識あるものか否かは、
歴史が判断することとなる」

—RBG、「ブッシュ対ゴア」裁判における反対意見より

2005年7月1日：サンドラ・デイ・オコナーが引退の意向を表明。ジョージ・W・ブッシュ大統領はコロンビア特別区巡回区連邦控訴裁のジョン・ロバーツ判事を後任に指名。

2005年9月：RBGがのちのちまで「わたしの首席」と呼ぶウィリアム・レンキスト首席判事が死去。これを受けてブッシュ大統領はロバーツ判事の指名を首席判事へと切り替え、サミュエル・アリート連邦控訴裁判事をオコナーの後任に指名。

「悲しいことに、
これでわたしは
彼女［オコナー］が
この法廷で最初の12年
間置かれていたのと
同じ立場となりました。
つまり、たった1人の
女性判事となったのです」

—RBG

「法廷は（……）あたかもこの判決が女性を守るかのように装っています」
—RBG、自身の反対意見を総括して

2007年4月18日：妊娠中絶をめぐる「ゴンザレス対カーハート」裁判を皮切りに、RBGの激しい「反対の時代」が幕を開ける。

2009年2月5日：RBG、悪性腫瘍の摘出手術を受ける。

2009年2月23日：RBG、執務に復帰。

2009年2月24日：RBG、オバマ大統領の議会初演説に参列。

「最高裁は男性ばかりではないと人々に示したかったのです」
—RBG

2009年5月26日：オバマ大統領、ソニア・ソトマイヨール連邦控訴裁判事を最高裁判事に指名。彼女は初のヒスパニック系最高裁判事となる。

「わたしたち女性がこうして法廷のあちこちにいると考えると嬉しくなります。それは、女性がここに根付いていることの証ですから」
—RBG

2007年5月29日：RBG、賃金面での性差別をめぐるリリー・レッドベターの訴訟で反対意見を提示。

2008年11月4日：バラク・オバマが黒人初の大統領に選出される。

「どうでしょうね、ギンズバーグ判事はジャンプシュートの練習をしているそうですが」
—バラク・オバマ、最高裁屋上にあるコートでのバスケットボールに誘われてのコメント

バラク・オバマ大統領とハグをするRBG
AP/Aflo

「結婚には完全な結婚と、スキムミルクのような不完全な結婚の2種類があるようです」

―「アメリカ合衆国対ウィンザー」裁判で結婚防衛法に異議を唱え認められたRBGの口頭弁論より

2010

2010年5月10日：オバマ大統領、エレナ・ケイガン訟務長官を最高裁判事に指名。

2010年6月27日：マーティン・ギンズバーグ、転移性がんの合併症により死去。

2013年6月25日：RBG、投票権を骨抜きにする判決に対して反対意見を提示。これをきっかけにブログ「ノトーリアスR.B.G」が生まれる。

2013年8月：RBG、同性どうしの結婚式を執り行った最初の最高裁判事となる。

2014年6月30日：「バーウェル対ホビー・ロビー・ストア社」裁判。最高裁は企業に対し、雇用主の宗教上の理由から女性社員の避妊に関する費用を保険負担しないことを許可する判決を下す。

2015年2月12日：RBG、一般教書演説のあいだ「100パーセントしゃきっとは」していなかったと認める。

2015年2月28日：『サタデー・ナイト・ライブ』内のニュース番組形式コーナー「ウィークエンド・アップデート」でRBGのものまねキャラがレギュラーに。「ギンズバーン」を発動してはヒップホップ風のダンスをきめる姿が人気となる。

オバマ大統領の一般教書演説中に居眠りするRBG　*AP/Aflo*

「今日のこの日は、互いに愛し合いともに暮らしたいと望む2人が、婚姻関係のもとで祝福とたまのケンカを楽しめるようになるべきであることを示す、さらなる声明となるでしょう」

―RBG、同性婚の結婚式を執り行うなかで

3

I GOT A STORY TO TELL

"伝えたいことがあるんだ"

差別と別れの学生時代

“ わたしはブルックリンに
生まれ育った幸せな
少女だったと思います。”

――RBG、1996年

ジェームズ・マディソン高校の一九五〇年度の卒業アルバムには、ある卒業生について「将来、最高裁判事になる」と予言が綴られている。そのジョエル・シャインバウムは結局、歯科医になった。この本を書いている現在もニューヨークのロングアイランドでクリニックを営業中だ。

一方、姉のつけた「キキ」という愛称で呼ばれていたルース・ベイダーについての予言は、特に書かれていない。ブルックリンのフラットブッシュ地区というそこそこの安住の地にどうにか落ち着いたユダヤ系家庭の親たちは、「うちの娘婿は医者で、弁護士で……」と語ることを切望していた、とキキの当時の同級生リチャード・サルツマンは振り返る。「女の子たちは、医者や弁護士と結婚するのが良しとされていたのです」

卒業アルバムのルース・ベイダーの欄には、ボブヘアの可愛らしい少女の写真が添えられている。そこに書かれていることによれば、彼女はチェロ奏者で、バトントワリングをしていて（ただし、投げたバトンに当たって歯が欠けたことまでは書かれていない）、優等生協会の一員で、「ゴーゲッターズ・クラブ」の会計係を務めていた。当時の同級生たちの記憶では、彼女はみんなから好かれる、でもとても静かな少女だった。「小柄な女の子たちのグループとよく一緒にいましたね。お喋りをしたりして、楽しそうに学校生活を送っていました」と、同級生の一人ヘッシュ・カプランは回想する。アディロンダック山地のチェナワでのサマーキャンプでは、キャンプリーダーを担ったり、のちにロースクールに入学することになる感じのいい男子と仲良くなったりもした。

当時まだ、アイルランド系、イタリア系、ポーランド系の一部の親たちは、ユダヤ系の子どもは自分たちの子の血を使って種なしパンをつくるのではと考えていた。狭い路地のあちこちでは、ユ

ジェームズ・マディソン高校の
卒業アルバムより
James Madison High School

ダヤ人がイエス・キリストを殺したことをめぐる言い争いが起きていた。キキはペンシルベニアのある朝食付き宿に、こんな看板が出ていたのを覚えている。「犬とユダヤ人お断り」

ただ、ブルックリンは子どもが育つには良い場所だった。読み聞かせを卒業するくらいの歳になると、キキは母親に連れられて週に一回図書館に行くようになった。母親が娘を図書館において美容院に行っているあいだに、キキはその週に読む本を五冊選ぶ。しばらくはギリシャ神話や北欧神話の本を好んで読んでいたけれど、やがて少し高学年向けの『少女探偵ナンシー』を愛読するようになった。「ナンシーは冒険好きで、自分の頭でものが考えられて、恋愛面でもボーイフレンドをリードできる女の子でした」、RBGは幸せそうにそう振り返っている。図書館は中華レストランの一階上にあったそうで、RBGいわく「中華料理の匂いを愛するようになったのはこのころ」だという。

当時は、カトリック教徒の子は教区学校に、ユダヤ人の子はジェームズ・マディソン高校に通うのがふつうだった。キキはまわりの同級生の子たちとそう多くは違わない少女時代を過ごした。どの家の子も自転車で通学し、どの家の親たちもヨーロッパで起きた出来事を忘れようと努めていた。どの家の子も、ユダヤ系一家の暮らしを描いたコメディドラマの『ゴールドバーグ一家』をラジオで聴き、のちにテレビシリーズ化されてからはテレビでチェックしていた。ドラマの中でユダヤ人の母親が窓から大声で叫ぶ姿は、どの家でもときおりみられる光景だった。キキが高校三年の年、同校の卒業生であるジュディス・コプロンがソ連のスパイとして逮捕されたときは、「政府はユダヤ人を追っているのでは」とどの家も不安がった。

キキがほかの子と違っていた点、それは彼女が（のちにRBG本人が表現したところによれば）死の匂いのする家に暮らしていたことだ。キキが一三歳のころから、母親が子宮頸がんを患い、じわじわと死に向かっていること。キキが二歳のときに姉のマリリンが髄膜炎で命を落としたこと。そういうことを、彼女は誰にも言わずにいた。それは守るべき秘密だった。誰からも「かわいそう」と思われたくなかったのだ。一三歳になったその同じ年、友だちが集まってこっそりタバコを吸っていたときのこと。友だちから、キキはむせるのが怖くてタバコなんて吸えないでしょう、とからかわれた。キキからしたらタバコなんて嫌悪感しかなかったけれど、「怖がっている」なんて誰にも思わせたくなかった（その後、彼女の喫煙歴は四〇年ほど続くことになる）。

母親の病状がいよいよ悪くなると、キキはどうしたら母を喜ばせられるだろうと考えたすえ、母のベッドの傍らで宿題をすることにした。かつて母に完璧とはいえない成績表を手渡した日のことを、彼女はけっして忘れないだろう。それが、キキ最後の不完全な成績表となった。

キキの母、セリア・アムスターは、家族がオーストリア゠ハンガリー帝国からアメリカに逃れてきた四か月後に生まれた。七人きょうだいの四番目だった彼女は、やがて高校を楽々と首席で卒業する。セリアの両親は、大きな夢を抱いた――セリアにではなく、一番上の兄に対して。セリアがマンハッタンのファッション街で簿記の仕事をして得た毎週の稼ぎの大半は、コーネル大学に通う兄の授業料に消えた。彼女はじきに、ネイサン・ベイダーと結婚する。ネイサンは、大量虐殺により荒廃したオデーサ近郊のユダヤ人集落から逃れてきた一家の出で、夜間学校で英語を学んだ。彼と結婚したことで、セリアがお金のために仕事をする日々は終わりを告げる。なぜなら、女性が結婚後も仕事を続けるのは世間的にあまりよろしくなかったからだ。この夫には妻を養うほどの稼ぎがないのだ、と思われてしまう。もっとも、大恐慌の只中に毛皮を売る商売をしていて、しかも商才はあまりなかったネイサンの場合、それはかなりの部分真実だったのだけれど。セリアも多少簿記を手伝うなどして夫の商売を支えた。キキは幼いながらに、母が抱いている激しい幻滅を感じ取っていた。RBGはのちによく「セリア・アムスター・ベイダーは、自分の知るあらゆる人間の中でおそらく最も知性ある人でした」と語っている。

高校を卒業するまで、キキが母を落胆させることはなかった。彼女はコーネル大学に合格し、高校卒業者名簿のいたるところにその名を刻んだ。英語奨学メダル、ルース・ベイダー。ニューヨーク州奨学金、ルース・ベイダー。優秀生徒フォーラム円卓会議スピーチ予定者、ルース・ベイダー。けれど、キキは卒業式には出席できなかった。式の一日前に、母が亡くなったからだ。

イースト九番通りにある自宅が嘆き悲しむ女性たちであふれるのを、キキはぼんやりと眺めていた。ユダヤ教の戒律では、女性は公式の礼拝を行ううえで必要とされるミニヤーンと呼ばれる定足数に数えられず、祈りの場に列席できない。娘であるキキもだ。過越祭《すぎこしのまつり》〔訳注：ユダヤ人が奴隷状態から解放されエジプトを脱出したことを祝い、神に感謝するためのユダヤ教のお祭り〕の夜に開かれる晩餐では、キキは人一倍質問をするのが好きだった。なのに、一三歳の成人の儀式バル・ミツヴァーに向けてユダヤの教えを勉強する男子たちに、女子が加わることは許されない。セリアの弔問客が去り、しっかり者だった彼女の監督の目が失われたことで事業が傾くと、ネイサンは地域のシナゴーグ〔訳

アディロンダック山地のチェナワでのキャンプ時、キャンプリーダーを務める15歳のRBG
Collection of the Supreme Court of the United States

注：ユダヤ教の会堂〕への寄付を切り詰めるようになった。一家は建物の離れに追いやられた。ユダヤの戒律は、キキに正義のために力を尽くせと説く。でも母の死後、その教えに心から向き合えるようになるまでには、かなりの時間が必要だった。

母セリアの教えは、娘の心にその後も深く刻まれ続けることになる。ルースは「つねに淑女であれ」と教え聞かされてきた。「これは、つねに礼儀正しく振る舞い、怒りや妬みといった感情にとらわれないようにしなさい、という意味です」とRBGはのちに語っている。「自分の信念と自尊心をけっして失わず、他人に対しては良き教師となり、怒りにかられて言い返したりしない。怒りや、憤りや、やり返してやろうという復讐心にひたることは、時間とエネルギーの浪費です」。さらに、二つ目の教えは、当時の母親が娘に与える助言としてはかなりめずらしかった。その助言とは、「つねに自立せよ」。

それは実用的でもあり、哲学的でもあるアドバイスだった。母の死後、キキは母が娘の教育費にと八〇〇〇ドルを密かに貯金していたことを知った。ツケでの買い物は絶対にしないと学んだ大恐慌時代の苦い記憶から、セリアは貯めたお金を二〇〇〇ドル弱ずつ小分けにして、五つの銀行に預けていたのだった。「あれはわたしの人生で最もつらい時期の一つでした。でも、このときわたしは知ったのです。母はわたしに、一生懸命勉強して、良い成績をとり、成功した人生を歩んでほしいと願っていたのだと」、RBGはのちに述懐する。「だから、わたしはそうしたのです」

「勉強中に爆弾が落ちてもきっと彼女は気づかない」

一九五〇年の秋、ニューヨークのイサカにやってきたキキは、ほどなくしてコーネル大学のキャンパスにある女性用トイレの位置をすべて頭に入れてしまった。彼女はよくそこに本を持ち込んでは、トイレの個室にこもって課題を終わらせた。当時のコーネル大学は女子学生一人に対して男子学生四人という男女比で、娘をもつ親たちは「ボーイフレンドを見つけるのにぴったりな場所」と公言していた。女性にとって狭き門だったおかげで、「女子は男子よりものすごく賢かったですね」とRBGは当時を振り返る。ただ、彼女たちはその賢さを包み隠した。

キキもそうして隠れていた（主に、にぎやかなパーティーから）。学生たちは女子も男子も関係なく、まじめに見られるのを嫌う。けれど、彼女の真剣さは隠しようがなかった。「たとえ勉強中に爆弾が落ちても、彼女なら気づかないでしょうね」と語るのは、高校時代の同級生でコーネル大学の寮では隣室だったアニタ・フィアルだ。大学寮のクララ・ディクソン・ホールには、大都市出身の七人のユダヤ人女子学生の部屋が並ぶ一角があった。この七人は自分たちのことを、それぞれの頭文字

ユダヤ人女子学生クラブ「アルファ・イプシロン・ファイ」のメンバー。コーネル大学、1953年
Cornell University Library, Division of Rare and Manuscript Collections

をとってＫＬＡＢＨＩＪと呼んでいた。先頭の「Ｋ」がキキだ。平日の夜に夕食が終わると、女子学生は夜一〇時の門限までに寮に戻って点呼を受けなくてはならない。そもそも、女子は大学構内の寮で暮らす規則なのに、一方の男子はイサカ市内のアパートに住むことが許されていて、いつでも好きなときに外出できた。門限後はＫＬＡＢＨＩＪのほかの子たちが集まってトランプで遊ぶなか、キキはひたすら勉強を続けた。

母セリアは、娘に教師になってほしいと望んでいた。教職は女性にとっては堅実な職業だ。キキはそれを目指して、そして脱落した。それよりもむしろ、ヨーロッパ文学の授業のほうが楽しかったのだ。この授業の講師は、当時はまだ無名だった移民のウラジミール・ナボコフだった。のちに有名作家となるナボコフの講義を通じて、彼女は一つ一つの言葉を慎重に配置することの大切さを学んだという。結局、キキは政治学を専攻し、伝説的な教授であるロバート・Ｅ・クシュマンが学部生向けに開講していた憲法の講義を選択する。このころのキキは、「ここに生まれて自分は幸運だった」と思ってきたこの国の、さまざまな側面に、しだいに気づきはじめていた。第二次世界大戦が終わってまだ五年しかたっていない時期だった（彼女はのちに、この戦争を「人種差別との闘い」と呼んでいる）。「あの戦争中、この国の軍は結局最後まで人種によって分断されていました。つまり、何かがおかしかったのです」とRBGは言う。

「何かおかしなこと」は、彼女が大学四年の年にも起こっていた。コーネル大学の動物学教授を務めるマーカス・シンガーが、共産主義者を敵視するジョセフ・マッカーシー上院議員の常設調査小委員会に引っぱり出されたのだ。シンガー教授は、マルクス主義研究会に加わっていた仲間の名前を明かさなかったことで糾弾され、告訴される。これを受けて大学側が彼を解任したことで、コーネル大学のキャンパスは騒然となった。キキは愕然とした。このころの彼女はクシュマン教授の研究助手を務めていて、焚書《ふんしょ》に関する展示の準備を手伝ったりもしていた。それがいま、まさに彼女の目の前で弾圧が行われようとしているのだ。クシュマン教授は、シンガーを救おうと弁護士が動いていると教えてくれた。「そのとき、弁護士になるのはすばらしいことなんじゃないかと思ったのです」とRBGは述懐する。「専門性を活かせるだけでなく、社会のために働ける職業だと」

父親のネイサンは、弁護士になりたいと言いだしたキキに気を揉んだ。そんなことをして成功した女性はほぼいない。いったいどうやって食べていくつもりだ？　でも、このころのネイサンには、折れてもいい理由があった。娘のキキには当時すでに、将来彼女を支えてくれるであろう良いお相手がいたのだ。ただし、キキ自身はそのお相手――コーネル大学の一学年先輩だったマーティン（マーティー）・ギンズバーグに、そんなことは望んでいなかったけれど。彼女はただ、マーティーがそれまで出会ったボーイフレンドの中で初めて、彼女の頭脳に目を向けてくれたことを嬉しく思っていた。

二人は最初、良い友人どうしだった。出会いのきっかけは、キキの友人イルマ（例のKLABHIJの「I」の子だ）のボーイフレンドがマーティーの知り合いだったことだ。マーティーは冗談好きの明るい性格で知られていて、当時スミス大学にガールフレンドがいた。一方、キキが高校時代のキャンプで付き合いはじめたボーイフレンドはコロンビア大学ロースクールにいて、会えるのはせいぜい週末くらいだ。イルマとボーイフレンドは、二人を引き合わせれば、マーティーの愛車であるグレーのシボレーに四人で乗って街に遊びに行けると考えたのだった。恋愛的なプレッシャーがなかったことで、マーティーは考えていることを何のてらいもなくキキに話せた。恋が始まるには良いシチュエーションだ。

そして実際、恋は始まった。「コーネル大学の一週間は長くて寒いですから」とRBGは振り返る。「あるときふと気づいたのです。マーティン・D・ギンズバーグは、コロンビア大学ロースクールにいるボーイフレンドよりもずっと聡明だと。こうして、わたしたちの関係は始まりました」。一方、マーティーのほうはもっと早くに決意を固めていた。「二人の関係について言えば、間違いなく、ぼくのほうが先に彼女に恋していましたよ」

マーティーは気負うことのない自信と、その自信を柔らかくみせる茶目っ気たっぷりのユーモアセンスで世の中を渡ってきた。「ルースは優秀な学生で、若くて美人でした。ほとんどの男子は彼女に怖気《おじけ》づいてしまう。でも、マーティーは違いました」、コーネル大学の同級生でマーティーの親友でもあるカー・ファーガソンは言う。「彼は誰に対しても怖気づいたりなどしません。彼はルースに告白し、自分がいかに彼女を尊敬しているかをわかってもらうことで、その心を射止めたのです」

内気で静かなキキに対して、マーティーはいつでもパーティーの中心だった。彼の父親のモリスはファッション業界で頭角を現し、大手百貨店フェデレイティッド・デパートメント・ストアーズの副会長にまでなった人物だった。母親のイヴリンはオペラ好きで、早くに母を亡くした息子のガールフレンドをすぐにかわいがるようになった。キキはロングアイランドにあるマーティーの実家をちょくちょく訪れるようになる。ある夏にはフェデレイティッド傘下の百貨店A&Sでアルバイトもした。運転免許試験に向けた運転練習もこの辺りの郊外の道路でくり返し、五回落ちたすえにようやく六回目で試験に合格したのだった。

イヴリンは主婦として家庭に入っていたけれど、だからといってマーティーが未来の妻に同じことを望んだかといえば、そうではなかった。彼はキキと結婚して、そうしてその後も二人で学び働き続けることを望んだ――ハーバード大学でだ。マーティーはのちに、当時の自分の考えをこう振り返っている。「夫婦で同じ分野に進めば、会話も弾むし、アイデアのやり取りもできる。相手がいま何をしているかもわかります。それで、二人でじっくり腰を据えて考えた結果、消去法で法律を専攻することにしました」。化学の授業はマーティーのゴルフの練習と重なるので、ここでまずメディカルスクールという選択肢は消えた。さらに、ハーバード大学ビジネススクールは当時女性を受け入れていなかった。それで二人は、ロースクールに進むことを決めた。「ぼくはずっと心の奥底で思ってきました――」マーティーは四〇年後にこう打ち明けている。「ルースは最初から、そのつもりだったんじゃないかと」

　二人はどちらもハーバード大学ロースクールに合格する。一学年上だったマーティーはすぐに入学し、キキはコーネル大学を修了するためイサカに残ることになった。そして一九五四年六月、キキのコーネル大学卒業から数日後、二人はギンズバーグ家の居間で結婚式を挙げた。その場に集まったのは全部で一八人。なぜなら、ユダヤ教で一八は「生命」のシンボルだからだ。式の直前、あれこれと最後の準備をしていたキキは、イヴリンから「ちょっと一緒に寝室に来てちょうだい」と声をかけられた。

「いい?」、キキがまもなくお母さんと呼ぶことになる女性は、こう語りかけた。「幸せな結婚生活の秘訣を教えてあげるわ。それはね——ときには、ちょっと聞こえないふりをするのも役に立つ、ということよ」。そう言って伸ばされたイヴリンの手には、二つの耳栓が載せられていた。

　イヴリンが伝えたかったことをRBGが理解するまでには、少し時間がかかった。はっきりと腑に落ちたのは、生まれて初めて国を出てヨーロッパを訪れたハネムーンの最中のことだ。「義母はシンプルに、こう言いたかったのです」と、RBGは語る。「人はときに不親切なことや軽率なことを口走ってしまうものです。そういう言葉を投げかけられたときは、ちょっと耳が聞こえなかったことにするのが一番。怒りやイライラに駆られて言い返したりしないことです」

　ハーバード大学を擁するケンブリッジの街は、ギンズバーグ夫妻の到着を予定よりもう少し長く待つことになる。というのも、大学の予備役将校訓練課程〔訳注：米軍が将校育成を目的として全米の大学内に設ける訓練課程〕に所属していたマーティーが、アメリカ陸軍から召集を受けたのだ。このため

新婚の二人。1954年秋、
オクラホマ州フォートシルにて
Collection of the Supreme Court of the United States

夫婦は二年間、オクラホマ州のフォートシル基地で暮らすことになる。

　マーティーがフォートシル砲兵学校の教官として充実した日々を送っているあいだ（彼はゴルフが上手いだけでなく、射撃も上手かった）、ＲＢＧは苦悩していた。法律事務所でタイピストとして働いてはいたものの、タイプは大の苦手だ。そこで、連邦政府の公務員試験を受けることにした。公務員は一般俸給表（ＧＳ）に従って給与と職責ごとにランク付けされる。ＲＢＧは「ＧＳ-５」の保険査定員に合格した。このとき彼女は何の気なしに、自分が妊娠三か月であることを雇用先の社会保険事務所に正直に告げてしまう。うーん、それじゃあボルチモアでの研修には参加できないかもしれないな、担当者はそう言って、彼女のランクを給与も職責も最低レベルのＧＳ-２にすぐさま引き下げたのだ。あとになってわかったのだが、その事務所にはほかにも軍人の妻で妊娠している女性がいた。この女性はＧＳ-５だったけれど、妊娠していることはぎりぎりまで黙っていたという。その彼女にしても、出産前には当然辞めるだろうという空気だった。

　いかにもお役所的で狭量な不公平と、それが一部の人の肩に他の人よりも重くのしかかっている現実を目の当たりにして、ＲＢＧはルールを曲げるようになった――ほんの少しだけだけれど。事務所には毎週のように、社会保険の登録をしようと訪れては、必要書類がないからと追い返されていく人々の姿があった。長年風と日差しにさらされガサガサの肌をしたネイティブ・アメリカンの人々。彼らは出生証明書をもっていなかった。生まれた当時、ネイティブ・アメリカンの出生を記録する価値があると考える役人が一人もいなかったからだ。RBGは密かに、高齢と思われる人については狩猟免許か漁業免許があればOKとすることにしていた。

オクラホマ州で二年間を過ごしたあと、RBGはあらためてハーバード大学ロースクールへの入学許可をとらなくてはいけなかった。これは無事クリアできた。問題は、そのあとだ。これまでの軍基地での新米母親生活は、驚いたことにそこまで困難なものじゃなかった。士官向けの託児所は生後二か月から赤ちゃんを受け入れてくれるし、深夜まで預かってくれるから。でも、ロースクールではそうはいかない。いったいどうやって、ロースクールでの学業と幼い子どもの母親業を両立させればいいんだろう？

義母のイヴリンはたびたび彼女をなだめ励ましてくれた。でも、このときパニック状態だったRBGの目を覚ましてくれたのは、義父のモリスの言葉だった。「ルース、もしロースクールに行きたくないのなら、きみにはこれ以上ないくらい当然の理由がある。誰もきみを蔑《さげす》んだりしないだろう」、モリスは言った。「でもね、もし本当に心からロースクールに行きたいのなら、これ以上自分を憐れむのはやめなさい。道は必ずある、なんとかなるよ」

そして、ルースは本当に心から、ロースクールに行きたかったのだ。

「奇妙で変わった」存在

一九五六年秋のその晩、ルース・ベイダー・ギンズバーグは手に何か間をもたせられるものを持っていてよかったと強く思った。彼女はハーバード大学ロースクールのアーウィン・グリズウォルド学部長が主催する堅苦しい夕食会をなんとか切り抜け、いまは学部長の自宅の居間でほかの参加者と半円をつくりながら、この世間話はいつ終わるんだろうと考えていた。

九人の女子学生には（それがハーバード大学ロースクールのこの学年の女子全員だった）それぞれ一人ずつ教授が付き添っていた。RBGの隣で一緒の灰皿を使っているのは、高名なハーバート・ウェクスラー教授だ。四〇年後、RBGはいつになく仰々《ぎょうぎょう》しい言葉づかいで彼のことをこう表現している。「そのときの彼は――それから今にいたるまでずっとですが――、わたしの目には、ギリシャ神話のゼウスとアポロンの力と美が合わさったように見えました」。ウェクスラーはヘビースモーカーだった。

RBGはそわそわとタバコを叩いて灰を落とした。七月に一歳になったばかりの娘ジェーンとマーティーの待つ家に、もうすぐ帰れるはず。ところが、グリズウォルド学部長はなかなかその夜をお開きにしようとしない。（学部長いわく）彼の働きかけによってハーバード大学ロースクールが女性を受け入れるようになって、まだわずか六年。この事実を、彼はもっとよく味わいたかったのだろう。ハーバードは女性が自分の賢さを隠さなくてはならないような場所ではなくて、ＲＢＧはそのことにほっとしていた。

女子学生たちを放免してやる前に、グリズウォルド学部長は彼女たちにこう質問した。ここにいる女子学生の諸君は、男性のための席を奪ったわけだが、その正当な理由を聞かせてもらえるかな？

女子学生たちが顔を赤くして順番に答えていくあいだ、ＲＢＧはソファーの下に逃げ込みたい気分だった。彼女には、同じくその場にいたフローラ・シュナールのような生意気なまねはとうていできない。フローラは冷ややかにこう答えたのだ。「ハーバードのロースクールは未来の夫を探すのに良い場所だと思いましたので」。なにしろマーティー・ギンズバーグの妻であるＲＢＧを除けば、この学年は女子八人に対して男子はおよそ五〇〇人だ。ＲＢＧの番がきた。勢いよく立ち上がったひょうしに、彼女の膝から灰皿がすべり落ち、カーペットに灰がぶちまけられた。誰一人動かない。グリズウォルドもじっと待っている。

「夫の取り組んでいることについて、もっとよく知りたいと思ったので……」、彼女は小声でそう言った。「そうすれば、夫の気持ちに寄り添える、理解ある妻になれるかと」

グリズウォルドがＲＢＧの嘘に気づいたかどうかは別として、彼は何も言わなかった。

のちにある教職員は、ハーバード大学ロースクールに女性差別などあるわけがないとして、こう説明している。「わたしたちは、なんらかの点でふつうとは違う、一風変わった人材を求めています。コントラバス奏者ならプラスだし、女性でもプラスになる」。自分や他の女子学生たちは、見世物小屋の珍しい生き物扱いされている——RBGはそういう思いを拭い去れなかった。彼女たちは、RBG自身がのちに表現するように、「奇妙で変わった」存在なのだ。

自分にできるのは、とにかく学業に集中することだ。そう思って努力するたびに、RBGはここが自分の居場所ではないことを思い知らされた。「講義のあいだは、すべての目が自分に注がれているような気分でした。教授の質問にうまく答えられなければ、自分だけでなく全女性の面目を潰すことになります」、RBGはそう述懐する。一部の教授は授業で女子学生だけをあてる「レディースデイ」を設け、侮辱的な質問を投げかけたりもした。

RBGはやがて、学内法学雑誌《ハーバード・ロー・レビュー》の編集委員になる。編集委員に選ばれるのはきわめて成績優秀な学生だけで、これはマーティーも成し得なかった偉業だった。男性ばかりの編集委員の中で、女性はたった二人だけ。記念写真を撮ったときには、写真家から「いばらの中のバラのお二人」と呼ばれ、男性陣の両脇に立つように指示された。ある夜、深夜近くに大学図書館に引用判例を調べに訪れたときは、読書室に女性は入れないと止められて、冷静さを失った。わたしはドアの前に立っているから資料を取ってきてくれませんか、と守衛に必死に頼んでも、彼は一歩も動こうとしなかった。それに、《ロー・レビュー》の編集委員は毎年恒例の晩餐会に出席できる栄誉を与えられるのだけれど、RBGがそこに愛する義母を同伴することは許されなかった。男性が妻を同伴することも、同じく禁止だ。女性の委員こそいたものの、この集まりはあくまで「男子クラブ」なのだった。

女性は学生寮に入ることが許されていなかった。コーネル大学とは逆の方針で、どちらについて

1957／58年度の《ハーバード・ロー・レビュー》編集委員の男子学生（と二人の女子学生）たち
Harvard Law School Library, Historical & Special Collections

もRBGは納得できなかった。試験が行われるロースクールの本館には女性用トイレもなかった。この年最後の試験期間中には、妊娠中だったローダ・アイセルベーカーという女子学生が男性陣にこう通告している。あなた方がどう思おうと、わたしは男子トイレを使わせてもらいます、と。

RBGは不平を言うつもりはなかった。彼女はある意味、幸運なほうだった。ハーバード大学からは、結婚している場合は夫の父親の財政状況がわかる書類を提出するよう言われ、義父のモリスは授業料支払いに同意してくれた。同級生のなかには、ロースクールに通うことで結婚のチャンスが遠のくのではないかと不安がる女子もいた。結婚している女性も、将来の夢がある妻なんて夫に愛想をつかされるのではと恐れていた。でもRBGには、妻が自分より賢いことを自慢してくれる夫がいるのだ。マーティーが彼女をからかうのは運転に関してだけで、自分が大の運転下手であることはRBG本人も認めるところだった。

大学生活も二年目に入った一九五七年には、暮らしのリズムもある程度できてきた。午後四時までは大学の授業と勉強。それから家に戻って、いかにもニューイングランドのおばあちゃんといった感じのベビーシッターと交代する。

そこから夜寝るまで娘のジェーンと過ごす時間は、昼間の勉強の時間をより豊かなものにしてくれた。一方、マーティーはのちにライフワークとなる税法への情熱に気づきはじめていた。そんな矢先、彼は医者から精巣がんを告げられる。RBGの母親を奪ったがんが、今度はマーティーを奪い去ろうとしていたのだ。医者はがんの切除手術と、それから六週間毎日の放射線治療を提案した。だが、治る見込みはかなり低いと言った。

RBGは、マーティーの死を受け入れたかのように振る舞うことなんか絶対にしたくなかった。彼はその学期の授業を最後の二週間を除いてすべて欠席することになる。RBGは、マーティーが学業に遅れをきたすことがないよう全力で動いた。彼の学年で一番ノートの取り方がうまい人たちは誰？　彼女はその人たちにカーボン紙を渡して、ノートの写しをもらえるよう頼んだ。そして毎晩、ときにはマーティーと同学年の友人のガールフレンドにも手伝ってもらって、それらをすべてタイプして書き写した。

マーティーは衰弱していたけれど、同級生が立ち寄ってくれたときは、生気を取り戻したように会社更生法の細部について生き生きと議論した。彼はときおり夜中に目覚めて、唯一食べ物が喉をとおるこの時間帯に食事をとった。体調が悪すぎて自力ではタイプもできなかったので、マーティーの赤字企業に関する論文はRBGが口述筆記した。そうして午前二時ごろにマーティーが眠りに落ちると、RBGはそこから自分の勉強を始める。彼女はこのときの経験から、週末に少し寝だめさえすれば一、二時間睡眠でもなんとかやっていけることを学んだのだった。

マーティー、ジェーン、RBG。1958年夏

Collection of the Supreme Court of the United States

マーティーに未来がない現実など考えられなかったRBGは、グリズウォルド学部長のもとを訪れて、マーティーの成績順位を一、二年次の評価をベースにつけてもらえないかと頼んだ。グリズウォルド学部長の答えはこうだった。彼は試験結果に見合った成績を得ることになるだろう、ただし病気であったことは付記しておく――。RBGは家に戻ると、夫にこう伝えた。「とにかく単位を落とさないことだけに全力で集中して。成績は一、二年次だけを対象につけられるそうだから」。それから六〇年後、このときの言葉は善意の嘘だったのかと問われたRBGは、ただこう答えている。「彼は肩の力を抜いて試験に臨めました」

マーティーは大きな逆境を乗り越え、卒業を果たした。そのうえ、ニューヨークの法律事務所に税理士としての職も得た。若い一家はニューヨークで一緒に暮らすことを決断する。ここでまたしても、RBGはグリズウォルド学部長に自分の運命を握られることとなった。彼女はハーバードで法学位を得るために長年待ったのだ。もしニューヨークのコロンビア大学に編入して三年次の単位を取ったら、ハーバードでの学位を認めてもらえないだろうか？　マーティーはいつまで生きられるかわからない。困難な状況での免除措置として、編入方針を一考してもらえないだろうか――？　ここでも、グリズウォルドの答えはノーだった。

結局コロンビア大学ロースクールに通うことになったRBGだが、三年次だけの在籍で学位をもらえるかどうかなんて、恐ろしくてとても聞けなかった。この大学ですでに学んでいた少数の女性たちにとっても、それは簡単なことではなかったからだ。その一人であるヘイゼル・ガーバーは（彼女の息子はのちにRBGお気に入りの調査官の一人となるのだけれど）、こんな体験をしている。あるとき彼女は授業で「わたしはこう感じるのですが……」と発言を始めた。すると、法学教授にさえぎられ、こう言われたという。「ミス・ガーバー、女性は『感じる』が、男性は『考える』んだ」

この当時、RBGは彼女よりも一足早く名声を得ていた。「東海岸で最も賢い人物が編入してくるらしいと聞いていました。だから全員、成績順位が一つずつ落ちることになるぞ、と」。同級生となるニナ・アッペルは《ニューヨーク・タイムズ》紙にのちにそう語っている。彼らの心配は正しかった。RBGはコロンビア大学でも再び《ロー・レビュー》の編集委員を務め、首席タイの成績で卒業することになる。

ハーバード大学ロースクールの厳格な編入規定は、その後も数十年にわたって残り続けた。やがて一九七〇年代後半にその是非が新たな目で見直されはじめたころ、マーティーは学内紙の《ハーバード・ロー・レコード》紙に手紙を送り、一家の当時の苦境を伝えている。編集部はこの手紙を、次のような付記を添えて紙面に掲載した。

「マーティン・ギンズバーグ氏が語ってくださったとおり、この手紙に書かれている『ルース』とは、コロンビア大学法学教授でありアメリカ自由人権協会の総合弁護士を務めるルース・ベイダー・ギンズバーグ氏のことである。もし彼女がハーバードの学位という恩恵を享受していたなら、ここにさらにどれだけの偉業が加わっていたことか、考えてみてほしい」

「女性《LADY》」は禁句⁉

一九五九年度の開廷期中のある日、フェリックス・フランクファーター最高裁陪席判事は執務室に飛び込んでくるなり、調査官たちに向けて告げた。信じられない知らせを受けた、と。フランクファーターは最高裁の「ユダヤ人枠」とも呼ばれる席を占める判事だ。彼は慣例として、ハーバード大学ロースクールの教授が推薦する新人を自身の調査官に選んでいた。最高裁の調査官として働けるというのは、法曹界の新人――そのほとんどは男性だ――の就職先としては最上級のエリート職だ。判事と緊密にやり取りしながら、調査を手伝ったり、意見書の草稿を作成したりするのが彼らの仕事だった。その調査官の若者たちを前に、フランクファーター判事はこう告げた。アル・サックス教授がわたしに誰を推薦してきたか、わかるか？　それが、ルース・ベイダー・ギンズバーグだった。

フランクファーター判事の調査官だったポール・ベンダーは、RBGとはジェームズ・マディソン高校時代からの知り合いで、ハーバードでもいっしょだった。彼は思いきってRBGの肩をもつ発言をした。すると、フランクファーター判事はこう反論してきたという。ギンズバーグは「二人も子どもがいるし、旦那は病気だ。それに、わたしが諸君をものすごく厳しく働かせていることは承知のとおりだろう？　ときには口汚くののしることもあるし」。そのほとんどは、真実とは言えなかった。当時RBGに子どもは一人しかいなかったし、フランクファーター判事のもとで調査官として働くことは、法廷でも「一番緩い部類の仕事」だとベンダーは思っていた。ほかにも、真実が微妙にぼかされている部分があった。ベンダーいわく「判事は四文字ワード〔訳注：卑語や侮辱的な言葉を指す。英語の卑語は四文字のことが多いため〕までは使いませんでした」（ただし、フランクファーター判事がズボンを穿《は》く女性を毛嫌いしていて、RBGがズボンを穿くかどうかを問いただした、というよく語られる逸話については、確たる証拠は残っていない）。

フランクファーター判事が推薦された候補を拒んだことは、それまでに一度もなかった。でも、最高裁での調査官の話はなくなったと聞かされてもRBGはけっして驚かなかった。彼女の憧れの人でもあったラーニッド・ハンド連邦控訴裁判事が女性を雇わない主義であることも聞かされた。彼はきわめて口が悪いことで知られていて（彼の場合は、実際そのとおりだった）、女性の前で言葉づかいにいちいち気を遣いたくない、というのがその理由だ。コロンビア大学内で見かける法律事務所の求人票に「男性のみ」とラベルが貼られている光景にも、もうすっかり慣れきっていた。ある年の夏にはポール・ワイスの法律事務所でアルバイトをしたこともあったけれど、その事務所は今年はもう女性を一人雇っていて、二人はいらないと断られた（ちなみに、その女性というのが、のちにRBGに大きな影響を与えることになる黒人女性パウリ・マレーだった）。RBGは義母が選んでくれた黒のテイラードスーツに身を包んで、二つの会社の面接に臨んだ。けれど、どちらも不採用だった。どうやら自分はスリーストライクで三振のようだ、と彼女は思った。女性で、四歳の子どもをもつ母親、おまけにユダヤ人ときている。

コロンビア大学の憲法学教授ジェラルド・ガンサーは、教え子である聡明な女子学生のために、なんとしても就職先を探してやらねばと決意した。――たとえ、脅迫めいた手を使ってでも。ニューヨーク州南部地区連邦地方裁判所のエドモンド・L・パルミエリ判事はコロンビア大学の卒業生でもあり、ガンサーが推薦する学生をいつもすんなりと採用してきた。でも、今年の候補者については、さすがに疑いの目を向けてきた。家に小さな子どもがいる女性に、本当にこの仕事が務まると？　ガンサー教授は、もしだめだったら別の男性の人材を紹介するからと約束した。加えて、もしパルミエリ判事がこの女性にチャンスを与えないというなら、今後自分からはいっさい学生を紹介しない、とも伝えた。このアメとムチのどちらが効いたのかはともかくとして、効果はあった。

結局、パルミエリ判事が若きミセス・ギンズバーグを追い返すことはなかった。彼女は（もしかしたら必要以上に）一生懸命に働き、週末も職場に通いつめ、家にも仕事を持ち帰った。パルミエリ判事はやがて彼女のことを、自分が雇った中で最高の調査官の一人だと語るようになる。パルミエリ判事は偶然にも、ハンド判事の家のすぐそばに住んでいた。角を曲がってすぐのところだ。なので、よく裁判所からの帰り道、ハンド判事とRBGを車に乗せて家まで送ってくれた。「彼は頭に思い浮かんだことは何であろうとすぐ口にしたり、曲にのせて歌ったりする人でした」、RBGはハンドについてそう振り返る。「一度、こう尋ねてみたことがあります。『ハンド判事、車の中でいつもずいぶん奔放にお話しになりますけれど、判事の使うお言葉は、母からは習ったこともないものばかりです。わたしの前で少し控えようとはお思いにならないのですか?』彼はこう答えた。「お若いお嬢さん、きみのことは見えていないんでね」

調査官として二年間働いたRBGは、その後は企業法務を扱う法律事務所の扉がときたま開くことがあっても、もうその扉をくぐりたいとは思わなくなっていた。代わりに彼女がオーケーしたのが、一九六一年に受けたハーバード・クラブ〔訳注：ハーバード大学の卒業生だけが利用できるニューヨーク市マンハッタンの施設〕でのランチの誘いだ。ランチ相手はコロンビア大学で知り合ったオランダ人のハンス・スミット。赤く塗られた小さな通用口（クラブはここを通じて、渋々女性を中に入れていた）をくぐってわずか数分後、スミットはこうもちかけてきた。「ルース、スウェーデンの民事訴訟に関する本の共著者になる気はないかい?」。彼はこのころ、コロンビア大学で比較法学のプロジェクトを立ち上げていた。フランスとイタリアを担当する研究者はすぐに見つかったのだが、スウェーデン語を流ちょうに操れるくらいに身につけ、それから現地に赴いてスウェーデンの法制を学んでもいいという人材を見つけるのは、それよりもっと難しい注文だった。

RBGは当時、スウェーデンが地図上のどこにあるのかもあやふやなくらいだった。でも、自分の本を出すことに対する思いははっきりわかっていた。それに、このときは自分でもまだあまり気づいていなかったけれど、スミットの申し出を受けた理由はほかにもあった。娘のジェーンは小学生になっていた。RBGは三〇歳に近づきつつあったが、いままでに一度も一人で暮らしたり、自分だけの時間をきちんともったことがなかった。だから、少し環境を変えるのもいいかもしれないと思ったのだ。マーティーは留守を預かることを了承してくれた。そして、ときどき娘を連れて会いに来てくれることになった。

RBGを迎えるためストックホルムの空港で待ち受けていた市裁判所判事のアンデシュ・ブルツェリウスは最初、彼女の脇を素通りした。てっきり、もっとずっと年配の女性が現れるものと思っていたのだ。それでも、RBGはまさにちょうどいいタイミングで来訪したといえる。戦後、スウェーデンではアメリカよりも多くの女性が労働人口に加わるようになった。ただし、彼女たちはやがて、自分たちが部分的にしか解放されていないことに気づく。ジャーナリストのエヴァ・モバーグは一九六一年に発表したエッセイの中で、多くのスウェーデン人女性の声を代弁して、なぜ女性はいまや二つの仕事を抱えているのに、男性は一つだけなのかと訴えた。「実際のところ、子どもを産み、乳をやるという役割と、その衣服を洗濯し、食事をつくり、その子が善良で調和のとれた人間になるよう育て上げる役割とのあいだには、いかなる生物学的なつながりも存在しない」とモバーグは書いている。「男性と女性はどちらも一つの主要な役割を担っている。それは、人間であるということだ」

ＲＢＧの数回にわたるスウェーデン滞在とも重なった一九六二年の夏、もう一人のアメリカ人女性がスウェーデンに降り立った。女優のシェリー・フィンクバインだ。彼女は当時よく使われていた睡眠補助薬のサリドマイドを服用していたのだが、この薬が胎児に障害をもたらす危険性について医師たちが遅まきながら気づいたことで、中絶手術を希望してスウェーデンを訪れたのだった。アメリカでは当時まだ中絶は広く違法とされていて、フィンクバインに門戸を開いたのはスウェーデンだけだった。

ＲＢＧは、スウェーデンの法制度研究とイングマール・ベルイマンの映画を字幕なしで観ることに没頭していない時間は、この件をめぐる論争を感嘆とともに見守っていた。女性にこんな別世界があるなんて、いったい誰が想像しただろう？　女性が仕事をして、不公平な条件と戦い、もし必要だと感じたら妊娠状態を終わらせることができる世界。活動家たちの声に押されて、旧来的な男女の役割から男性と女性の両方を解放するため、政府が積極的に動き出した世界。それに、この国での経験はＲＢＧ個人にとっても大きな転機だった。初めて一人暮らしをした六か月間でわかったのだ。自分はちゃんとやっていけると。

ニューヨークに戻ったＲＢＧは、スミットの勧めでコロンビア大学の民事訴訟法の授業をいくつか受け持ったり、内気な性格を克服するため国際会議で発表の機会をつくったりしていった。そして、ブルツェリウスとともにスウェーデンの民事訴訟に関する本を出版する。のちに「英語で書かれたスウェーデンの司法制度に関する書籍としては最も優れた一冊」と評されるようになる本だ（実際、そういう本は当時これしかなかった）。

こうして少しずつ自信をつけていった彼女だが、当時はあまりにも忙しすぎて、そのことを意識する余裕もなかった。自分がスウェーデンでどれだけ多くのことを学んだか、ＲＢＧが実感するのは、まだ数年先のことだ。その経験は、まさに彼女の人生を変えることになる。

4

STEREOTYPES OF A LADY MISUNDERSTOOD

“ステレオタイプの「女」ってやつ”

女性の権利のために闘った日々

“ わたしの人生におけるこの10年は、
男性にも女性にも平等な水準の市民権
——女性の権利とは、わたしは言いません——
がある、という憲法上の原則を
めぐる事案について、
訴訟を起こすことに力を尽くした10年でした。 ”

——RBG、2010年

一九七三年一月一七日、RBGは昼食を抜いていた。吐いてしまうのが怖かったからだ。その日、彼女は闘いをまえに武装する戦士のように、母親の形見の飾りピンとイヤリングを身につけていた。そしていま、石のように無表情な男性たちの前にたった独りで立ち、あることを訴えようとしていた。彼らがそれまでずっと認めるのを拒んできた事実を——憲法が性差別を禁じているという事実を、認めてもらおうというのだ。

最高裁判所の口頭弁論は、慣例としていつも必ずこの一言から始まる。「首席判事殿、申し述べます」。当時の録音を聴くと、この言葉を口にするRBGの声が最初のうちかすかに震えているのがわかる。それは、彼女が初めて法廷に立った事件だった。

胃の痛みを少しでも和らげるため、RBGは口頭弁論の最初の部分をあらかじめ暗記していた。原告のシャロン・フロンティエロは空軍少尉であること。彼女の夫であるジョセフは他の軍人の配偶者のように住居手当や医療・歯科給付を受けることができず、その理由はただ単に、シャロンが女性で、ジョセフが男性だからであること。RBGはそういったことを判事たちに訴えた。

この事件の一四か月前、法廷はある事件について判決を下していた。アイダホ州の一人の女性が、亡くなった息子の不動産を管理する権利を否定されたのは憲法違反だとして訴えた「リード対リード」裁判だ。この裁判で判事たちは、州は男性が女性よりも不動産を扱う能力に優れていると自動的にみなすことはできない、と判断する。けれど、より広く「性別にもとづく差別はつねに違憲と言えるかどうか」という問いについては、結局解決しないまま残されることになった。RBGは深くひとつ息をついて、判事たちに告げた。彼ら自身が始めた仕事を、最後まで終わらせるべきだと。

「リード対リード」裁判で争われた州の法律も、この日の「フロンティエロ対リチャードソン」裁判でRBGが異議を唱えた連邦法も、「同じステレオタイプ」に根差していると彼女は訴えた。「それは、男性は婚姻単位における自立したパートナーである、またはそうあるべきだというステレオタイプです。一方で、女性は一部の例外を除いて扶養される存在であり、生活費を稼ぐ営みから守られるべきとみなされてきました」

人前で喋らなければいけないとき、RBGはいつも室内のどこかにいるマーティーを目で探す。でも今日は、彼が背後で見守ってくれていると自分に言い聞かせるだけでよしとしなければならなかった。マーティーは最高裁法廷で弁論を行う弁護士のための控室で、彼女を待ってくれているはずだ。

急に、ぐらぐらしていた足もとがどっしり地についたような気がした。いま目の前にいる男性たちは、この国で最も重要な地位にある判事たちだ。そんな彼らが、これから一〇分間は彼女の話をどうしたって聞かなくてはならない。RBGは、この事件とその争点について、彼らよりずっとよく知っている。だから、先生のように彼らに教えてあげなくてはいけない。そのためのコツはよくわかっていた。もう一〇年近く、大学で法律を教えてきたからだ。

「ミセス・ルース・ギンズバーグ」。その日、最高裁の法廷で手渡された弁護士登録証にはそう書かれていた。RBGは既婚未婚を問わない「ミズ（Ms.）」という呼称を、この呼称ができて以来ずっと使ってきた。この日、彼女についてきたコロンビア大学の教え子たちは、カードの表記をみて顔をしかめた。そして、修正を求めるべきですと言った。でも、彼女はそうしなかった。RBGは勝

ラトガース大学ロースクールにて。
RBGは1963年から同大での講義を始めた
Rutgers School of Law–Newark

つために法廷にやってきたのだ。必ずしも必要のないところで、ことを荒立てるためじゃない。

そのかわり弁論の場では、彼女はじゅうぶんに過激だった。法廷に座るこの威厳ある男性たちは、自分のことを良き父、良き夫だと思っている。男性と女性は根本的に違っていて、現実世界の堕落や重圧を経験しなくてすむように守られることが女性にとっては幸せなのだと信じている。そんな判事たちに、まだ四〇にもなっていないこの小柄な女性は知らしめようとしていた。女性にも、この世界で男性と同じ地位を得る資格があるのだと。

法の下で男女を異なる形で扱うことは、「女性は劣っているという見方」を示すものだと、RBGは判事たちに訴えた。それは女性たちに、おまえたちの仕事や家庭は価値が低いのだと突きつける。「こうした区別は、どれも同じ効果をもたらします」、RBGは厳しい口調で続けた。「それらは、我々の社会で男性が占めている立場よりも劣った立場に、女性を閉じ込めるのに一役買っているのです」

彼女のうしろにはブレンダ・フェイゲンが座っていた。一年前にRBGとともにアメリカ自由人権協会（ACLU）の「女性の権利プロジェクト」を立ち上げた女性だ。フェイゲンは机の上に判例集を開いてスタンバイしていた。必要なときにRBGにさっと引用判例を示せるようにだ。でも、そんな必要はなかった。RBGはまるで友だちに電話番号を書いて渡すみたいに無造作に、ほしい判例のページ番号や巻数を走り書きしては差し出してくる。

この日の裁判で彼女が闘う相手は、連邦政府だった。政府側は弁論趣意書の中で、女性を扶養すべき対象とみなし、扶養手当を受けられる男性をごく一部に限定する政府の方針を正当と弁護していた。なんといっても、家計を支えているのはほとんどが男性なのだから。弁論趣意書の表紙には、かつてのハーバード大学ロースクール学部長で、いまは国の訟務長官を務めるアーウィン・グリズウォルドの名前があった。立派な妻として夫ともっと会話を交わせるようになるためロースクールに入りましたとグリズウォルドに嘘をついたあの日は、もう遠い昔のことだ。

判事たちは、まだひと言も発しない。RBGはさらに続けた。「性別は人種と同じく、能力とはなんの必然的関係もない、明白かつ不変の性質です」。ここで性別を人種になぞらえたのは、憲法をめぐる文脈では特別な意味があった。「ブラウン対トピカ教育委員会」裁判に始まる一連の訴訟で、最高裁は人種にもとづく区分を行う法律に対して、そのほぼすべてを憲法違反、または「厳格審査」〔訳注：憲法で保障された人権が制約されている場合に、その制約が違憲かどうかを最も厳しい審査基準を用いて審査すること〕を適用すべきと判断してきた。「リード対リード」裁判では厳格審査は適用しないと結論づけたものの、結局はそれに近いものを適用している。男女を区別する法律も、人種を区別する法律と同じくらい明らかに憲法違反ではないのか？　RBGは、そうであると認めるようにと、力強く法廷に迫った。

もうすぐ彼女の持ち時間も終わる。RBGは判事たちの目を見つめながら、奴隷制廃止論者で女性参政権運動家のサラ・グリムケの言葉を引用した。「けっしてエレガントな言い方ではありませんが、彼女の言葉は取り違えようもなく明白です」とRBGは言った。「サラ・グリムケはこう言いました。『わたしの性別に対する特別扱いは求めません。わたしが求めるのはただ一つ。男性のみなさん、わたしたちの首を踏みつけている、その足をどけてください』」

最高裁の口頭弁論では、弁護士はとにかく判事からさえぎられ、ときには一文を最後まで言いきることさえ難しい。ところが一月のその日、空っぽの胃といまだ消えないブルックリンなまりとともに法廷に立ったRBGは、判事から一度もさえぎられることなく一〇分間の口頭弁論を論じきった。判事たちは彼女に圧倒され、言葉を失っていたのだ。

一方のRBGは、落ち着きはらった態度の裏で、おののいていた。目の前の判事たちは、もしやこちらの話を聞いていないんだろうか。彼女がその答えを知るのは五か月後のことになる。口頭弁論が終わり、傍聴人がぞろぞろと退室していくなか、ずんぐりした体格の誰かが近づいてきた。それは、グリズウォルド元学部長だった。RBGたちフロンティエロ側の弁護士と争う国側の弁護士として出廷していた部下を見守っていたのだ。グリズウォルドは真剣なおももちでRBGに手を差し出し、固く握手した。その夜、ハリー・ブラックマン判事は日誌の中で（彼は法廷に立った弁護士をいつも日誌の中で格付けしていた）、RBGに「C+」という辛い評価をつけている。「非常に正確な女性だ」、ブラックマンはそう書き記した。

「土地は女性と同じく、所有されるべきもの」

さかのぼること一〇年前の一九六三年。このころのRBGはまだそこまで闘いに明け暮れてはいなかった。シモーヌ・ド・ボーヴォワールの『第二の性』を読んで感銘を受けたものの、その思いはスウェーデンで得た民事訴訟法以外のほとんどの学びと同じように、ひとまず棚上げされていた。あるとき、RBGが授業を行っていたコロンビア大学の教授が、ラトガース大学が女性の教職員を探していると教えてくれた。コロンビア大学ではちょうどそのころ、唯一在籍していた黒人教授が職を去っている。ロースクールに女性と黒人の常勤教授がいないことも、特段問題視される様子はなかった。アメリカ全土でみても、終身在職権をもつ女性のロースクール教授はたったの一四人。そしてラトガース大学には、そのうちの一人がすでに在籍していた。やがてRBGはその一人であるエヴァ・ハンクスとともに《ニューアーク・スターレッジャー》紙に取り上げられ、「教授用ローブ、二人の女性に」と題された記事で経歴を紹介されることになる。記事は冒頭で二人を「スリムで魅力的」と紹介し、「その若々しい容貌から学生と間違えられそうだ」とおおげさに書き立てた。

ラトガース大学では、最初は一年契約で民事訴訟について教えることになった。給料は安かった。なにしろうちは公立大学だし、それにあなたは女性だから、とウィラード・ヘッケル学部長は言った。「大学側からこう言われました。『我々としては、あなたにA氏と同じくらいの給料を払うわけにはいかない。彼には子どもが五人いる。でもあなたには、給料の良い旦那さんがいるでしょう』」。RBGは慎重に名前を伏せつつ、そう振り返る。「だから、わたしはこう尋ねました。『でも、独身男性のB氏の給与もわたしより高いようですが』。すると返ってきた答えは『そうですね』でした」。

会話はそれで終わってしまった。RBGはじっとおとなしく口をつぐんで、マンハッタンのペンシルベニア駅からニューアークまで電車通勤をする毎日を送り、「海外における民事判決および仲裁裁定の承認と執行」といった論文をいくつか執筆した。そして、二年目の契約を勝ち取った。

ここでサプライズが起こる。以前、マーティーが精巣がんの手術を受けたあと放射線治療を始める前の段階で、二人は医師からこう告げられていた。このわずかな期間が、二人目の子どもをつくれる最後のチャンスになります、と。でも、そのころ夫婦はロースクールとまだ小さな我が子の世話で大わらわで、そのうえマーティーがいつまで生きられるかもわからなかった。もう一人子どもを産むなんて、とても考えられなかった。娘のジェーンが一〇歳になるころには、ひとりっ子も悪くないものだということをジェーンにどうにか納得してもらえそうな感じにもなっていた。

ところが一九六五年の初め、RBGは自分が妊娠していることに気づく。「どうか教えて」、担当の女性医師はRBGの手を握って尋ねた。「ほかに誰かいるのね?」。そんな相手はいなかった。検査をした結果、マーティーにはまだ精子をつくる機能が残っていることがわかったのだ。

妊娠していると知った喜びは、仕事に対する不安とごちゃまぜになっていた。ラトガース大学との契約は春学期の末に更新されることになっている。RBGは、以前にオクラホマ州の社会保険事務所でおかしたのと同じ過ちを再びくり返す気はなかった。彼女は義母のクローゼットを頼ること

RBG、ラトガース大学にて
Rutgers School of Law–Newark

にした。イヴリン・ギンズバーグは服のサイズがRBGよりワンサイズ大きいのだ。出産予定日は九月なので、目に見えてお腹が大きくなってくるのは夏季休業に入ってからだろう。この作戦はうまくいった。RBGは春学期の最終授業を終え、翌年の契約を手にして、それからようやく同僚の教授たちに妊娠を打ち明けた。第二子のジェームズは九月八日に無事生まれ、ギンズバーグ教授は何ひとつ変わったことなどないという顔で学生の前に戻ってきたのだった。

でも、変わっていたものもあった。彼女の授業を受けていたロースクールの学生の一人は、フリースピーチ運動〔訳注：一九六〇年代に起こった言論の自由を求める学生運動〕のメンバーになっていた。「彼は毎日わたしの授業の直前になると、木に登って枝に腰かけ、こちらに向かってあざけるようなジェスチャーをたびたび投げかけてきました」とRBGは回想している。彼女がラトガース大学で教えはじめたころには、どの学年の座席表をみても女子学生は五、六人ほどだった。それが、ベトナム戦争のため戦地に赴く男子が増えたことで、ロースクールに占める女子の比率も上がっていく。

大学の外に目をやれば、高等教育を受けた中産階級の女性たちが家庭での役割に不満を抱く姿を年代を追って論じた『新しい女性の創造』が大きな反響を呼び、ペーパーバック版初版は一〇〇万部を売り上げていた。一九六四年に制定された公民権法には、雇用における性差別の禁止が盛り込まれた。もっとも、その経緯はほぼ偶然といえるくらいぎりぎりのもので、議員のあいだでは「かかあ天下」を揶揄《やゆ》するたくさんの軽口が飛び交ったのだけれど（エマニュエル・セラー下院議員はこんなジョークを飛ばしている。「我が家で最後に物を言うのは夫のわたしですよ。『わかったよ、おまえ』ってね」）。

RBGがボランティア弁護士として登録していたアメリカ自由人権協会（ACLU）のニュージャージー支部には、女性たちからの手紙が殺到していた。女性の弁護士ならうまく対処できるんじゃないかと依頼を受けて、RBGはそれらの手紙に一通一通律儀に目を通した。

リプトン社に勤めているある女性は、家族を健康保険の扶養に入れようとしたところ会社から拒否された。扶養家族がいるのは既婚男性だけ、というのが会社側の考えだったからだ。プリンストン大学の夏季工学プログラムへの参加を断られた女子もいた。ニュージャージー州ティーネックで一番のテニス選手は、女子だからという理由で大学代表チームに選抜されなかった。

なかには、RBGにとって身につまされる手紙もあった。目に見えて妊娠したとわかる体つきになったとたんに、あるいはそうなる前に解雇された教師たちからの手紙。学校側はそれを「産休」と呼ぶけれど、実態は任意でもなく、給与も支払われず、出産後に復職できるかどうかも学校側の裁量しだいだ。妊娠したことで名誉除隊処分となった女性軍人もいた。再入隊しようとしたところ、妊娠は「倫理および管理上の資格を欠く」行為にあたるとわかったという。

こういった問題はずっと以前からあって、どれもけっして目新しいものじゃない。ただ以前と違うのは、それに対して声を上げるべきだと考える人が出てきたことだ。RBGは、これまでそんなふうに考えたことはなかった。

新たにロースクールに入ってきた女子学生たちは、RBGより一〇歳かそれくらい若い世代だ。彼女たちは不満の声を上げるよりも、さらに一歩進んだ行動を起こしていた。新入生のなかには、学生非暴力調整委員会（SNCC）で公民権運動に加わっていたミシシッピ出身の女子学生たちもいた。彼女たちは弁護士が先頭に立って人々を導く姿を見て、ロースクールを目指した。そうして入学した先で、「女性は前に出ず周りに合わせろ」という空気を目の当たりにしたのだ。そのころ、大学は渋々ながら女性の席を増やしはじめていた。特に、一九六八年にジョンソン政権が政府補助金の停止にあたる条件のリストに性差別を加えてからは、その動きがさらに進んでいた。

RBGはそんな学内の女子学生たちの姿を感嘆の目で見ていた。波風を立てるのを恐れていた自分の世代と彼女たちは、なんと大きく違うことだろう。一九七〇年に数人の学生がRBGのもとにやってきて、ラトガース大学史上初となる女性と法律に関する授業をしてほしいと頼んできたとき、彼女は喜んでそれをオーケーした。女性の地位に関する判決と法律論評誌の論文のすべてに目を通すのに、一か月とかからなかった。それだけ判例が少なかったのだ。当時よく使われていた教科書には、こんな一文が書かれていた。「土地は女性と同じく、所有されるべきものである」（ちなみにこれは土地所有権に関する教科書で、女性のくだりはただの比喩だった）。

図書館をあとにしながら、RBGははっきりと悟っていた。おとなしくすべてを受け入れていた自分とは、今日でさよならだ。それには、これまでラトガース大学に許してきた「レディース割引」を拒否することも含まれていた。RBGは他の女性教授たちと力を合わせて、大学を相手取って賃金差別を訴える集団訴訟を起こした。そして、勝利を勝ち取った。

無名の人から表舞台へ

一九七一年八月二〇日、ニュージャージー州スプリングフィールドで働くある郵便配達員の女性から、ACLUのニュージャージー支部にこんな手紙が届いた。彼女は男性配達員と同じ帽子をかぶるのを拒否されたという。「女性配達員用の帽子はベレー帽か円筒形の帽子で、男性用のようにバッチをつけられません」、手紙の主であるレイニー・カプランはそう訴えた。「それに、男性配達員の帽子はつば付きで日差しが目に入りませんが、女性用のものにはつばが付いていません」

RBGはそのころ、次学期からハーバード大学ロースクールで講義をすることになっていた。さまざまな訴訟に携わり最高裁判所に上訴する活動も始めたころだ。それでも、差別の事案に大小はない。「業務遂行を円滑化するであろう機能面の特質を犠牲にしてまで、かぶり物によって女性郵便配達員の性別を識別するよう要求することは、きわめて専断的であるように思われる」、RBGは郵政長官に送った書面の中でそう書いている。長官にしてみれば、思いもよらない方向からの攻撃にさぞ驚いたことだろう。

インパクトのある手紙一通を取り上げて、そこに書かれた差別一つと闘っても、それは大海の水を指ぬきですくうようなものだ。RBGはそのことをよく理解していた。どんなに闘っても、倒すべき性差別的な法律や規定は次々と現れる。女性の権利のために闘うには、もっと大きな規模でものを考えなくてはいけない。この国に必要なのは、男女の平等についてもっと広く認識してもらうことだ。たとえそれが帽子をめぐる事案だろうと連邦法をめぐる事案だろうと、そこに大小はない。

過去数十年にわたって、一部のフェミニストは憲法に男女平等権に関する修正条項を加えることが問題の解決につながると訴えてきた。「法の下の平等の権利は、アメリカ合衆国またはいかなる州においても、性別を理由にこれを否定したり制限したりしてはならない」とするものだ。男女平等憲法修正条項（ERA）として知られるこの条項は、一九二三年から毎会期、議会に提出されては委員会で否決されてきた。

でもRBGは、答えはすでに憲法に書かれているんじゃないかと思っていた。憲法前文は「我ら合衆国の人民は……」という一文で始まる。そして、たとえ長年その運命をフルに生き抜くことを妨げられてきたとはいえ、女性だって「人民」に含まれるのだ。それならば女性だって、憲法修正第一四条が定める法の下の平等な保護が受けられて当然じゃないか？　問題は、最高裁判事の少なくとも五人にどうやって彼女と同じ憲法解釈をしてもらうかだった。一九七〇年代前半、女性の役割はほぼあらゆる場所で根本的に変わりはじめていたけれど、法廷は例外だった。でも、ふさわしい事案を最高裁に持ち込めれば、判事たちの考えも変わるのでは――？

RBGはある日の夜も、いつものように寝室で仕事をしながら、そんなふうに戦略をめぐらしていた。そこに、居間で仕事をしているマーティーが呼ぶ声がした。「こいつはきみも読んだほうがいい」。RBGはこう応じた。「わたしは租税法の事案は読まないの」。でも結局、これについては読んでおいてよかったと、彼女はのちに思うことになる。

チャールズ・E・モーリッツは巡回販売員で、八九歳になる母親とコロラド州デンバーで暮らしていた。仕事に出ているあいだはお金を払って看護師に来てもらい、母親の世話を頼んでいた。問題が起きたのは、要介護の親族がいる場合に受けられる税額控除を申請しようとしたときだった。内国歳入庁の規定では、この控除が受けられるのは女性か寡夫《かふ》、または介護に従事できない妻をもつ夫に限られていて、未婚男性であるモーリッツは対象外だったのだ。どうやら、独り身の男性が介護になんらかの責任を負うかもしれないという可能性は、政府の頭には浮かばなかったらしい。RBGは満面の笑みで言った。「やりましょう」。こうして、彼女とマーティーは初めて仕事上でタッグを組んだのだ。

モーリッツの事案は一見そこまで大きなものじゃない。彼が拒まれた控除額はわずか六〇〇ドルだ。それに、女性に対するひどい差別とも無縁に見える。でも、マーティーとRBGはそのさらに一歩先を見越していた。政府は不合理にも純粋に性別だけを理由に、ある人に利益を与えることを拒絶したのだ。このことが誤りだと法廷で認められれば、それが先例となって、より広く男女平等が認められる道が開けるはずだ。

RBGはサマーキャンプ以来の古い友人でもあるACLU全米法務部長のメルビン・ウルフに連絡をとって、サポートを頼んだ。ウルフは二人を支援することに同意する。彼はのちに著作家のフレッド・ストレビーに対して、RBGがニュージャージー界隈で「女性の権利のために泥くさい仕事をしていた」のは知っていたと語っている。そんな彼女を自分は「暗がりから表舞台に引っぱり上げ」ようと思ったのだと、とウルフは誇らしげに言う。彼女を連邦最高裁に導く手助けをしたの

仕事をするRBG
Rutgers School of Law–Newark

は自分だ、と。

　ギンズバーグ夫妻が準備した弁論趣意書には、「生物学的な差異が当該の行為になんら関係がない場合」、州政府は男女を区別することはできないと書かれている。RBGはこの趣意書をウルフに送った。ACLUが最近、ある事案について連邦最高裁判所への上訴を引き受けたのを知っていたからだ。それは、不動産の管理に関して女性よりも男性を優先したアイダホ州の法律をめぐる裁判だった。原告サリー・リードの夫は家族を虐待し、彼らを捨てて家を出ていった。それなのに息子が自殺したとき、息子が所有していたわずかばかりの有形資産を正式に引き継ぐべきとされたのは、サリーではなく夫だった。理由はただ単に、彼が男だったからだ。それが法律の規定だった。RBGは、この「リード対リード」事件とモーリッツ事件を対《つい》にすることで、性差別はすべての人に害をもたらすのだということを示せると考えた。「これの一部は『リード対リード』事件にも有用なはずです」。一九七一年四月六日、モーリッツ事件の趣意書を同封したウルフ宛ての手紙の中で、RBGはそう書いている。そして、続けてこう持ちかけた。「この件には女性の共同弁護士を参加させるのが適切だと思いませんか⁉」。RBGが自分のことを「女性だから」という理由で誰かに売り込むのは、めったにないことだ。でも連邦最高裁で扱われる裁判に加われるとなれば、それだけの価値はある。

それから何年もあとになって、当時のことを再び振り返ったウルフはストレビーにこう語っている。「くそ、彼女を表舞台に引っぱり上げたのは、わたしじゃなかったのかもしれない。たぶん彼女は、自分で自分を暗がりから表舞台に引っぱり上げたんだ」

彼は正しかった。ウルフはＲＢＧに、サリー・リードの事件を連邦最高裁に上訴するうえで、彼女の助けがあればありがたいと伝えた。

最高裁が無視する〝性区分〟

「リード対リード」裁判のゆくえには多くのものがかかっていた。連邦最高裁は過去、女性を二級市民として扱う法律を認める判決をいくつも出してきた。そうした過去の自らの判例を最高裁によみがえさせることができなければ、リード事件は悪法のさらなる強化につながってしまう。

わずか一〇年前の一九六一年には、グウェンドリン・ホイトという女性が夫を殺害した罪で起訴された。彼女は、男性のみから成る陪審員団に裁かれて有罪判決を受けたことに異議を申し立てる。当時フロリダ州では、男性には陪審参加義務があったが、女性は自ら登録しないかぎりその義務を免除されていた。つまり女性の陪審参加は〝ついで扱い〟されていたわけだが、判事はこれをまったく問題なしとして、その理由を「女性は依然として家庭と家庭生活の中心と考えられている」からとした。

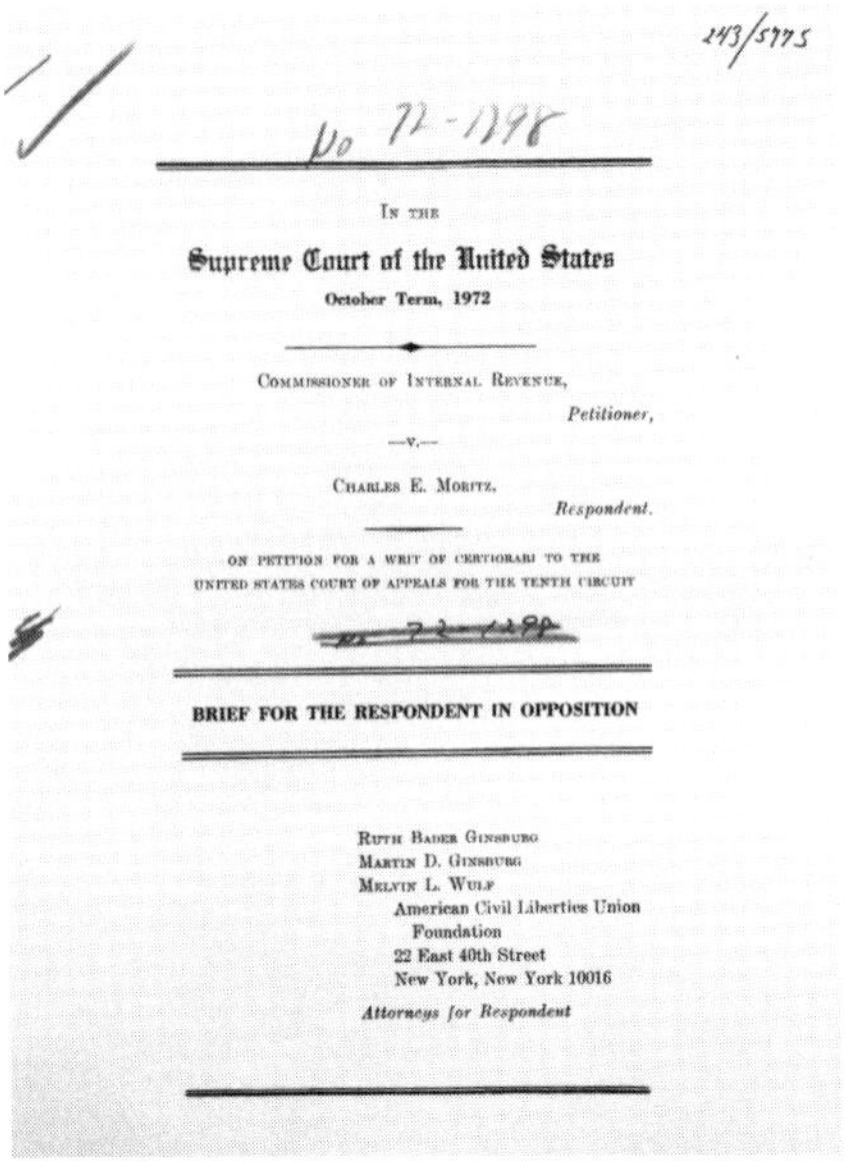
243/5775

No 72-1398

IN THE

Supreme Court of the United States

October Term, 1972

COMMISSIONER OF INTERNAL REVENUE,
Petitioner,

—v.—

CHARLES E. MORITZ,
Respondent.

ON PETITION FOR A WRIT OF CERTIORARI TO THE UNITED STATES COURT OF APPEALS FOR THE TENTH CIRCUIT

No 72-1398

BRIEF FOR THE RESPONDENT IN OPPOSITION

RUTH BADER GINSBURG
MARTIN D. GINSBURG
MELVIN L. WULF
American Civil Liberties Union Foundation
22 East 40th Street
New York, New York 10016
Attorneys for Respondent

夫妻が執筆したモーリッツ裁判の弁論趣意書

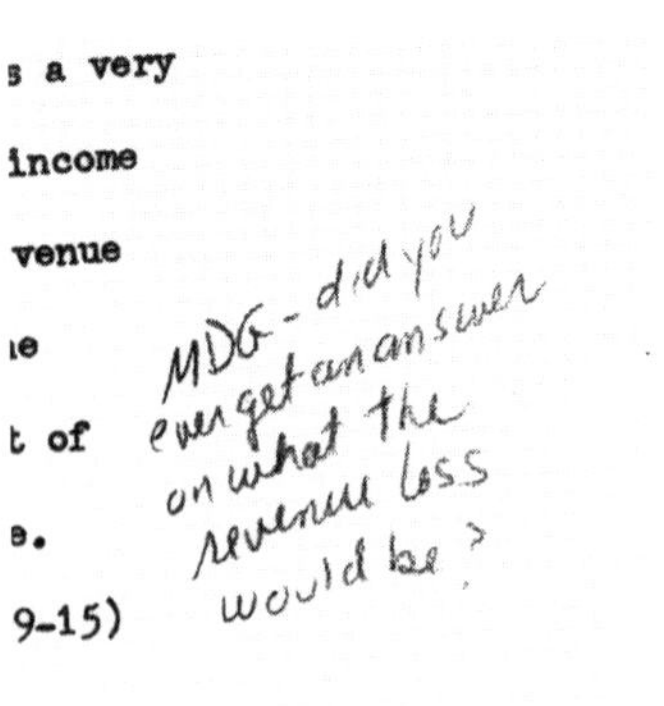
s a very
income
venue
ne
t of
e.
9-15)

MDG - did you ever get an answer on what the revenue loss would be?

RBGからマーティーに宛てたメモ
「MDGへ、収入減がどの程度になるか
回答をもらった?」

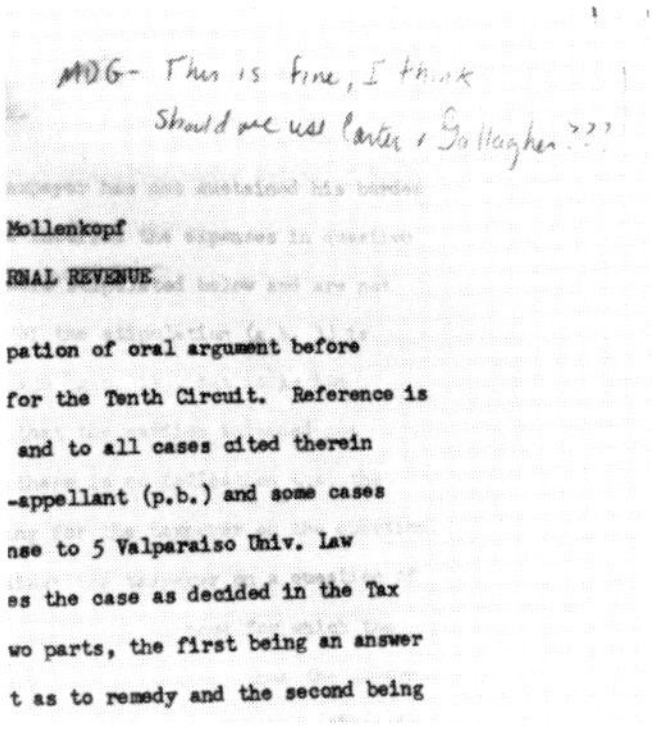
MDG- This is fine, I think
Should we use Carter v Gallagher???

Mollenkopf
RNAL REVENUE
pation of oral argument before
for the Tenth Circuit. Reference is
and to all cases cited therein
-appellant (p.b.) and some cases
nse to 5 Valparaiso Univ. Law
es the case as decided in the Tax
wo parts, the first being an answer
t as to remedy and the second being

「MDGへ、いいと思う、
『カーター対ギャラガー』を使うべき?」

Library of Congress Manuscript Division

このホイト事件判決は、最高裁が一九四八年から一向に進歩していないことを如実に示していた。一九四八年、フェリックス・フランクファーター判事——RBGを調査官として雇うのを拒んだ、あの判事だ——は、女性に自由にバーテンダーとして働くことを認めれば、「倫理的、社会的な問題が増加する」可能性があると厳《おごそ》かに認定したのだ。

時はさかのぼってロースクール時代、

RBGは夏のあいだにアルバイトをしていたポール・ワイス法律事務所で、パウリ・マレーという名の女性弁護士と出会っていた。人種と性別はまったく別のカテゴリーだという見方が大半だった時代に、マレーは黒人女性として活動していた。彼女が男性中心だと批判していた公民権運動と、女性の権利を訴えながら人種に対しては無知だった多くの活動家たち。マレーはこの両者の橋渡しをする活動に情熱を傾けた。新たな地平に足を踏み入れるよう法廷に訴えたのはRBGだけれど、マレーは彼女より一足早く、その最初の一歩を歩み出していたのだ。

マレーは一九六一年にはすでに、憲法修正第一四条の平等保護条項そのものが、女性を法による制約から解放する力になるのではないかと考えていた。ACLUの同僚だった弁護士のドロシー・ケニヨンとともに、マレーはホイト事件の判例をくつがえす方法を模索していく。彼女が一九六五年に共同執筆した『Jane Crow and the Law（女性差別と法）』という論文を、RBGはラトガース大学でのシラバスに挙げている。

この論文が刊行された翌年、マレーとケニヨンは、人種と性別は互いに並行し交わっているという自らの理論を実践に移そうと試みた。アラバマ州で投票権活動家二名が殺害された事件で、白人男性のみから成る陪審員が犯人を無罪としたことに対して、異議を申し立てたのだ。マレーたちは勝訴したものの、アラバマ州がこの件を連邦最高裁に上訴しなかったため、話はここで終わりになってしまった。

RBGは自らが手がけ、のちに世に広く知られることになる「リード対リード」事件の弁論趣意書のいたるところで、マレーの言葉を引用している。さらに、シモーヌ・ド・ボーヴォワールや、詩人のアルフレッド・テニスン、社会学者のグンナー・ミュルダールにも触れていて、これは趣意書としてはかなり異例のことだ。RBGはフェミニストであるロースクールの学生たちの助けも借りて、この趣意書を書き上げた。世界は変わったのに、法はかつての日々のまま取り残されている。彼女の趣意書は、そのことを指し示すものだった。

できあがった趣意書を最高裁に提出する前に、RBGは表紙の作成者名のところに二つの名前を書き加えた。ドロシー・ケニヨンと、パウリ・マレー。自分が「彼女たちの偉業を拠りどころとした」ことを明確に示したかったのだと、RBGはのちに語っている。

「そいつはどうかと思うよ」、当時ACLUの同僚だったバート・ニューボーンは彼女にそう苦言を呈したのを覚えている。それは「規定への冒瀆《ぼうとく》」だと彼は言った。

「かまいません」、RBGは答えた。「彼女たちの功績は認められてしかるべきです」。RBGは後年、自分の仕事はケニヨンとマレーが切り拓いた道を引き継いだだけのことなのだと、くりかえし語っている。ただ時代がようやく、その声を聞こうとしはじめただけなのだと。

一九七一年一一月二二日、RBGは読んでいた本からふと顔を上げた。ぐったり疲れて、電車で帰路についていたときのことだ。近くの男性が手にしていた新聞が目にとまる。「最高裁、性差別を違法と判断」という見出しが《ニューヨーク・ポスト》紙の一面を飾っていた。——正確にはちょっと違うことを、その後ようやく法廷意見を確認した彼女は知ることになる。法廷はたしかにサリー・リードを勝訴とした。最高裁は初めて、男女を不平等に扱う法律を無効と判断したのだ。それは画期的なことだった。ただし、その判決がおよぶ範囲はあいまいで、法廷がより広範な規定を示すことはなかった。RBGの闘いは、まだ始まったばかりだった。

女性《W》の権利《R》プロジェクト《P》の誕生

発足当初、ACLUの「女性の権利プロジェクト」から送られてくる郵便物には、らしくないロゴマークが入っていた。《プレイボーイ》誌のバニーのロゴだ。これは少なくとも一人の受取人をひどく憤慨させたようだけれど、じつはこの封筒はACLUの大口支援者である同誌の財団から贈られた現物寄付だった。男女同権を訴える「女性の権利プロジェクト」（WRP）は、ACLU組織内の団体として、わずかな資金とともにスタートした。常勤職員の第一号となったのは、ハーバード大学ロースクールの卒業生で、フェミニストとして活動していたブレンダ・フェイゲン。足を使う仕事は、RBGのロースクールの教え子たちが手伝ってくれた。

そんな状況にもかかわらず、RBGはこのプロジェクトを通じて大きな目標を見据えていた。彼女はリード裁判に勝訴した直後に、その目標をACLU理事会に提案している。そして《プレイボーイ》誌の創業者ヒュー・ヘフナーと同じく意外なことに、アーウィン・グリズウォルドもまた、結果として思いがけず（非公式にではあるけれど）彼女のその目標を後押しすることとなった。

RBGが第一〇巡回区連邦控訴裁判所でのモーリッツ裁判に勝利したあと、国の訟務長官だったグリズウォルドは連邦最高裁に対し、連邦控訴裁の判決をくつがえすよう求めた。そうでないと、何百という連邦法が違憲ということになってしまう。彼は自分の主張を裏づけるため、当時はまだ一般には普及していなかったコンピューターを使って、男女を平等に扱っていない膨大な法規制すべてをリストアップさせ、「付録E」として提出したのだ。RBGはこの付録Eが何を意味するのか、瞬時に理解した。これは彼女たちが是正に向けて闘うべき法律をまとめた貴重な「標的リスト」にほかならないと。

この国には給与や雇用や教育の現場での差別を禁じる新たな法律がいくつも生まれていた。けれど、紙の上での約束だけではじゅうぶんとは言えないことを、RBGはよく理解していた。「社会、文化、法律に深く根差した性差別が蔓延している現状を考えれば、女性の機会均等に向けた道のりはまだ遠いと言えます」。一九七二年一〇月、「女性の権利プロジェクト（WRP）」の設立趣意書の中で、RBGはそう書いている。WRPが掲げるミッションは三つ。社会啓発と、法律の改正、そして全米のACLU現地支部を通じた訴訟活動だ。

平等を勝ち取るためには、多方面で攻勢をかけなくてはならない。たとえ連邦最高裁が（この時期ちょうど行われていた裁判で求められていたように）中絶を合憲と認めたとしても、「中絶手術を受けられる施設や中絶手術への医療手当といった面での多大な制約については、依然として異議を唱えていく必要があります」とRBGは書いている。そのほかにWRPが優先的に取り組むのは、「自由意志により避妊する権利」（中産階級の白人女性は医師から避妊をしないよう言われることが多かった）と、「自由意志によらない避妊を拒否する権利」（有色人種の女性や「精神に障害がある」とされる人々は、そういう圧力にさらされてきた）を勝ち取ることだ。

RBGはさらに続けて、このプロジェクトは教育や研修の場での差別に加えて、住宅ローンやクレジットカード・ローン、家の借りにくさといった差別をも是正し、刑務所内や軍の女性に寄り添い、「少年院に入所する女子の性的乱交を理由とした差別的監禁」の問題にも取り組んでいくと綴る。また、妊娠した女性に対する差別が行われている施設についても追及していく、とした。

一九七三年五月一四日、連邦最高裁は「フロンティエロ対リチャードソン」事件の判決を下した。RBGが初めて最高裁の法廷に立って弁論を行った、あの事件だ。形式的には、彼女は再び勝利を収めた。シャロン・フロンティエロの職務が家計におよぼす影響を、他の同僚の男性軍人よりも小さいものとして扱った軍の規定を、最高裁の判事たちは無効と判断したのだ。ウィリアム・ブレナン判事が読み上げた意見は、あたかも彼女たちの勝利を示しているかのようだった。

「伝統的に、こうした差別は『ロマンティックな家父長制』的精神によって正当化されてきた。これは実質上、女性を大切に尊重するのではなく、むしろ檻に入れて閉じ込める役割を果たしていた」、意見書の中で彼はこう書いている。まるでフェミニストの弁護士たちが言いたかったことそのままだ。けれど、過半数の五人の判事による賛成が得られなかったため、性別による区別のほとんどを違憲とするより広い判決には至らなかった。唯一の反対票を投じたウィリアム・レンキスト判事は、《ロサンゼルス・タイムズ》紙にこう語っている。「わたしの妻は、男性優越主義者の豚野郎と結婚したという考えはとっくの昔に捨てていますよ。それに娘は、わたしのやることにこれっぽっちも注意を払わない」

RBGはこの裁判で、その後の人生でずっと彼女について回る教訓を得ることになる。RBGは

ACLUの「女性の権利プロジェクト」にて
Collection of the Supreme Court of the United States

けっして諦めずに、判事にものを教えようとした。でも、のちに彼女自身が認めるように、「人は一日で何かを学ぶことはありません。一般に、社会における変化とは徐々に起こるものだとわたしは思います。真の変化、永続的な変化は、一歩一歩少しずつ生じるのです」。

　だから、彼女には忍耐が必要だった。戦略的に動くことも必要だった。そしてたぶん、「ときには少しばかり聞こえないふりをする」ことも。

　世界を変えようと燃え立っていた同志のフェミニストたちは、ときおりRBGにそういう考えを促された。「彼女は、一歩ずつ法を整備していくべきだと訴えました」と、ACLUの弁護士だったキャスリーン・ペラティスは振り返っている。「『法廷には次の論理的ステップだけを示しましょう』と彼女は主張しました。そして、次へ、さらにその次へ、と少しずつ進めていくのです。『彼らにあまりたくさんのことを一度に求めないで。勝てるものも勝てなくなってしまう』とね。『この事案はまだ早いわ』と彼女はよく口にしました。わたしたちはたいてい、彼女の助言に従いました。そして、それに反して動いたときは、きまって敗訴したものです」

ギンズバーグ「教授」になる

当人は脚光を浴びたいとはあまり思っていなかったものの、RBGの名はしだいに世間に知られるようになっていった。「ギンズバーグはグロリア・スタイネムのような活力にも、ベティ・フリーダンのような荒々しさにも欠けている」と、ある学生評論家は評している。「彼女はたいてい髪を一つに束ねている。喋り方は平坦でたどたどしく、でも正確で明瞭だ。服装は保守的。学生たちは仲間うちでは、彼女のことをまるで仲間の誰かのユダヤ人の伯母さんみたいに、ルーシーと呼んでいた。みんな彼女のことをたいして知らないのに、なんとなく親しみを感じている」。一方で、RBGの教え子の一人は授業評価アンケートの中で、彼女は「才気にあふれて」いて、「すばらしい教師」だけれど、「学生とは少し距離があって」「とても控えめな人」だと書いている。

九年前にRBGをラトガース大学に走らせたコロンビア大学も、一九七二年にはついに彼女の価値を認めることになった。RBGの母校でもある同校は、彼女に終身在職権をもつ初の女性教授になるチャンスを提示したのだ。RBGは、ACLUの仕事に時間を割いてよいという了解を得たうえで、その申し出を受け入れる。《ニューヨーク・タイムズ》紙に掲載された記事によれば、コロンビア大学は「大手柄を立てた。同校のロースクールは、ある女性に終身教授の職を打診し、その女性を獲得できたことに喜びを隠さない」。なにしろロースクールの学部長が語るところによれば、

「ミセス・ギンズバーグ」は同校がこれまで一一四年にわたって拒否してきた女性たちとは違って、たしかにそれだけの資質がある、と記事は伝えている（ちなみにRBGは記事が公開されたあと、記者に手紙を送ってこう書いている。「わたしが一点気になるのは、《ニューヨーク・タイムズ》紙は『ミズ（Ms.）』の使用を認めていないのかという点です」）。

記事の中で、RBGは驚くほど遠慮のないトーンでこう語っている。「わたしにとって唯一の制約は時間です。彼らの望むとおりに自分の活動を縮小するつもりはありません」。ここでいう彼らとは、他の教職員や大学事務局のことのようだ。「でも、おそらく問題は起こらないでしょう」と、彼女はしばらくして付け加えた。「たぶんみんな外面上は感じよく接してくれます。なかにはわたしの活動に不満をもつ人もいるでしょうが、表には出さないでしょう」

たしかに不満をもつ人も一部にはいた。でも、コロンビア大学の女性たちはRBGを待ちわびていた。着任するやいなや、女性たちは不満を伝えるために続々とRBGにコンタクトを取りはじめた。知っていますか？ コロンビア大学では妊娠出産が保険でカバーされないんです。それに女性は給与も年金も男性より低い額しかもらえません——。そうと知ったからには、RBGは大学の女性教師や女性事務員を代表して集団訴訟を起こす手助けに立ち上がった。原告として一〇〇名が名を連ねたその訴訟は、勝訴に終わる。

また、こんな話も持ち込まれた。大学側は二〇人の作業員を解雇しようとしているが、その全員が女性で、男性の作業員は一人もいないというのだ。「これらの女性たちを支える動きが大学内に存在することを目に見える形で示すことが、解雇を防ぐうえで希望になると我々は考えています」、作業員たちのために動いていた活動家はそう書いている。解雇されようとしている作業員たちは、大半が有色人種の女性だった。

RBGはコロンビア大学長に宛てた手紙の中で、この解雇を「深刻かつ大きな代償をもたらす過ち」だとして、「連邦レベルの訴訟に発展しうる道を避ける」ように求めた。この件について念押しするためミーティングにも足を運んだ。さらには、ACLUのニューヨーク支部にも応援を頼んだのだが、これに憤慨したのがコロンビア大学の法学教授ウォルター・ゲルホーンだった。ゲルホーンはRBGがラトガース大学で職を得られるよう手助けしてくれた人物でもある。ACLUの「ジェントルマン諸氏」に宛てた手紙の中で、ゲルホーンはコロンビア大学に性差別があるという非難はあまりにも性急だと訴えた（RBGはその手紙の余白に怒りを込めてこう走り書きしている。「彼はこの件の本質を見誤っている。とんでもない!!!」）。

ゲルホーンはさらにこう続ける。「目下の出来事」に、わたしはACLUが「時期尚早に騒ぎを起こす傾向があまりにも強すぎる」のではと危惧しております――。「マンスプレイニング（男性から女性への上から目線の説教）」という言葉が生まれるのがまだ数十年先なのが、おしいところだ。でも結局、作業員は女性も男性も一人も解雇されなかった。

RBGはたしかに終身在職権をもった教授だけれど、だからといって必ずしもこれらの闘いを引き受ける義務はなかったはずだ。特に、彼女がその職にあること自体を一部の同僚たちから疑問視されている状況では、なおさら。「彼女がこの大学にいることに、一種の反感はたしかにありました。それに、その職を得たのも、女性を雇うよう大学に圧力がかかっていたからという、ただそれだけ

コロンビア大学ロースクールで
女性初の終身在職権をもつ教授となったRBG
Courtesy Columbia Law School

の話だという見方もありました」、そう振り返るのはコロンビア大学ロースクールの学生でRBGの教え子だったダイアン・ジマーマンだ。RBGは、「アファーマティブ・アクション（積極的差別是正措置）」という言葉を一部の人々がまるで侮辱のように使っていることを知っていた。「しかし、そうでない人たちは――」、彼女はのちに書いている。「『消極的差別』の時代はようやく終わったのだと知っています」

中絶を望まなかった女性

ブレンダ・フェイゲンは、明るい黄色の札をドアにかけた。「女性仕事中」と書かれている。四〇番通りに面したACLUのオフィスの中で、この札はそこが女性の権利プロジェクトの区画であることを示していた。RBGはこの札が好きだった。女性の権利プロジェクトにおける「女性仕事中」は、文字どおり、弁護士である母親が生まれたばかりの赤ちゃんに授乳しているという意味でもある。その他の時間は、アルバイトの学生が赤ちゃんの世話をしていた。そんな混沌とした職場の中で、RBGは仕事に集中していた。彼女のデスクは、静かなオアシスだ。オクラホマ州の職場で不当な扱いを受けたり、ラトガース大学ロースクールの教授の職を失わないために、だぼだぼの服で妊娠中のお腹を隠していたときから、なんと遠くまできたことだろう。

でもそれは、ＡＣＬＵ内部だけの話だった。外の世界ではまだ、妊娠出産の自由を現実のものにする道は障壁だらけだ。妊娠の問題をＡＣＬＵが進める性差別の裁判に結びつけるうえで、女性の権利プロジェクトはある問題に直面していた。子どもや高齢者の世話は男性だってできるし、女性だって空軍に入って、家計を支えることができる。でも妊娠と出産は、女性にしかできない。ＲＢＧとそのチームは、妊娠もまた平等（あるいは不平等）に関わる問題であり、単に女性たちが勝手に営む女性だけの特別なものではないと判事たちにわからせなければならなかった。もっと根本的な問題として、ＲＢＧは、女性たちが生殖にかかわる問題を自分で管理し、妊娠するかしないかを自分で決めることができないかぎり、女性の平等はあり得ないということを最高裁に認めてほしかった。それはすなわち、中絶の権利を保障すること、そして妊娠による差別をなくすことを意味していた。

スーザン・ストラック空軍大尉は、空軍で看護活動に従事していた。自分をフェミニストだと思ったことはない。かといって、「女性はこうあるべき」とされるような行動をするタイプでもなかった。ベトナム行きを志願したのもその一例だ。一九七〇年に妊娠がわかったとき、軍が示した選択肢は退役か中絶かの二択だったけれど、彼女はそのどちらも拒否した。

皮肉なことに、中絶は当時まだアメリカ合衆国のほとんどすべての場所で禁じられていた。一九六九年には過激なフェミニストたちがニューヨークの教会の地下室で中絶についての体験を語るという前代未聞の会合を開き、世間に大きなショックを与えたくらいだ。ただし、軍の基地では例外的に中絶が可能だった。けれどカトリック教徒として育ったストラックは、子どもを産み、養子に出すつもりでいた。そのために必要な日数の疾病休暇も貯めてある。ストラックは解雇通知を無視し続け、ついにはこれに異議を申し立てた。そうして、ACLUに助けを求めたのだ。

RBGはこの機会を逃さなかった。生殖に関わる自由は平等の条件なのだと認める判決を一歩ずつ獲得するため、まずは中絶を望まなかった女性の裁判から始めて、これを足がかりにしていこうと考えたのだ。中絶を禁止する一方で、軍に都合のいいときにはそれを許す国の政策の偽善を、彼女は感じずにはいられなかった。このときACLUの他の弁護士たちは、もっと直接的に国の中絶禁止を攻撃する訴訟に取り組んでいた。同じ開廷期に最高裁で審理されていた「ドウ対ボルトン」裁判と「ロー対ウェイド」裁判だ。七年前の「グリズウォルド対コネチカット州」裁判で避妊禁止を無効とする最高裁判決を導いた弁論を意識して、「ロー対ウェイド」裁判と「ドウ対ボルトン」裁判の弁論趣意書では、中絶を平等の問題としてではなく、プライバシーの権利にかかわる問題として主張を展開していた。でもRBGの考えは違っていた。彼女が「ストラック対国防長官」裁判で最高裁に提出した弁論趣意書には、その点が明確に示されている。

一九七二年一二月四日、ストラック裁判の上訴趣意書を最高裁に提出したその日に、RBGは悪いニュースを知った。グリズウォルド訟務長官が敗北が近いことを察し、妊娠した女性を自動的に除隊させる方針を変更するよう空軍を説得したのだ。事件は争訟性を失ったものとして棄却されてしまった。けれど、RBGはこの事件を手放すつもりはなかった。彼女はノースダコタ州のマイノット空軍基地に異動させられていたストラックに、裁判を継続する道はないかと尋ねた。ストラックは「自分はパイロットになるのが夢なんです」と答えた。それで、二人は大笑いした。女性パイロットだなんて——当時としてはあまりにも大胆すぎて、裁判で訴えたとしても、男性たちには理解さえできないほどに大きすぎる夢だった。

「行為」の代償を支払わされる女性たち

ストラック大尉の裁判棄却から六か月後、「ロー対ウェイド」と「ドウ対ボルトン」の二つの裁判で判決が出た。六人の裁判官が、「憲法が認めるプライバシー権には、女性が自身の妊娠を継続するか否かを決定する権利も広く含まれる」との判断を示し、五〇の州の中絶禁止法すべてを無効としたのだ。RBGはその後何年も、歯に衣着せぬ物言いで、この裁判でのハリー・ブラックマン判事の判決理由を批判しつづけた。「女性が一人で決められるとでも思っているんでしょうか」と、彼女は軽蔑を込めて言った。「ドクターと相談しなければならないんですよ。そこには、立派なドクターと、その助けを必要としているちっぽけな女性という構図があるのです」。しかも、一気にすべてを片付けてしまったこの判決は、一歩一歩ゆっくり進むというRBGの方針に反するものだった。彼女は、人の意識を変えさせるためには、ゆっくり進む以外に道はないのだと確信していた。

最高裁の選んだ道は、RBGが判事たちを説得して納得してもらいたいと考えていた論点から遠ざかっていくものだった。それも、もう後戻りできない道だ。もし中絶をプライベートな選択とするならば、他の医療と同じように公的な保険で中絶費用を負担してもらえる理由があるだろうか？　最高裁の答えは、「ノー」だ。ロー裁判から七年後、最高裁は、国が中絶費用を負担するのを禁止する決定を支持した。では、女性がストラック大尉のように妊娠継続を望んだ場合は？　彼女が差別されずに働き続ける権利は、プライバシーの権利で守ってもらえるのだろうか？　その答えは、すぐに明らかになった。

雇用主たちは長いこと、女性が妊娠するかもしれないという理由で、女性を雇ったり昇進させたりするのを拒否してきた。妊娠した場合の休暇は有給ではなかったし、出産後に仕事に戻ることを希望しても復職の機会は与えられなかった。そういう扱いが、女性には神に与えられた役割があるのだという根拠のない社会通念を創り出してきたのだとRBGは主張した。まさに、リード裁判やフロンティエロ裁判で無効とされた法律がそうだったように。

「そのような考えは、女性には肉体的な制約があり、社会の中でしかるべき場所があるのだという固定観念に根差している」、RBGは七〇年代に扱った妊娠関連の一連の裁判の一つで、最高裁に提出した意見陳述書の中でそう述べている。さらに、「このような雇用方針は、女性の特性や妊娠をとりまく現実を無視している」と訴えた。

妊娠中も子育て中も働き続けることを余儀なくされている女性がたくさんいることは、考慮されていなかった。「女性が妊娠したら、家にいて、赤ちゃんの世話をすればいい。すべてはすばらしいじゃないか。彼女には支えてくれる夫がいるのだから、そういう考えです」と、RBGは一九七七年に語っている。「しかし、これらの裁判に原告として登場した女性たちに、夫はいませんでした。彼女たちは自分一人で自分を支え、生まれてくる赤ちゃんを支えなければならなかったのです」。妊娠した女性は、収入の有無にかかわらず、社会生活から退場すべきだと考えられていたのだ。

RBGはまた、妊娠した女性がどのような扱いを受けるかという問題は、性の営みの問題にも関わっていると考えていた。セックスをした証拠は、女性の身体だけに現れる。そして、女性だけがその行為の罰を受けるのだ。RBGは、妊娠したために名誉除隊ではなく単なる除隊となった女性軍人の弁護士に助言した手紙の中で、次のように書いた。「もちろん、名誉でないと考えられたのは、『妊娠したこと』ではなく、そこに至る行為でしょう。それには二人の人間が必要ですが、性的関係をもったという理由で除隊になる男性は（おそらく、女性も）いません」

最高裁は頑なに、この論拠のいずれも認めようとはしなかった。一九七四年の「ゲドゥルディグ対アイエロ」裁判では、妊娠を就業不能保障の対象にしていないのは、必ずしも女性への差別とはいえないとし、妊娠するのは女性だけとはいえ、すべての女性が妊娠しているわけではないのだから、と説明した。別の事例では、ゼネラル・エレクトリック社の女性従業員たちが会社を相手どって裁判を起こした。同社の従業員給付制度が妊娠を就業不能保障の対象から除外していることを不当だとして訴えたのだ。かつてこの会社では、女性は結婚したら退職させられていた。会社側の弁護士は最高裁の法廷で、真顔でこう述べた。「結局のところ、望んで妊娠したんでしょう。それにもし働きたかったら、今は『昼休みに日帰りで受けられる処置』も法的に認められています」。彼は、中絶をほのめかしたのだ。

驚くべきことに、一九七六年一二月七日、最高裁判事の過半数がこれに賛成した。レンキスト判事の執筆した多数意見には、妊娠は特別で、人種や性別とは異なり、しばしば「自発的で、希望によるもの」であると書かれていた。メッセージは明白だった。行為をしたら、代償を払わねばならない。――ただし、その支払いを求められるのは女性だけだ。ウィリアム・ブレナン判事とサーグッド・マーシャル判事は、反対意見の中で、ゼネラル・エレクトリック社は「スポーツによるけが」、自殺未遂、性病、犯罪遂行中または喧嘩で発生したけが、選択的な美容整形」に起因するいわゆる「自発的な」就業不能については除外していないことに抗議した。

ゼネラル・エレクトリック社の判決がでたその日のうちに、RBGは妊娠した従業員を差別から守る次の策《プランB》を練るためミーティングを招集した。「彼女はさまざまな人をまとめることのできるリーダーでした」と、フェミニストでRBGの同僚弁護士だったジュディス・リヒトマンは振り返る。「わずか二年で、このひどい悪臭を放つ――クソのような、と言ってもいいかな――判決をひっくりかえしたのです」。一九七八年一〇月、議会は妊娠差別禁止法を可決した。妊娠した従業員を他の一時的に就労不能となった従業員と同様に扱わなかった場合、雇用主は女性差別をしたとみなされることを明確にする法律だ。

一部のフェミニストは、妊娠を「スポーツによるけが」や「選択的な美容整形」とは本質的に異なるものと認めさせるべきだと考えた。でもRBGは、妊娠を特別なものとすることは逆効果になると主張して譲らなかった。彼女は、性別による区別のない従業員管理が広がれば、雇用主が女性だけを差別の標的にするのは難しくなるだろうと考えた。自分自身の経験とクライアントの事例から、RBGは確信していたのだ。女性に恩恵を与えているように見えるあらゆることが、逆に女性の不利益につながるのだと。

じゃあ、男性はどうなのか？

すべての顧客の中で、RBGが最も深い交流をもったのが、スティーブン・ワイゼンフェルドだった。彼の妻は出産時に亡くなり、彼は一人で子どもを育てていた。この事案を最高裁で争うことは、「性差別はすべての人を苦しめる」と示すことのできるチャンスだ。RBGの注意を引くきっかけとなったワイゼンフェルドの投書によると、彼が「専業主夫をしていた」あいだ、妻ポーラは教師として学校で働き、社会保険料を払ってきた。しかし、妻の死後に社会保障給付金（いわゆる「母親手当」）を受けられるのは、夫を亡くした妻の場合だけだった。ワイゼンフェルドの訴訟代理人としてRBGが作成した最高裁への弁論趣意書には、「この法律には、経済分野における女性の努力をおとしめるために、この国でいつも使われてきたおなじみの固定観念が反映されている」と書かれている。

彼女は、さらに次のように主張した。「女性の被保険者の稼ぎ手としての立場は過小評価され、残された夫の親としての立場は無視されている。被上訴人は、父親であり母親ではないというだけの理由で、給付金を受け取ることができなかった。受給は、彼が幼い息子を自分の手で育てるために必要なものだ。子どもには、世話をしてくれるもう一人の親はいなかったのだから」。それから彼女は論点を変える。幼い息子のジェイソン・ポールは、「父親を亡くした子どもたちを対象にする一方、母親を亡くした子どもたちは対象からはずすような」法律のもう一人の犠牲者なのだ、と。

RBGはコロンビア大学でのイベントに向かっていた運転中、たまたま切り替えたラジオのニュースでこの件の勝訴を知った。「聞いたその瞬間に思ったのは、『気をつけて、事故を起こさないようにしないと』でした」と、彼女はその日、記者に語った。「大学に着くと、玄関ホールを駆け抜けて、この訴訟を手伝ってくれた学生たちにキスをし、喜びを分かち合いました。ふだんのわたしは、めったに感情をあらわにしない人間なのですが」。RBGは友人の一人に、思わず泣いてしまったとも語っている。

「伴侶に先立たれた親が、家に留まり子どもの世話をできるようにするという目的を考えると、法律が男女を区別しているのはまったく非合理的である」と、判決でブレナン判事は書いた。女性の権利には懐疑的なレンキスト判事も、この法律を無効とするほうに一票を投じたと語っている。理由は、それが子どものためにならないからだった。少なくとも、彼は半歩を踏み出したのだ。

RBGは、この訴訟について次のように書いている。「ワイゼンフェルド裁判は、男女均等という指針に向かう進化の一歩でした。その指針とは、伝統的な考えは残しつつも、同時に、人間としての可能性を最大限に発揮したいと願う男女が、その行動を通じて新しい伝統をつくりだしていけるよう、人為的な制約を取り除くことを求めていくものです」

彼女がたくさんの男性原告の訴訟を扱っていたことに、一部協力者からは疑問と、ときには怒りの声さえあがっていた。これは女性の権利プロジェクトだ、男性の権利プロジェクトではない、と。男性優位の最高裁に、いわば仲間である男性を原告として出廷させたRBGの天才的な戦略を人々が認めるようになるのは、もっとずっとあとの話だ。

ただし、実際のところはもっと複雑だった。スティーブン・ワイゼンフェルドのような男性の選択は、判事たちを当惑させ、怒らせた。なぜ女のように行動したがるのか、と彼らは思う。ある意味、男のように行動したがる女のほうが、まだ理解できただろう。RBGは、女性が平等に扱われるためには、男性が自由でなければならないという強い信念をもっていた。あるディナーパーティーの出席者の一人が、何十年もたってから匿名を条件に《ニューヨーク・タイムズ》紙にこんなエピソードを語っている。「ゲストの一人が、RBGは『女性解放運動』のために働いているんだと言ったところ、彼女は激怒して話をさえぎり、彼に向き直って、『女性解放ではありません。女性と男性の解放です』と言ったのです。あんなに強く激しく語る彼女は見たことがありませんでした」

RBGはまた、わずか一人か二人の女性を旧態依然とした男性の世界に送り込むことにも興味はなかった。より多くの女性が社会にかかわることが、男性も含むすべての人に恩恵をもたらすと固く信じていたからだ。一九七八年、ハーバード大学ロースクールの女性入学二五周年を記念したイベントで、RBGはこう語っている。「男性たちは、学ばなければなりません。そして女性が彼らの世界のまっただ中に、たった一人の珍しい存在としてではなく、大勢加わることによって初めて、彼らは学ぶことができるようになるのです」。RBGはさらにこう続けた。「男性には、さまざまな個性や人格をもった女性たちといっしょに働く経験が必要です。彼らは女性たちと、ともに働く友人にならなくてはなりません」

このころには、ロースクールに占める女性の割合は三〇%にまで上がっていた。ハーバード大学ロースクールのアーウィン・グリズウォルド前学部長は、この年、RBGに手紙を書いている。彼は「自分は学部長に就任後、できるかぎり速やかに、ハーバード大学ロースクールに女性の受け入れを開始した」と指摘しつつ、こんな心配を吐露している。「しかし、女性とマイノリティの学生を受け入れたことで、白人男子学生の席は大きく減ってしまった。彼らの苦境への配慮が必要になるときが来るかもしれない」。RBGの娘のジェーンは、このときハーバード大学ロースクールの学生だった。RBGは冷静に返事を書いた。もっと多くの女性や非白人の学生が入ってきても、「すぐれた白人男性が公正な競争で席を得る機会を奪うことにはならないと確信しています」、と。

その日、誇らしくハーバード大学ロースクールに戻ってきたRBGは、集まった若い女性たちに目をやった。そこには、自分の娘もいる。彼女たちの歩む道は、自分のたどってきた道よりも歩きやすくなっているだろう。そのことを、RBGは嬉しく思った。その後ほどなくして、彼女は自身が最高裁の法廷で弁護士として争う最後の事件にのぞむことになる。彼女は、ゆっくりと、けれど着実に、判決を獲得し、自分の求める方向に判事たちを動かしてきたのだ。女性が人間として認められるというゴールを目指して。

スピーチの中で、RBGは少しばかり茶目っ気をみせた。「ハーバード大学ロースクールを選ぶ男性の気持ちはわかります。それは——」、少し間をおいて、彼女は続けた。「——ふさわしい女性をみつけるのにこれ以上の場所はないからですよ」

「男性だけの隠れ家などもうなくなってきています」とRBGは続けた。「近いうちに、最高裁判事の会議テーブルも殿方の安住の場ではなくなると思いますよ」

彼女の予言は正しかった。

RBGの弁論趣意書抜粋①

「リード対リード」裁判

個々人の能力を考慮することなく女性を男性の下位に置くことを要求する法典15－314条の性による線引きは、厳格な司法審査を要する**「疑わしい区分」**を生じさせている。州議会は人々をその要求や能力に基づいて区別をすることはできるが、本人の支配がおよばず、また、それを根拠に法による不利益を受けるべきではない変更不能の識別特徴に基づいて区別することは推定上許されない。性を根拠とする、両性間の生物学的差異と無関係な趣旨の立法上の差別は、他の先天的で変更不能な生まれつきの特徴である人種を根拠とする立法上の差別に比肩するものであり、なんらの司法敬譲にも値しない。

性差別が社会、文化、法律に深く根差し蔓延している現状を

「疑わしい」と認められた区分は、平等保護の異議申立てにおいて裁判所のより厳格な審査を受けることになる。そうなれば、政府がそれらの項目にもとづいて人々を区分することはかなり難しくなる。

考えれば、合衆国の女性にとって機会均等に向けた道のりはまだまだ遠い。**「疑わしい区分」の原則を通じて、法の下での完全な平等を目指して支援を受けている他のグループと同様に、**女性は、立法府や政策決定機関において代表が少なく、また、法および社会全般において受けている差別的処遇を是正する政治力に欠けている。法によって男女が平等に扱われるための確固たる憲法上の基盤がなければ、本人の能力に基づいて判断されることを求める女性は、法が認める障害に今後も遭遇し続けるだろう。

当裁判所のこれまでの決定は、合衆国において女性が分離され、かつ不平等な地位に立たされることを助長してきた。しかし、男性優位の文化によって、女性が劣った地位をときに狡猾に割り当てられていることに、**国民の良心は目覚め始めている。**

(……)

いまや、当裁判所は、最小限の正当な事由があれば立法府は**両性の間に明確な線**を引くことができるという前提を拒絶すべきである。人種の差別的処遇は憲法上許容されるという、かつて確立していた法を当裁判所が拒絶したように。(……)

RBGはここで、裁判所によってもっと保護されるべき、歴史的に力を奪われてきたグループという概念を引き合いに出している。

当時、女性たちは平等な権利を求めて通りを行進するなどの活動をはじめ、その声はもはや無視できなくなっていた。

RBGはここで、女性だからという理由で彼女を調査官として雇用することを拒否したフェリックス・フランクファーター判事の言葉を引用している。これは女性がバーテンダーとして働くことを制限する法を支持したときの彼の意見の一節。

両性間の生物学的差異は、遺産管理人が果たす義務になんらの関係も有しない。遺産管理人としての指定を求めて男性と競合するであろう女性を排除することにより、アイダホ州は**行政上の便宜**面で利益を得られると主張するが、その利益は、この制定法が差別の対象としている人々によって得られるであろう利益——法により完全な人格として扱われるという利益——に照らせば、不可避的な州の利益とするには遠くおよばない。性が「疑わしい区分」である以上、審理を避けることによる州の利益は、対象者が女性であるということのみを根拠とする身分差別を正当化することはできない。

（……）**女性が政治・ビジネス・経済の舞台に完全参画することを不可能にしている諸法律**は、しばしば、**「保護的」で有益なものと**形容される。同じそれらの法律が**人種的または民族的マイノリティに適用されれば、不公平で許容できないものとただちに判断されるだろう。**女性がこれまで置かれてきた台座をよくみれば、それは非常に多くの場合、彼女たちを閉じ込める檻なのだ。

RBGは、男性と女性が厳格な役割をもつよう生物学的に決められているという主張がいかに不合理であるかを明らかにしようとしている。その役割が身体部位とどう関係しているというのか、と問いかけているのだ。

平等にすると手間がかかりすぎるから、というのがアイダホ州の言い分だった。それは言い訳にならない、とRBGは断じる。

女性や子どもの労働条件を定めるいわゆる保護法は、たしかに安全規定も含んでいたが、一方で、彼らの賃金、労働時間、そして機会を制限するものだった。

SNSで言うところの、いわゆる「#善意の性差別」

RBGはのちのち、この種の主張は控えるようになる。その理由は彼女いわく、「以前よりも細かな区別を意識するようになったからです。すべての抑圧された人々が、同じ形や、同じ程度のもと抑圧されているわけではないと気づいたのです」

＊この抜粋、および「ストラック対国防長官」、「合衆国対バージニア」、「ゴンザレス対カーハート」裁判に関する文書の抜粋では、デューク大学のニール・シーゲル法律政治学教授およびイェール大学ロースクールのリーバ・シーゲル法律学教授に注釈でご助力をいただいた。お二人のご協力に感謝する。

「ストラック対国防長官」裁判

空軍規則は、妊娠していることが確定し次第、女性士官を即時除隊とするよう定めている。（……）これは、**法が認めるステレオタイプ的偏見によって個人の可能性が抑制されるべきではなく、機会均等が制限されるべきでもない**という現代の立法上および司法上の認識と全く調和しない、女性の立場に対する恣意的な見方を反映している。同規則は、妊娠女性を典型的に示すとされる特徴を基準にし、（……）個人の能力や資質を全く無視しており、合衆国憲法修正第五条のデュー・プロセス条項に違反する。

同規則は、妊娠という女性に特有の、通常短い期間の障害を伴う身体状態を、即時の強制除隊の事由として選び出している。

軍の指針はこうだ。「女性士官は、同人が妊娠していることが医務官により確定されたときは、可能な限り最小限の猶予期間をもって除隊させる」。つまり女性は、妊娠中絶するか、あるいは職を失うかを迫られることになる。

RBGはここで妊娠についての考えと性差別についての考えを結び付けて、ひと言でずばりと言い表している。

一時的障害を生じさせる他のいかなる身体条件も、それが男性に生じるものであれ女性に生じるものであれ、同様には取り扱われていない。（……）

機会均等を求める女性を苦しめる恣意的な障壁の筆頭といえるのが、女性特有の出産機能に基づく不利益な取り扱いである。**ごく近年にいたるまで、法律家は、妊娠女性および母親の取り扱いにおけるなんらかの差別を「親切にも彼女たちに有利な」ものと考えていた。**しかし、実際には、制限的なルール、とりわけ妊娠離職ルールは、女性の機会を徹底的に縮小させる「もとから組み込まれた逆風」として機能している。**当裁判所の一世紀にわたる諸裁定が、この不合理の一因となっている。子を産むという女性特有の役割に対するおそらくは善意の称賛が、実際には、女性が自己の個人的な才能や能力を発揮することを抑制し、社会において隷属的、従属的な地位を受け入れるよう強制してきたのである。**

上訴人に対して適用された同規則は、**人種的または宗教的な**ものとなんら変わりなく差別的な、性にもとづくステレオタイプを基盤とするものである。加えて同規則は、私生活の営みに

もし妊娠が何か特異なものじゃなく、他の一時的な障害と同じように扱われていたら、女性は差別の対象にはならなかっただろう、という主張。男性だってけがや病気で一時的に休職しなければならないときはある。なのになぜ女性だけ別扱いされるのか、という理論だ。

「親切な」妊娠指針のなかには、妊娠女性が腹の膨らみを見せ始めたら離職させるというものまであった。この趣意書が書かれてから二年後、最高裁判所は「クリーブランド教育委員会対ラフルー」裁判で、そのような指針を無効とすることとなる。

RBGは最初から、生殖における女性の役割が、平等保護条項により禁止されるべき社会的差別を生み出す大きな要因になっているとみてきた。

どちらの差別も、当時すでに最高裁により認定されている。

おける上訴人のプライバシー権および本人の宗教の自由行使権を違法に侵害する。同規則は、出産するならば空軍に留まることを禁じると規定することで、出産しないよう女性士官に「奨励」している。**一方、空軍にいる男性は、子をもうけることにともなう喜びと責任を、除隊という罰則を通じて、避けるよう「奨励」されてはいない。男性は、本人の性的プライバシー事項あるいは子をなすかどうかという決定について、政府の不当な介入を受けることなく空軍で勤務している。他方、女性は「規則」に従属している。空軍でキャリアを築きたければ、子を産まないということを選択せざるを得ない。**（……）

ローマ・カトリック教徒である上訴人は、本人の信仰に基づく特恵的な取り扱いは求めていないが、問題とされている規則が、彼女と同じ信仰をもつ女性たちに対して著しく野蛮な力をもって機能するということは強調すべきである。（……）命ある子の出生に先立っての妊娠中絶は、上訴人が選択できるオプションではなかった。したがって、**同規則により、彼女は空軍でのキャリアと、性的分野における自身のプライバシーと自己決定の権利、そして宗教上の良心とを天秤にかけることを強いら**

女性は男性と同じ雇用機会だけでなく、同じ性的自由に値すると裁判所に指摘するのはすごく大胆なことだ。

近年、ホビー・ロビー裁判などで、宗教上の権利擁護派は「良心」に訴えて避妊や中絶に反対している。でもこのときは、国に管理されずに女性自らが出産について決定できることの大切さを示すために、リベラル側が「良心」に訴えたわけだ。

れた。

（……）ストラック大尉の除隊を命じる同規則は、属する性に特有の状態を理由とする、女性への露骨な偏見を反映しているとの結論は避けられない。（……）もし妊娠という事由のみを根拠とする女性の強制除隊が性差別ではないとしたら、他の何もの も性差別とは言えまい！

ここでRBGは、裁判所が「リード対リード」裁判ですでに展開しはじめていた性差別原則が妊娠にも当てはまると示そうとしている。

上訴趣意書のたぐいに「！」が使われるのは異例だ。しかも、RBGの文書としてはかなり珍しい。けれど最高裁判所は一九七四年、女性のすべてが妊娠しているわけではないのだから、妊娠女性を差別することは性差別と必ずしもイコールではないと述べることになる。その裁定による損失を取り戻すため、RBGはのちに、これにかなり類似した文言を用いて、一九七八年妊娠差別禁止法の起案に協力した。連邦議会は職場での妊娠差別から女性を多少保護する公民権法をいくつか制定しているものの、裁判所はいまだに、RBGがストラック裁判で行ったような憲法解釈をしていない。

RBGが扱った女性の権利に関わる訴訟まとめ

妻を亡くした夫に関わる訴訟

カーン対シェビン（1974）
ワインバーガー対ワイゼンフェルド（1975）
カリファノ対ゴールドファーブ（1977）

争点 RBGは、差別的な連邦法や州の法律により不利益を被った男性たちの代理人も務めた。メル・カーンは、夫を亡くした妻はわずかながら固定資産税控除が受けられるのに、妻を亡くした夫はそれが受けられないのは不公平だと訴えた。スティーブン・ワイゼンフェルドは、妻の死後、息子の世話に専念したかったが、一人親家庭に支給される社会保障給付金は夫を亡くした妻しか受給できない。社会保障制度のもとで遺族給付金を受給しようとしたレオン・ゴールドファーブは、寡婦であれば必要のない面倒な手続きをふまなければならなかった。

RBGの役割 三つの訴訟すべてを最高裁に持ち込んだ。カーンの訴訟は、思いがけなく彼女の担当になったものだ。RBGはのちに、この件はやりたくなかった、と言っている。一方、ワイゼンフェルドの訴訟のほうは気に入っていた。女性の利益を奪いとろうという姿勢が彼にはまったくなかったからだ。ゴールドファーブ事件の口頭弁論では、「寡夫である原告の経験は、性差別が万人を傷つける諸刃《もろは》の剣であることを示している」と述べた。

結果 カーンの件は、RBGが弁護士として法廷に立った事件のうち、敗訴した最初で最後のケースとなった。寡婦は過去の差別にかんがみ、特別の配慮を受けるべきであると裁判官は述べた。ワイゼンフェルド、ゴールドファーブの訴訟では、もっと良い結果になった。

妊娠に関わる訴訟

ストラック対国防長官（1972）
ラフルール対クリーブランド州教育委員会（1974）
ゲドゥルディグ対アイエロ（1974）
ゼネラル・エレクトリック社対ギルバート（1976）

「わたしは、男性と女性は肩を並べて、
いっしょにこの世界をより良いものにしていくのだと思っています。
男性がより優れているとは思わないし、同様に、
女性がより優れているとも思いません。
最近は、あらゆる人生を歩むあらゆる人たちの
才能が活用されはじめています。かつてのように閉ざされた扉も、
いまはもうありません。それは、すばらしいことだとわたしは思います」

―― RBG

争点 女性が妊娠か仕事かの選択をせまられた事案。ストラックの場合は軍、ラフルールの場合は教職である。また、妊娠した女性が就業不能保障保険や年金プランから除外されている。

RBGの役割

ストラック事件は結局、最高裁で争われることはなかった。だがRBGは、これは妊婦への差別事案であるとする意見陳述書を作成していた。のちに彼女は次のように説明している。「女性だけが妊娠します。もし女性に対し、妊娠しているからという理由で不利な扱いをするなら、（……）法の下の平等な扱いを否定することになります」

結果 最高裁は、妊娠中の教師を解雇するのは誤りであるという点は認めた。しかし、就業不能保障保険や年金プランにおける妊娠女性への差別禁止については、妊娠は理論的には任意であるという理由で却下した。

黒人女性への強制的避妊に関する訴訟

コックス対スタントン（1973）

争点 十代で出産したノース・カロライナ州のニアル・ルース・コックスは、州の優性保護プログラムにより強制的に不妊手術を受けさせられた。特に黒人女性を対象に広く行われていた措置である。彼女はACLUの女性の権利プロジェクトを訪ね、支援を求めた。

RBGの役割　自由人権協会・女性の権利プロジェクトの意見陳述書には、RBGも共同執筆者として名を連ねている。意見陳述書は、ノース・カロライナ州はコックスの憲法上の権利を侵害したとし、州優生学委員会はコックスを「彼女が女性であり、黒人である」という理由で、また「未婚での出産を罰する手段として」強制不妊手術の標的にしたとしている。女性の権利プロジェクトの共同創設者ブレンダ・フェイゲンは、グロリア・スタイネムとともに南部をまわり、ファニー・ルー・ハマーら強制不妊手術を受けさせられた人々にインタビューした。

結果　この訴訟は、本質とは違う終わりを迎えた。2002年、州は最終的に、大きな反響を呼んだ強制不妊プログラムについて謝罪し、2014年から被害者へのわずかな額の支払いを開始した。

陪審参加義務に関わる訴訟

エドワーズ対ヒーリー、テイラー対ルイジアナ州（1975）

デューレン対ミズーリ州（1979）

争点　州は長いこと陪審参加を女性については任意としていたが、刑事被告人がこれを公平な裁判の権利と法の下の平等を侵害するものとして、異議を申し立てた。

これらの訴訟を最高裁に持ち込んだ。RBGは陪審参加義務の問題に熱心に取り組んだ。それは、女性の参加を任意とすることに、「女性は家庭と家庭生活の中心であり、そのために国民の最も重要な義務を免除されてしかるべきだ」という考えが透けて見えるからだ。デューレン裁判の口頭弁論では、レンキスト判事から「(女性の権利のために活動した)スーザン・アンソニーの肖像を新ドル札に使うぐらいで満足してもらえませんかね」と軽口を叩かれたが、怒らないことに決めて黙っていた。

結果 いずれもRBGの勝訴。最高裁判決は、「このような組織的な女性排除の結果、陪審員選出名簿の女性の割合が平均15%以下という状況になっているのは、陪審員は地域社会の多様性を反映して選ばれなければならないという憲法の規定に違反している」と述べた。

ニア・ビールに関わる訴訟

クレイグ対ボレン(1976)

争点 オクラホマ州の友愛会所属の少年たちが、アルコール度の低いビ

「女はこうだ、男はこうだと一般化するのは恐ろしいことだし、
疑わしいことだとわたしは思っています。
それは、個々の人間について判断するうえで
信頼できる道しるべにはなりませんから」

——RBG

ール（ニア・ビール）を女性は18歳で買うことができるが男性は21歳まで待たねばならないのは憲法違反だと抗議した。

RBGの役割

RBGは、「飲みたがりの少年たち」の訴訟にかかわるのは「少し当惑した」としているが、果敢に取り組んで最高裁に持ち込んだ。

結果 ビールを飲みたい少年たちの訴訟は、画期的な判例をもたらした。最高裁は、ついに性別を理由に差別をする法律に対し、司法審査の「中間審査」を適用したのである。

5

DON'T LET 'EM HOLD YOU DOWN, REACH FOR THE STARS

"誰にも止められない、星まで手を伸ばす"

最高裁への道のり

“ 昔から裁判官になりたかったのですか、
とよく聞かれますけれど、
わたしの答えはこうです。
ジミー・カーターが大統領になって、
一部でなくすべての人の才能を
活用していこうと決意するまで、
それはまったく考えられないことでした。 ”

——RBG、2010年

まるで花嫁みたいだ。それが、ビル・クリントンにいざなわれてホワイトハウスのローズガーデンに歩み入り、いままさに最高裁判事候補として紹介されようというとき、RBGが思ったことだった。ただし、身につけていたのは真っ白な花嫁衣裳じゃなく、紺のブレザー風のワンピースだ。髪には頭が小さく見えるほど大きなシュシュをつけている。この「縁談」があやうく成立せずに終わるところだったのを、その場に集まった人々のほとんどは知るよしもなかった。わずか二四時間前には、クリントン大統領は別の誰かに――また別の男性に、最高裁判事指名の電話をかけようとしていたのだ。

でもその日の午後、クリントンの表情には一点の迷いもなかった。彼はRBGのことを、女性運動のヒーローで法曹界のスターだと紹介した。自分が彼女を選んだ理由はなによりも、彼女がリベラルでも保守でもない中道を行く人だからだ、彼女の「倫理的な機知は、同僚たちのあいだで燃え上がる不和を幾度も収めてきた」、クリントンはそう語った。

「ルース・ベイダー・ギンズバーグは、リベラルとも保守とも呼べません。そうしたラベルを超えた思慮深さを彼女は示してきたのです」、大統領は言った。さらに、こう付け加える。「自身が差別を経験してきたことから、彼女は今後二〇年のキャリアを通じて、差別と闘い、この国をわたしたちの妻に、母に、姉妹に、そして娘たちにとってより良い場所にするために力を尽くしてくれるでしょう」。RBGとしては、「それに、わたしたちの夫に、父に、兄弟に、そして息子たちにとっても」と付け加えたいところだ。

クリントンは演説の中で、三九年前（「非常に若いときです」、クリントンは聴衆にそう言ってにやりとした）

にRBGと結婚した男性として、マーティーのことも紹介し謝意を示した。でも、それ以外に彼が果たした役割については触れなかった。マーティーはもてる力の限りを尽くして、RBGのことが大統領の耳に入るように取り計らったのだ。女性解放運動に従事してきた元弁護士で、いまはすぐ目と鼻の先のワシントンDCで連邦控訴裁判所の判事をしている優れた女性がいる、と。「ぼくは大したことはしてませんよ」とマーティーはのちに主張しているけれど、友人のカー・ファーガソンはあっさりと否定する。RBGのために議会やホワイトハウスの知人に党派を問わず働きかけてほしいと頼まれた人たちからの票が、「自分も含めて、たぶん一〇〇票は入っていますよ」と彼は語った。さらに、RBGが長年「ロー対ウェイド」判決に不満を示してきたことで、フェミニストからの評判が微妙だと知ったマーティーは、女性解放運動時代の彼女の知人にも協力を呼びかけてまわった。

RBG自身は、たとえ誰かを通してという形でも、自分を強引に売り込むタイプじゃない。でもあるとき、調査官の一人からこう言われたのだ。何もしないでただ選ばれるのを待っているだけでは、あなたはたぶん指名候補リストの二五番目くらいですよ、と。指名されたいと望んでいる自分自身の心を、彼女は認めざるをえなかった。

大統領に就任したばかりのクリントンは、さまざまな人事をめぐって政治的論争や急な辞退が相次ぎ、頭を悩ませていた。バイロン・ホワイト最高裁陪席判事が引退の意向を表明してから、一九九三年六月時点ですでに四か月がたっていた。メディアには何人かの後継者候補の名前がリークされたものの、その中にRBGの名前はなかった。実際は彼女も候補に入っていたのだが、バーナード・ナスバウム大統領顧問から週末にバーモント州の結婚式に出席してかまわないと言われていたため、てっきり自分はレースから脱落したのだろうと思っていたのだ。ところがその後、ナスバウムから「戻ってきて大統領と面会してほしい」と電話がかかってきた。

指名予定だった同じく連邦控訴裁判所のスティーブン・ブライヤー判事に、どうやら納税関係で問題があったらしい。他の何人かの候補者も同じ問題でアウトになったようだ。そもそも、クリントンは彼のことをあまり気に入っていなかった（ただし一年後には考えを変えたようで、ブライヤーを最高裁判事に指名している）。逆にクリントンの気に入りだったマリオ・クオモは、大統領が正式に指名のオファーをしようとしたまさに数分前に辞退の意向を伝えてきた。

日曜日にホワイトハウスでＲＢＧと面会したクリントンは、たちまち彼女のことを気に入った。一方クリントンの側近たちは、彼女の夫のマーティーが租税専門の弁護士だということで、ほっとしていた。税金関係のことは夫がきちんと管理しているだろうと思ったのだ。実際のところ、二人の個人資産はすべてＲＢＧが管理していたのだけれど。マーティーがやったことといえば、ホワイトハウスの調査官がギンズバーグ夫妻の住むウォーターゲート・ビルの一室を訪れたとき、大急ぎで納税関係書類をチェックしている彼らにランチをつくって振る舞ったことくらいだ。

このとき広報担当大統領補佐官を務めていたジョージ・ステファノプロスによれば、クリントンは一時、ＲＢＧが中絶への公的資金投入を支持していたことから、彼女が「社会的自由主義寄りになる」ことを懸念していたという。けれど、彼は歴史をつくれる候補者を求めていた。そしてＲＢＧはまさに歴史をつくってきた人だ。深夜近くになって、クリントンはＲＢＧに電話をかけ、連邦最高裁で史上二人目となる女性判事として彼女を指名するつもりだと伝えた。「明日の午前中に、ローズガーデンで簡単なセレモニーを行う予定です」、クリントンは彼女に伝えた。そしてもちろん、「その際、あなたからも軽くスピーチをしていただきたい」と付け加えた。

　そのひと言が、RBGを高揚感から一気に現実に引き戻した。彼女はすぐさま机に向かった。どのみち、深夜は彼女にとって最も生産性が高まる時間帯だ。このせわしないスケジュールのメリットはほかにもあった。「ホワイトハウスの担当者は、スピーチ原稿を編集したり、変更を指示したりする時間もありませんでした」、国を前にして自身が初めて発信した言葉について、RBGはのちにこう語っている。「ですから、すべて自分が書いたままに演説したのです」

　その日、アメリカはRBGに出会った。そこにいたのは、近しい友人すら一度も見たことのないような女性の姿だった。この日彼女がかけていた顔半分を覆うほど大きなメガネの、紫がかったレンズの向こう、そのはつらつとした笑顔のどこを見ても、あの真面目くさった女性の面影はどこにもなかった。彼女は「自分のような人間に道を開いてくれた」女性解放運動と、「女性解放運動にひらめきを与えてくれた一九六〇年代の公民権運動」に感謝の言葉を述べた。

ホワイトハウスで就任スピーチをするRBG。
左はクリントン大統領
AP/Aflo

「先ほど大統領が行った宣言は、非常に重要であるとわたしは信じています。なぜならそれは、我々の社会の少なくとも半分を占める人材である女性が、ときおりたった一度、高い地位で活躍するだけの日々を終わらせることにつながるからです」、RBGは語った。

「最後に感謝を伝えたいのは――」、彼女は続けた。「わたしの母、セリア・アムスター・ベイダーです。母はわたしが知るかぎり最も勇敢で力強い人でした。そして、あまりにも早くわたしの元から去ってしまった。もし母が、女性が大志を抱き、何かを達成でき、娘が息子と同じくらい大切にされる時代に生きていたらなっていたであろう姿に、自分がなれることを祈っています」

彼女をよく知る人ですら、ここまで感情をあらわに、無防備に自分をさらけだした彼女は見たことがなかった。クリントン大統領は頬に流れる涙をぬぐっていた。RBGは国を前にして、母の記憶を受け継いだのだ。そして同時に、一人の男性が性別によるステレオタイプに背くのを手助けしたのだった。

「好戦的なフェミニスト的考えの持ち主」

RBGは一九七〇年代に何度か、連邦地方裁判所の判事のポストを得ようと面接を受けたことがあった。そのたびに審査委員会から、証券訴訟の経験が足りないからと言われて落とされてきた。

「じゃあ、あなた方は、性差別関係の訴訟をどれだけ経験しているんです?」、彼女は反論した――

あとになって、友人で司法記者のニナ・トーテンバーグの前でだけれど。

どのみち、連邦地方裁判所の判事になりたいとはあまり思わなかった。連邦地方裁判所は、すべての連邦訴訟が最初に通ることになる証拠重視の第一関門だ。RBGからすれば、もっと広く法律的な問題を問う連邦控訴裁判所の事案のほうが興味深かった。最高裁には年間一万件近い上訴申し立てが提出されるけれど、そのなかで受理され審理されるのは年間わずか七五件ほどだ。したがって、最高裁の一つ下に位置する連邦控訴裁判所が下す判決が、その法律に対する最終判断となることも多い。そんな重要な裁判所に所属するためには、長年のコネが重要だった。しかるべき男性と知り合いになるか、しかるべき男性の選挙を支援する必要があったわけだ。この障壁をどうにか乗り越えたとしても、その向こうには旧態依然とした男の世界である弁護士協会のネットワークがそびえていて、扉を固く閉ざしていた。一九七七年にジミー・カーターが大統領に就任した当時、連邦控訴裁に女性判事が一人しかいなかったのもうなずける。

カーター政権は現状を変えようと決意した。フェミニストの弁護士たちもこぞってこれを支援し、平等への貢献度という独自の基準で候補者を審査する新組織を立ち上げる。ここで突然、RBGにコネができた。ある女性と知り合いだったからだ。新組織の会長は、RBGのコロンビア大学ロースクールの教え子でもあり、ACLUでインターンもしていたリン・ヘクト・シャフランという女性だった。

RBGは自宅に近い第二巡回区とコロンビア特別区巡回区の二つの連邦控訴裁判所に出願していた。彼女はフェミニズム活動をしてきた経歴が自分に不利に働くであろうことを自覚していた。「第二巡回区面接メモ」と題された自分用のメモの中で、RBGは一ページを丸ごと使って、予想される「経験にもとづく偏見」への対策をあらかじめ書き出している。自己アピールのために自分の資質を書き出したリストでは、有名な訴訟に関するアピールは短めだ。優れた戦略性や功績よりも、「持続的な作業に高い能力を発揮し、長時間勤務や自宅作業をいとわず、なすべき仕事が完了するまで残業する」ことがアピールの中心に据えられている。「自らの仕事を厳しい基準で評価する」（「自分が自分の一番の批判者に」）と冷徹に綴り、リストの一番下のほうには「良き（共感力の高い）聞き手」である点も挙げられていた。

さらに、RBGはこうまとめる。「性別や、わたしの仕事ぶりや能力を評価するうえで最適といえる立場にない人々の意見にもとづいてではなく、わたし自身の実績にもとづいて評価されることを強く望みます」。サラ・グリムケの言葉を借りれば、RBGが審査委員会に望むのはただ一つ、彼女の首を踏みつけている、その足をどけてもらうことだった。

RBGは第二巡回区連邦控訴裁の最終候補には残れなかった。理由はおそらく、二つの裁判所に同時に出願したことだった。審査には影響しないと断言されたにもかかわらずだ。当時の手紙からは彼女の落胆が見てとれる。「この国の一部で機能している（あるいは、機能していない）『能力』主義に異議を唱えてくれた方々や団体の存在に励まされています」。一九七九年三月にフェミニストの弁護士ダイアン・ブランクに宛てた手紙の中で、RBGはそう書いている。法曹界にいるRBGの教え子や信奉者の女性たちは、みんな彼女のために駆けつけた。そのなかの一人に、カーター政権の関係者がいたのだ。

「女性弁護士たちのあいだでは、どれだけ人数と勝利が増えようが、ルースが任命されなければすべてはピュロスの勝利〔訳注：多大な犠牲に対して割に合わない勝利〕にすぎないという思いがあると言っても過言ではありません」、三月一二日、司法次官補のバーバラ・バブコックはグリフィン・ベル司法長官に宛ててそう書いている。「もし彼女ほど資格要件を満たし、全米のどの女性候補者よりも『下積みを重ねてきた』女性が選ばれないとなれば、女性たちは顔面を打たれたかのような侮辱ととらえるでしょう」。バブコックはこの手紙の写しをRBGにも密かに送っていた。こうして一か月もたたないうちに、ルース・ベイダー・ギンズバーグの名は、連邦控訴裁判事に指名された候補者を審査する上院司法委員会に送られたのだった。

女性解放運動の経歴が自分に不利に働くのではというRBGの懸念は、すぐさま現実のものとなった。オハイオ州選出の共和党議員であるジョン・アッシュブルック下院議員は、彼女に対して「好戦的なフェミニスト的考えの持ち主だ」と不満を示している。アッシュブルックの発言を知ったRBGは、かつての師である法学教授のハーバート・ウェクスラーにこう書いている。「わたしの意見や宣誓や論文に対するまったくの歪曲です。もっとも、彼がわたしのこれまでの発言や執筆物に目を向けているとは思えませんが」。幸い、アッシュブルックは下院議員だったため審査の投票権はもっていなかった。一九七九年五月には、ニナ・トーテンバーグが彼女の側につき、《リーガル・タイムズ》誌にこんな記事を執筆する。「上院司法委員会の共和党議員はなかなか腰を上げようとせず、公聴会の日取りも決まっていない。その理由は、候補者が彼ではなく彼女だからであり、その彼女が女性解放運動の法的戦略を築き上げた人物だからだ」

でも結局、彼女に反対票を投じたのは伝説的な分離主義者のストロム・サーモンド上院議員だけだった。一九八〇年六月一八日、RBGの指名は上院本会議で満場一致で承認される。自分をこの場まで導いてくれた教え子やフェミニストの弁護士たちのことを、RBGはけっして忘れなかった。コロンビア大学ロースクールのかつての教え子だったダイアン・ジマーマンは、学生と教職員が開いたパーティーの盛り上がりを振り返る。RBGはくすくす笑いながら床に座って、ケンタッキー・フライドチキンを箱から直接手にとって食べていた。

「女性たちは彼女に批判的だ」

RBGの就任宣誓式のあとにもう一度、今度はもう少し落ち着いたパーティーが開かれた。彼女は敬愛するコロンビア大学ロースクールのジェラルド・ガンサー教授（彼女を調査官として雇うよう判事をやむなく脅迫した、あの教授だ）にスピーチを頼んだ。ラーニッド・ハンド判事の伝記の著者でもあるガンサー教授は、聴衆を前にして、RBGはまさにハンド判事のように「真にオープンで、私心のない」、そして「自身の能力によって生じる制約を常に意識できる」判事になるだろうと語った。たしかにそうだろうな、と共和党員も民主党員も口をそろえ、訳知り顔で彼を肘でつついた。ACLUの正会員である人間が、はたして中道的な判事になりえるだろうか、というわけだ。

ガンサーがのちに書いたところによれば、彼は懐疑派の人々と賭けをしたそうだ。そして、数年後にはRBGが「法廷で最も独立した、思慮深い、穏健な判事として広く知られるようになる」ほうに五ドル賭けたという。それから数年後、ガンサーは郵便で五ドル紙幣を受け取った。そこには、RBGを確固たる中道派と評する《ワシントン・ポスト》紙の記事の切り抜きがクリップ留めされていた。

RBGはカーター政権の存続中ぎりぎりでコロンビア特別区巡回区連邦控訴裁判所に滑り込んだ。それから一年が過ぎ、彼女は自分がフェミニスト活動から遠く離れた場所に来たことを痛感することになる。続くレーガン政権とブッシュ政権は、コロンビア特別区の裁判所にがちがちの保守派を続々と送り込んできた。アントニン・スカリア、ケネス・スター、ロバート・ボーク、クラレンス・トーマスといった面々だ。この裁判所が扱う事案は連邦機関の監督に関するものが大半で、複雑かつ退屈なものが多かった。マーティーなどは、だいたいの事案は連邦エネルギー規制委員会がらみだろう、なんて冗談を言っていたものだ。この国で二番目に重要な法廷とも呼ばれるこの裁判所は、連邦最高裁判所へと続くまぎれもない出世ルートでもあった。

ただ、そんな新たな肩書きをもってしても、旧時代的な侮辱がなくなるわけではなかった。ハーバード大学ロースクールの卒業二五周年同窓会では、全員で写真を撮る際に、誰かが「卒業生とその奥方のみなさん」と声をかけた。『奥方』とはどういうこと?」とRBGは問いただした。カクテルパーティーに夫婦で出席したときは、ホストが誰かに「こちらがギンズバーグ判事です」と紹介すると、相手はきまってマーティーに握手を求めるのだった。

一九八〇年代が進むにつれて、連邦控訴裁判所のRBGの調査官たちは、彼女が女性解放運動の訴訟で名を成した人であることをすっかり忘れ去ってしまった。「彼女は『女性のための』判事ではなく、ましてや『政治的な』判事でもなく、『判事的な』判事だった」と、彼女の調査官だったデイビッド・ウィリアムズとスーザン・ウィリアムズは書いている。まるで「女性のための判事」というのが忌避すべき何かであるかのように。

ＲＢＧは連邦控訴裁判事としての自分の役割を、それまでの仕事とは根本的に別物と考えていた。先例を変えようとするのではなく、先例に従うことが、ここでの自分の役割だ。さらに、ほとんどの判決が三人の判事の合議制で決まる連邦控訴裁で、ＲＢＧは歩み寄りと同僚との協調にこだわる姿勢を身につけていった。

「わたしは強く異論を唱えることが自分の役割だとは思っていません。むしろ、ある程度妥協してでも合意に至るため考えを変えるほうを選びます」、一九八五年に行われた判事職に関するラウンドテーブル（意見交換会）で、ＲＢＧはそう語っている。「もちろん、妥協できない根本的な原則に関することもありますけれど」と付け加えつつも、こう続けた。「自分はこの仕事を通じて、他の人の性格に注意を払うという別の考え方を学びました。判事になる以前の仕事で扱ってきた考えだけでなく、そういうことをもっと考慮に入れるようにしたのです」。それどころかＲＢＧは、三人の判事の意見が一致したときは、意見書に執筆者名をまったく記載しないことにすべきだと、他の判事たちを説得しようとまでした。法廷として一つの声で声明を出すためだ。同僚判事はそろってこの案に反対した。

ＲＢＧの中道派としてのイメージが固まったのは、一九九三年三月に彼女がニューヨーク大学で行ったスピーチの影響が大きい。このスピーチは「マディソン講義」として知られている。ニューヨークの古い友人も多く集まったこの講演で、彼女は、裁判でのあまりに広範な勝利はかえって逆効果になってしまうこともある、と語った。大衆運動と立法には、まず社会の変化を促すことが求められる。そうでないと、裁判所の介入に大きな反発が起きてしまうからだ。その好例としてRBGが挙げたのが、その日集まった人々の多くにとってとても強い思い入れのある、「ロー対ウェイド」裁判だった。

右派はもう何十年にもわたって、ロー判決をくつがえそうとしてきた。そして、このスピーチのわずか数か月前、「プランド・ペアレントフッド対ケイシー」裁判でその達成のまさに目前まで迫っていた。でも結局、アンソニー・ケネディ、デイビッド・スーター、サンドラ・デイ・オコナーの三人の判事たちが妥協を模索した結果、ロー判決は維持される。ただし、中絶の禁止を妊娠第3三半期、つまり胎児が独立生存可能となったあとに限定したロー判決の審査基準に代えて、女性への「過度な負担」にならないかぎり州に中絶を制限することを認める、という判断が下された。つまり、胎児が独立生存可能性を備える前でも、「過度な負担」でなければ中絶を禁じることを認めた、ということだ。中絶賛成派と反対派、どちらも大喜びとは言えない判決だ。それでも、ロー判決は守られた。少なくとも、目下のところは。そんなふうにフェミニストたちがほっと一息ついたタイミングで、RBGはロー判決そのものに問題があると明言したのだ。

もし法廷がもっとゆっくり歩んでいたら。RBGが陪審参加義務や扶養手当の事案でそうしたように、一度に一つの州法を無効にする形で少しずつことを進めていたら。そうしたら、生殖の自由も含めた女性の平等というものを構造的に築き上げるよう判事たちに促すこともできたかもしれない、RBGはそう語った。胎児が独立生存可能になる前の中絶禁止をすべて無効としたロー判決の大胆さが、かえって「改革の方向に向かって動いていた政治プロセスを中断させ、結果として分断を長引かせ、この問題の安定的な解決を先送りにしてしまったのではないかとわたしは考えています」とRBGは訴えた。

この分析については、歴史家のあいだでいまでも議論がわかれるところだ。ロー判決以前、中絶へのアクセスに関する政治的プロセスは停滞していた、と彼らは指摘する。でも一方で、ロー判決後に状況が一夜にして劇的に動いたわけではないことも、記録から明らかだ。判決から二年後の一九七五年にはジョン・ポール・スティーブンスが最高裁判事に指名されているが、中絶に対する姿勢について質問した上院議員は一人もいなかった。共和党にも中絶支持派はいたものの、そんな彼らもじきに中絶反対派の一員でいることが利益をもたらすことを学んでいった。それに、もし法廷が別の道を歩んでいたとしても、女性の性的な解放と自己決定権はどのみちおおいに不安定なままだったかもしれない。それでも、RBGはどんなに批判を浴びても、永続的な変化は徐々に生じるものだという信念を守り続けた。

マディソン講義を聴いたフェミニストや弁護士たちにとって、RBGのこの主張は裏切りのように感じられた。講演後の夕食会で、バート・ニューボーンは他のフェミニストたちが古い友人である彼女に詰め寄っているのを目にしたという。「彼らはロー判決が非常に危うい状態にあると感じていました。だからルースがああいった発言をしたら、判決がくつがえることにつながりかねないと不安を抱いたのです」。それからしばらくあと、RBGを最高裁に昇格させることをニューヨーク州選出のダニエル・パトリック・モイニハン上院議員から提案されたクリントン大統領は、こう答えて難色を示している。「でも、女性たちは彼女に批判的だ」

最終的に、RBGを黒人初の最高裁判事サーグッド・マーシャルにたとえたアーウィン・グリズウォルドの演説が、クリントンを翻意させることになる。これだけをとっても、RBGがグリズウォルドの過去の行いを許すにはじゅうぶんなくらいだろう。

自分の選択に責任をもった完全な大人

クリントン大統領が最高裁判事の指名候補を選んだという情報をつかんだメディアは、RBGの人物像をつかむのに苦心した。熱烈なフェミニスト的タイプ？　でも、だとしたら連邦控訴裁判所での不可解な動きをどう説明すればいい？《リーガル・タイムズ》誌の一九八八年の調査によれば、彼女は保守派として有名なロバート・ボーク判事と同じ事件を審理した際には、その八五パーセントで彼と同じ意見に投票していた。一方、カーター大統領に指名されたリベラル派の同僚との一致度は三八パーセントだ。しかもボークは、その六年前にロナルド・レーガン大統領に最高裁判事に指名された際、リベラル派がなんとか指名否決に持ち込んだ人物だった（エドワード・ケネディ上院議員は上院の議場で、「ロバート・ボークのアメリカは、女性が裏ルートでの中絶を強要され、黒人が分離された別カウンターで食事をするような恐ろしいことがまかりとおる国になる」と警告している)。

《ブルームバーグ・ビジネスウィーク》誌は、ワシントンDCのある弁護士の話として、彼女が少なくとも「アメリカ実業界に敵意は抱いていない」と請け合って読者を安心させた。《シカゴ・トリビューン》紙のコラムニストのクラレンス・ペイジは、「ルース・ベイダー・ギンズバーグははたしてサーグッド・マーシャルか、それともクラレンス・トーマス〔訳注：保守派の最高裁判事〕か?」と問いかけた。それでも彼は、RBGがふだんは総じて「感じのいい淑女」と評されていることは認めている。一方、それには異論ありだったのが、ハーバード大学ロースクールのアラン・ダーショウィッツ教授だ。彼はブライヤー判事が教員をしていたころにハーバード大学でともに教鞭をとった人物でもある。ダーショウィッツは匿名の批評の都合のいいところだけを抜き取って、RBGのことを、弁護士から「口うるさくて」「短気で」「お堅い女教師のような」判事だと思われていると全国紙のコラムで書き立てた(そういえば「女教師」の男性版を指す言葉はまだ発明されていないみたいだ)。「周りの人々――同僚判事や法務調査官、弁護士たち――から見た彼女はいわゆる『扱いにくい人』で、その態度が周囲の人を遠ざけている」、ダーショウィッツはそう書いている。

RBGをサーグッド・マーシャルと比較することは、「英雄の記憶を侮辱する」行為だとダーショウィッツは訴えた。なぜなら、結局のところ彼女は「女性の権利をめぐる運動が流行し、それがキャリアを脅かすものではなくなった時代に、少しばかりそうした訴訟を扱った」だけだからだ。もっとも、マーシャルはこの記事が出る五か月前に亡くなっていて、この件についてのコメントは求めようもなかったけれど。RBGが最高裁への上訴活動をしていたころの同志で、リベラル派の雄でもある元判事のウィリアム・ブレナンは、RBGに個人的に手紙を送っていた。「大統領はこれ以上ないくらい良い選択をした」、当時もう九〇歳になろうとしていたブレナンは、彼女にそう書き送った。RBGはこう返事を書いている。「親愛なるビルへ、大好きです！　どうか、わたしのために祈ってください。ルースより」

そうして、クリントン政権のスタッフたちが最大の難関になるだろうと恐れていたものがやってきた。元フェミニストの訴訟代理人でACLUの理事会メンバーでもある人物の判事指名を、上院に承認させるという難関が。クリントン政権の関係者は「委員会の共和党議員たちは、大統領のもとに送られてきたギンズバーグ後援者の手紙を手に入れようとしている。だが、そんなものは手に入らないだろう」と、あるミーティングでメモしている。「うわさによれば、ホワイトハウスの中絶権利擁護派は、中絶をめぐる彼女の立ち位置に関する疑念を払しょくするキャンペーンを張るよう夫のマーティーに助言したとのこと」。リハーサルでRBGは、あなたはACLUのしてきたあらゆる行為に責任があるとみなされるでしょう、と忠告され、距離をとる方法をアドバイスされた。「わたしは、ちょっと待ってください、と言いました。ACLUを貶めるようなことはしたくなかったからです」、RBGはのちにそう語っている。「それで彼らも渋々あきらめました」。

結局、彼女の指名が審議された七月四日に、ACLUのことを持ち出した議員はいなかった。上院は民主党に掌握されていたし、ボーク判事やトーマス判事の指名をめぐる激しい論戦のあとでは、共和党議員たちもあまり闘いに乗り気ではなかったからだ。それにトーマス判事からのセクハラ被害を訴えたアニタ・ヒルが白人男性中心の公聴会で集中砲火を浴びて以降、上院には二人の女性議

1993年、指名承認のための公聴会で
孫の作品をみせるRBG　*Reuters/Aflo*

員も加わっていた。

この日、世間はRBGのあの独特な喋り方を初めて知ることになった。どこか異国風で、抑揚のない、二言三言ごとにつっかえる感じの、あの喋り方。途中にはときおり不可思議な沈黙が混じり、まるで自分の母語ではない別の国の言葉を読み上げているみたいな感じだ。RBGは家族にまつわる心温まるエピソードを控えめに語り、娘ジェーンの息子・ポールがつくった手製の本を掲げてみせた。本の題名は「うちのおばあちゃんはすごく特別」。上院司法委員会のジョー・バイデン委員長はこうコメントした。「ポールにこう伝えたいですね。ポール、手書きの文字はすごくいいし、絵もすてきだ。それに、出版社を探す必要はなさそうだよ」

公聴会ではRBGのかつての依頼人スティーブン・ワイゼンフェルドも、彼女のために温かな証言を行った。バイデンはこれに対して、自分も妻を亡くした子持ちの父だと言い添える。さらにエドワード・ケネディ上院議員に促される形で、RBGは自分が長年にわたって経験してきた性差別的な侮辱についても語った。

ストロム・サーモンド上院議員からは、中絶に関して厳しい問いも飛んだ。あなたは、ケイシー判決を下した判事たちは法的な正しさよりも世論を気にしたと考えるか、と問われたRBGは、落ち着き払ってこう答えた。「最高裁のすべての判事とすべての連邦判事は、『判事は自らが法的に正しいと判断したことを行う』という原則にのっとっているもの

クリントン大統領らの前で宣言するRBG
US National Archives and Records Administration

とわたしは考えています」

「あなたは優秀な判事だ」と、バイデンが声を上げた。「本当に優秀だ」

　数年後に行われたジョン・ロバーツの指名承認公聴会では、多くが語られないなか、このときのさらに厳しい質問に対するＲＢＧの慎重な答えが、共和党議員によって引用されることになる。公聴会を傍聴していたＲＢＧの調査官アリーサ・クラインは「彼女はおりにふれて、『わたしは事件の事実に対し、自分の能力のかぎりを尽くして法を適用します』と発言しました」と回想する。「一部の人には、逃げの回答に思えたかもしれません。でも彼女をよく知る人なら、それが言葉どおりの意味だとわかります」

　続いてついに、保守派の女性たちが上院司法委員会の前で指名反対の証言に立った。ある一人は、ＲＢＧは「女性の特権に対する自身の傾倒を公然と示し、明言してきた」として、これは「彼女が男性に対してではなく、女性に対しての性差別のみを強く意識する傾向がある」ことを示していると訴えた。長年「男性の権利を擁護しすぎだ」と批判されてきたＲＢＧにとっては、笑ってしまうような批判だ。

　ＲＢＧは、ＡＣＬＵのこと、自分がフェミニストであること、中絶の権利を支持していること、どれについてもまったく弁明しなかった。「子どもを産むか、産まないかは、女性の人生と幸福と尊厳にかかわる核心的な決定です」、ＲＢＧはただシンプルにそう言った。「それは女性自身が決めるべきことです。政府がその決定に干渉するというのは、女性を自分の選択に責任をもった完全な大人として扱わないということです」

ＲＢＧの指名は上院本会議に送られ、そこで反対わずか三票で承認された。

「いい日の」法廷の仕事

新任の最高裁判事となったＲＢＧは、ある部屋に入ることを許されるようになった。数十年前、彼女自身が口頭弁論に立った数々の事件の運命について、九人の男性たちが話し合った部屋だ。判事たちはその部屋にこもって、閉ざしたドアの内側で腹を割って話し合う。そしていま、ＲＢＧもその一員となったのだ。この部屋には判事以外は入れない。ＲＢＧが言うように、「秘書官も、法務調査官も、伝言係さえも」。この部屋から表に出たものは、必ず判事のうちの誰かが表に出したものだ。残される記録は手書きのメモだけで、それも判事がメモをとろうと思った場合にかぎられた。

口頭弁論が終わると、その数日後、判事たちは事件について審議し採決をするため、この会議室に集まる。首席判事は長方形のテーブルの上座に座り、その向かい端には先任順で最古参の陪席判事が座る。首席判事が事件の概要を示すと、残りの判事たちは先任順で一人ずつ自分の考えを述べていく。ＲＢＧいわく、一般の人たちは判事が互いに相手を説き伏せ合うような光景を期待するけれど、この部屋ではあまり議論は交わされない。「何分か話し合うと、誰かしらが『それでは、書面にまとめましょうか』と切り出すのです」とRBGは言う。すると首席判事が意見書の執筆をいずれかの判事に割り当てる。ただし、これは首席判事が多数派の意見に加わっている場合だ。首席判事が少数派意見の場合は、多数派意見に加わる判事のうち最古参の者が、意見書執筆の割り当てを決める。

RBGが最高裁判事として初めて執筆した意見書は、圧倒されるほど厳密に専門的なものだった。けれど就任から三年、彼女が数十年前に始めた取り組みを完成させるチャンスがめぐってくる。一九七〇年代を通じて、RBGは何人もの女性軍人の訴訟代理人となって、軍のお偉方に彼女たちの仕事の価値を認めさせる手助けをしてきた。けれど、軍における女性の平等を勝ち取る仕事は、まだ終わっていなかった。

もう一つ、まだ完遂していない仕事があった。「女性の権利プロジェクト」時代、RBGは一度も、性差別に対する厳格審査を法廷に認めさせることができなかった。この審査基準をもちいれば、法律から性にもとづく区分はほぼ一掃されるだろう。そんな、いわばやり残した仕事に決着をつける機会をくれたのは、州立の男子軍事学校に入学したいと願う女性たちだった。一九九六年、バージニア州立軍事学校（VMI）が女子志望者の入学を拒否した事件で、連邦政府が先陣をきって公立の同校を非難するのを、RBGは満足とともに見守っていた。かつて訴訟代理人として連邦政府と幾度も対立してきた彼女にとっては、それ自体がひとつの勝利でもあった。

VMIは、女性を受け入れれば同校の使命が損なわれる可能性があると訴えた。その使命とは士官候補生たちを「逆境的なやりかた」で訓練することで、この手法は女性には適さない、というのがＶＭＩの主張だった。連邦政府がこの事案を差別として提訴すると、ＶＭＩは同校をおざなりに模倣した「バージニア女性リーダー校」という名の姉妹校を設立した。

「そこにあるのは、一方は、男性だけが身につけられる男性的価値を教え、男性は逆境を乗り越え成功できるのだと示すことを目的とした男女別学の男子校であり、他方は、公然と、あからさまに、そして意図的に、女性に女性的価値を学ばせることを目的とした男女別学の女子校です」、国の訟務次官ポール・ベンダーは口頭弁論でそう述べている（ちなみに、彼はフェリックス・フランクファーター判事が女性調査官を雇うのを拒否したときその場にいた、あのポール・ベンダーだ）。

ＲＢＧはこれにさらにひと言、こう付け加えた。「もし生活や軍において女性がリーダーとなったら、男性は女性から指示を受けることに慣れなくてはなりません。でも、女性を受け入れさえしなければ、そういうことに慣れる必要もなくなるわけです」

判事会議における投票は、賛成七、反対一という喜ばしい結果になった。クラレンス・トーマス判事は息子がＶＭＩに在籍していたため棄権、スカリア判事は反対票を投じた。多数意見を執筆する役割はＲＢＧに割り当てられた。そして、それは彼女にとって、いまにいたるまで最大の勝利となる。ＲＢＧはその後、自身が勝ち取ったこの判例を援用して、悪しき旧時代を断ち切ることができるようになった。かつて、女性だからという理由で弁護士になることを拒否されたマイラ・ブラッドウェルのように。

スカリアは反対意見の中で、法廷は厳格審査に裏口から滑り込んだと批判した。でもそれも、

RBGの喜びに水を差すことはできなかった。「VMIの事案は、女性が何の人為的束縛もなく大志を抱き、何かを達成できるよう門戸を開くことを目指した一九七〇年代の取り組みの集大成です」と彼女は語っている。RBGは、法廷で読み上げた声明のコピーを九〇歳のブレナン元判事に送った。ブレナンはかつてフロンティエロ事件で、弁護士だった彼女のために厳格審査に必要な五人の判事の票を集めようと奔走してくれた人だ。彼女は手紙にこう書いている。「親愛なるビル、あなたの灯した光がここまで広がりました！」

RBGが法廷で多数意見を読み上げたその日、六人の調査官が執務室でのお祝いの会に招かれた。そこにはシャンパンも何もなく、ただ喜びにあふれた判事たちが集っていた。「これが法廷の仕事ですよ」、その場に招かれた調査官のデイビッド・トスカーノは言う。「いい日の法廷の、ね」

それからしばらくたったころ、RBGは一通の手紙を受け取った。差出人は一九六七年にVMIを卒業した男性で、彼女の判決をとても嬉しく思ったという。なぜなら、必ずやり抜ける力をもったタフな若い女性たちを何人も知っているからだ。自分の十代の娘がVMIへの入学を考えてくれたらとさえ思う、と手紙には書かれていた。数か月後、同じ男性から再び手紙が届いた。今度はもっと分厚い封筒で、中にはしっかり梱包された何かが入っている。包みを開くと、それは小さなブリキの兵隊が付いた飾りピンだった。VMI卒業生の母親全員に贈られたものらしい。手紙の主の母親はつい最近亡くなっていて、このピンは彼女の形見だった。母はきっとあなたに持っていてほしいと願っているでしょうから、と手紙には書かれていた。

RBGの意見抜粋

「合衆国対バージニア」裁判

一九七一年、我が国の歴史において初めて、当裁判所は、法の平等保護を州に否定されたと申し立てた女性に対し、その訴えを認める判決を下した。「リード対リード」裁判である（「被相続人の遺産の」「管理を主張する平等な権利を有する複数人のあいだにおいては、男性が女性に優先されなければならない」というアイダホ法の規定を違憲と判断）。リード判決以降、当裁判所はくり返し、以下のように認めてきた。**法律や公的政策が女性に対し、女性であるというだけの理由で、完全な水準の市民権——個人の才能や能力に基づいて何かを成したいと大志を抱き、達成し、社会に参加し貢献する平等な機会——を否定する場合は、それが連邦政府の行為であれ州政府の行為であれ、平等保護条項に適合**

RBGがフェミニズムについてある歌詞を引用して語ったように、わたしたちはみんな「free to be you and me（あなたもわたしも、ありのままの自分になれる）」のだ。

した行為とはいえない。
性にもとづくあらゆる目的の区分を、人種や民族的出自にもとづく区分と同等視することなく、最高裁は**リード以降の諸判決において、女性（または男性）に対して門戸を閉ざし機会を否定する公的措置を注意深く審査してきた。**（……）ジェンダーにもとづく公的な区分をめぐる事件についての最高裁の最近の方向をまとめると、審査を担う裁判所は、救済が求められている差別的な取り扱いまたは機会の否定に焦点を当てて、申し立てられている正当化が「きわめて説得的である」かどうかを判断しなければならない。正当化の責務は重く、もっぱら州のみにある。州は、「少なくとも、［問題となっている］区分が重要な政府の目的に資すること、および用いられた差別的手段が『それらの目的の達成と実質的に関係していること』を示さなければならない」。（……）正当化は真正なものでなければならず、仮定されたり、訴訟に応じて事後的に作り上げられたりしたものであってはならない。また、それは、男性および女性の異なる才能、能力あるいは選好の過度な一般化に依拠したものであってはならない。参照：**「ワインバーガー対ワイゼンフェルド」**裁

RBGは、彼女自身の成功した法的戦略を誇らしく引用している。

寡夫の父親スティーブン・ワイゼンフェルドをめぐる最高裁判決はRBGのお気に入りで、よく引用されるようになる。

判（一九七五年）、カリファーノ対ゴールドファーブ裁判（一九七七年）（スティーブンス判事同意意見）

（……）**我々の認めてきた男女間の「生来の差異」は、依然として称賛すべきものであっても、ある一方の性のメンバーを否定したり、個人の機会を人為的に制限するためのものではない。**性別による区分は、「［女性がこうむってきた］著しい経済的不利益」を補償するために用いられることも、**雇用機会の平等を促進するため、あるいは我が国の国民の才能と能力の開発のために**用いられることもある。しかし、そうした区分は、かつてのように、女性の法的、社会的、そして経済的な劣性をつくり出し、あるいはそれを永続化するために（**ゴーサート裁判参照**）用いられてはならない。

（……）我々は、VMIが提供する市民兵訓練からすべての女性を排除する**「きわめて説得的な正当化」**を、バージニア州は示していないと結論する。（……）

　我々の憲法の歴史の最も重要な部分を占めるのは（……）、かつて無視されあるいは排除されていた人々に憲法上の権利と保護を拡大していく物語である。

これは最高裁がいまだに性にもとづく差別だと認めていない、妊娠をめぐる差別についてのコメントとも言える。

RBGは、かつて差別されていたグループを救済しようとする法律と、歴史的に不平等を永続させてきた法律とを、つねに断固として区別している。

この裁判では、女性はか弱いので、夫か父親が店の所有者でない限りバーテンダーにはなれないという判決が出ている。

RBGはここで、性にもとづく区分を含む法律に対する新たな基準を示し、一九七〇年代に自らが始めた仕事に決着をつけようとしている。

ＶＭＩの物語もまた、「我々人民は」という文言に対する解釈を拡大していく物語の続きである。

ＲＢＧはここで、憲法についての彼女の考えを示している。それは彼女いわく「原意主義的」でもある——つまり、すべては原文に書いてある、追いつかねばならないのは社会のほうだ、という考えだ。

6

REAL LOVE

〝リアル・ラブ〟

真実の愛

“ わたしはずっと昔から妻を支えてきました。
そして妻もわたしを支えてきました。
自己犠牲なんかじゃなく、家族だからですよ。 ”

——マーティー・ギンズバーグ、1993年マーティーがよく語るエピソードに、こんなものがある。RBGが「ブッシュ対ゴア」裁判で断固とした反対意見を出したすぐあと、二人はブロードウェイに観劇に訪れた。幕間《まくあい》に客席の通路を歩いていたときのことだ。見間違いようのないトレードマークのシュシュのおかげで、周囲の観客はすぐに彼女がRBGだと気づいた。劇場はたちまち拍手であふれ、人々は彼女を称えるために立ち上がった。RBGは思わずにっこりした。

ここですかさず、租税法の教授で根っから冗談好きのマーティーは、大きめの声で妻にこうささやいた。「今日はこの辺で租税法弁護士の会合があったからね、ぼくもちょっとは顔が知れてるだろう」。RBGは笑って夫のお腹をパンチした。

この話を人前でするときマーティーがよく言うのは、この逸話が「二人の五〇年近くにおよぶ幸せな結婚生活をじつにうまくとらえている」ということだ。それはRBGに関する逸話でもあり、信じるもののために立ち上がった彼女を称える人々の逸話でもある。そして同時に、マーティーの人となりを示す逸話でもあるのだ。控えめなRBGとは正反対で、いつだって遠慮がなくて冗談好きなマーティー。誰も目にできないようなRBGの意外な一面も、彼がそばにいれば引き出せる、マーティーはそういう存在だった。

そんなことが現実に起こるなんてとても信じられなかったけれど、デイビッド・トスカーノ調査官はたしかにその目で目撃した。判事室で、ギンズバーグ判事がはさみを片手にマーティーをふざけて追い回しているのを（ちなみに、そこに至った経緯は藪の中だ）。マーティーはよく人前で、最高裁がいかに租税法を知らないかをネタにジョークを飛ばしたり、妻の大好きなおやつのプルーンのことをからかったりした。そのたびに、RBGはむくれてみせるのだった。

マーティーの勤める法律事務所のウェブサイトには彼の公式プロフィールが掲載されており、そこには、これは絶対にマーティー自身が書いただろうと思われる一文がある。「クラスでの成績は下の下、ゴルフチームに所属」。マーティーはいつも半袖のワイシャツや着古したゴルフシャツを着ていて、ときには職場にもそんな恰好で現れた。いつも周りの人たちに、ハーバード大学で妻は『ロー・レビュー』の編集部員に選ばれたけれど、自分はからっきしだったと語っていた。

同じく愛情を込めた楽しげな顔で、自分はまたとないチャンスに乗っかれたラッキーな男なんだ、とマーティーは言う。妻が「出世した」ので、いっしょにワシントンDCについていったんだ、と。それはいわば彼のお約束ネタだった。とはいえ、「RBGと夫の関係は、世の多くの夫と妻の関係とは違っていました」とRBGの元調査官、マーゴ・シュランガーは言う。つまり、どちらか一方がもう一方のキャリアに従属していたわけではない、ということだ。「二人が目指したのは、平等というモデルです。それぞれが自分の領域でスーパースターのように抜きん出る、それが夫婦の理想でした」。実際、マーティーは租税法へのたぐいまれなセンスを発揮して、ロス・ペローのような大物顧客と、同僚の称賛、そして何百万ドルという高給を手にしていた。

だから、なぜそんなにすばらしい結婚生活を送れているんですか、と尋ねられたとき、RBGはしばしば、マーティー自身がすばらしいからですよ、と答える。そしてマーティーも、彼女に対して同じように思っているからだろう、と付け加えるのだった。「彼はわたしのことを、かなりいい伴侶だと思ってくれているはずです」とRBGは言う。「でないと、人生を一緒に過ごそうとは考えないでしょうから」

人生が終わりに近づくころになると、マーティーも少しは真面目なことを言うようになった。司法記者のニナ・トーテンバーグによれば、彼は友人にこう話していたそうだ。「ぼくが成し遂げた最も重要なことは、ルースがあれだけのことを成し遂げるのを可能にしたことだよ」

「パートナー」になるということ

指名承認公聴会で、RBGはマーティーのことを一九七〇年代からずっと変わらず使ってきたフレーズでこう紹介している。「わたしの人生のパートナーです」。彼は公聴会のあいだ毎日、妻の書類カバンを上院の公聴会会場まで運んできて、中身を机の上に広げてやっていた。公聴会で証言したかつてのクライアントのスティーブン・ワイゼンフェルドは、自分と亡き妻は、ギンズバーグ夫妻と同じように「これまでの家族のライフスタイルに取って代わる別の形のパイオニア的な夫婦」だったと述べている。

もっとも、はたから見たら、ギンズバーグ夫妻はどちらも唯一無二で、誰かの「代わり」にはとてもみえない。ニューヨーク時代は高級住宅地アッパー・イースト・サイドのイースト六九番通りに住まい、エリート子弟が通うドルトン校やブレアリー校に子どもたちを通わせていた。マーティーはよく皮肉を込めて、自分の仕事は「当然豊かであるべき人々の富を、貧しく抑圧された人々の略奪から守ること」だと言っていたものだ。週末には夫婦でゴルフもした。

　男性と女性の両方がステレオタイプから解放され、それぞれが互いに仕事にも家庭にも完全に参加するような世界を目指してきたＲＢＧにとって、長く続く自分の結婚生活を振り返れば、いつもそこにその好例があった。どこに行ってもつねに否定されてきた時代から、それは彼女の心の支えだった。「幸運なことに、結婚生活では、わたしは二級市民扱いではありませんでした」と彼女は語っている。

　ワイゼンフェルドの言う「別の形」や、ＲＢＧの使ってきた「人生のパートナー」という言い回しが示すのは、女性が自分自身とその自立性を失うことなく、二人の人間が対等な立場で人生と目標を分かち合う夫婦の形だ。それはけっして、どこでもあたりまえのことではなかった。特に、一九五〇年代の人々のあいだでは。

　ＡＣＬＵ時代の同僚バート・ニューボーンは彼らより十年ほど若い世代で、やはりフェミニストの弁護士と結婚していた。彼は自分がいかにマーティーをまねようと努力しているかを伝えたときのことを、こう振り返る。「マーティーを誉めようとしても、それは不可能でした。彼は賛辞の言葉を受け取ろうとせず、軽くあしらってきます。そして、ジョークで切り返すんです。『そんなこと言って、何かあったらぼくのせいにする気だな』とね。わたしはこう言い返しました。『マーティー、いまは新しい時代だ、誰もが新しいロールモデルを必要としているんだ』」

　一九九三年に《ニューヨーク・タイムズ》紙が、ＲＢＧの最高裁判事指名にマーティーがはたした異例の積極的な役割について記事にしたことがある。記事では、彼がすでに一〇年前にも、妻が

1993年、家族とともに就任宣誓式にのぞむRBG　*AP/Aflo*

コロンビア特別区の連邦控訴裁判所で判事のポストを得たために、妻といっしょにワシントンDCに引っ越したことが紹介されていた。でも、マーティーは自分の行為を誇ろうとはしなかった。「わたしはずっと昔から妻を支えてきました」、彼はそう語った。「そして妻もわたしを支えてきました。自己犠牲なんかじゃなく、家族だからですよ」

かつてRBGが夫の仕事のためにハーバードを去ったときは、誰も驚きはしなかった。でも、彼女はそれを「ギブ・アンド・テイク」だと考えていた。「夫婦はお互いに譲り合うものです」とRBGは言う。「たとえば、その五年後にマーティーがニューヨークの法律事務所でパートナーの地位を得るためがんばっていた時期は、わたしが主に家事や育児を担当していました」

RBGが車を門にぶつけて以来、ワシントンDCではマーティーが毎朝、彼女を連邦控訴裁判所まで車で送り届けていた。この毎日の送り迎えは、RBGが最高裁判事に指名されて専用の車とドライバーが付くまで続くのだった。マーティーは意見書の執筆に励む妻にいくつもの本を読み上げては、どの本ならきみをひと休みさせられるかい、と声をかけた。パーティーでは、いつもうしろに引っ込みがちな彼女を、さりげない所作でいろいろな人のところに連れて回った。

執務室にこもるRBGをどうにか家に連れ帰るのも、マーティーの役目だった。RBGが「いま帰るわ」と言いながらもまだ何かに熱中していると、彼はしょっちゅうギルバートとサリバン作のオペラ『ペンザンスの海賊』の一節を歌い上げる。「はいとは言うけど、動きやしない！」という箇所だ。旦那様からアドバイスを受けたことはありますか、という質問に、RBGはこう答えている。夫が自分にくれるアドバイスは、たいてい「家に帰っておいで」と「食事をしなさい」で（彼は七時半ごろからくり返し電話をしてくるので、九時ごろには彼女も折れるのだそうだ）、夜遅くまで仕事をしていると「もう寝なさい」とアドバイスしてくれます、と。

「悪くないアドバイスじゃないか」と妻の横に座っていたマーティーが応じる。「一日に一回は食事をすべきだし、たまには寝ないといけませんからね」

RBGは一度口をつぐんで夫を愛情深く見つめてから、こう続けた。「わたしには人生を通じてマーティーからもらってきた助言があります。彼はいつもわたしを、自分で思っているよりも良い自分のような気にさせてくれるのです。わたしは昔からすごく自信のない人間でした。自分なんかにこの趣意書が書けるだろうか？　口頭弁論に耐えられるだろうか？　いまに至るまで、ずっとそんな感じです。でもいまのわたしは周りの同僚たちを見て、『難しい仕事だけれど、ここにいる人たちと同じくらいにはやれるはず』と自分を励ましているのです」

「最高」のシェフ

結婚してすぐにオクラホマ州の陸軍基地に移り住んだのは、あとあと振り返ればラッキーだった。慣れ親しんだ環境から離れて暮らしたその二年間は、マーティーいわく、二人に「互いをよく知り、生活を築き上げる」時間をくれたのだ。

結婚生活で初めて、二人には時間ができた。「ぼくの仕事は本当に文字どおり、全神経を集中しなきゃいけない時間が週に四時間しかないような仕事でしたから」、マーティーは軍での仕事についてそうジョークを飛ばす。「だから、家での仕事は分担したほうがいい」。でも、それは必ずしもすべてを均等に半分に分けようということじゃなかった。少しばかり得意なことや好きなことを、そうでないことより少しだけ多く担当するということだ。

やがてわかったのだけれど、マーティーには「少しばかり得意なこと」があった。すべての始まりは、ツナのキャセロール（オーブン焼き）だった――少なくとも、つくった本人であるRBGはそれをツナのキャセロールと呼んでいた。まだ結婚したてだったフォートシル基地でのある夜、RBGは律儀に食卓にその料理を出した。当時、料理は彼女の担当だったからだ。マーティーは目を細めて、何やらブツブツした塊を見やって尋ねた。「これ、何？」。それ以来、彼は自分で料理を学びはじめたのだった。

RBGのいとこのリチャードは、有名シェフであるエスコフィエのレシピ本を結婚のお祝いに贈っていた。エスコフィエはパリのリッツやロンドンのサヴォイといった高級ホテルで名を成した、フランス料理の伝説的シェフだ。オクラホマ州の陸軍基地で共働きをする夫婦の日々の食卓としては、ちょっと豪華すぎたかもしれない。でもマーティーは、自分のもつ化学の知識が料理にも役立つことを知った。そして、このレシピ本で少しずつ腕を磨いていったのだ。

それでも、その後数年はRBGが渋々ながら料理担当を務めていた。彼女のレパートリーはだいたいどれも、冷凍野菜と肉を解凍するタイプのものだった。「わたしがつくれる料理は七つでした」とRBGは語る。「七つ目までできたら、また一つ目の料理に戻る、このくり返しです」。娘のジェーンは一四歳の夏にフランスに滞在するまで、食卓で新鮮な生野菜を見た記憶がなかった。RBGが言うには、ジェーンはこのころに「お母さんを徐々に台所から締め出す」ことを決意したらしい。RBGが料理をしたのは、結局一九八〇年が最後となった。

ジェーンいわく、ギンズバーグ家では「母は考えること、父は料理」というのが家庭内の役割分担だった。息子のジェームズは成長するにつれて「お父さんは何の仕事をしてるの?」と訊かれるのに慣れていったという。お母さんだってかなりおもしろい仕事をしているのに、と小さいころは不思議だったのだ。

ギンズバーグ家のワシントンDCの自宅の本棚には、租税法の本よりも料理の本のほうが多く並んでいる。居間の天井まである本棚の三列分は料理の本が占めているくらいだ。マーティーはまるでミステリー小説を読むように、レシピ本を楽しんでいた。「ぼくはマーティー・ギンズバーグを憎んでいますよ」、夫婦の友人のロジャー・ウィルキンスはあるとき講演会でこう話した。「それは、つかの間の関係であふれるこの街で、こんなにも素敵な女性と生涯の愛を築いているからじゃない。彼が料理をするからです」。というのも、ウィルキンスはしょっちゅう家で奥さんから「なんでマーティーみたいになれないのかしら」と言われているのだそうだ。別の友人は、マーティーのレシピについて「まるで食べられる内国歳入法ですよ」とジョークを言っている。

そういうわけで、RBGはよく食べた。ただし、ゆっくりと。マーティーはよくこんなジョークを言ったものだ。クリントン大統領がブライヤー判事指名のときのようにRBGをホワイトハウスの昼食会に招かなくて幸いだった、そんなことをしたら、今ごろみんなまだ会食中だったよ、と。

「あの子のお母さんは働いているのよ」

RBGはずっと前から、妊娠が女性に不平等な扱いをもたらすことを知っていた。育児となれば、なおさらだということも。「ほとんどの女性にとって本当に大変なのは、子どもが生まれてからです」と彼女は言う。「次世代の人間を育てる喜びと重荷を、親として対等に分け合う覚悟が、はたして男性にはあるのでしょうか？　でもそれが、わたしの夢見る世界です。力を合わせて育児を担う二人の愛情深い親という存在を、すべての子どもがもてる世界がね」

友人たちによれば、RBGは少なくとも一部の期間を除いて、そういう環境に恵まれていた。特に、ジェーンが生まれたばかりのころには。子どもの人格形成には最初の一年が重要だと本で読んだマーティーは、オクラホマ州で暮らしているあいだ、ジェーンの世話に全力を傾けた。クラシック音楽を流してやり、深夜二時のミルクやりも引き受けた。その時間なら、またすぐに眠りにつきやすいからだ。

けれど、ニューヨークでの生活となると話は全然違っていた。ジェーンのブレアリー校のクラスメイトの一人は、母親から憐れむようにこう言われたという。「ジェーンに優しくしてあげて。あの子のお母さんは働いているのよ」。

ちょうどそのころ、マーティーは勤めていたワイル・ゴッチェル&マンジス法律事務所で出世しようとがんばっていた。そうなると、当然予期される事態がやってくる。ギンズバーグ夫妻は一応、特に緊急の用事がなければ七時には帰宅して家族で食事をとろうと決めていた。マーティーの法律事務所はRBGいわく「街一番のブラック企業」として有名だったけれど、マーティーが深夜残業をしなくたって「どのみち租税部門は大繁盛だから」と彼女は言う。

でも、「当然予期される事態」はやってきて、しかもそれは彼女にとって二重の苦しみを意味していた。当時、RBGは大学で出世の道を歩みつつ、ジェーンと一〇歳差でまだ赤ん坊の息子ジェームズの世話に大わらわだったのだ。忙しいのには慣れっこだった彼女だけれど、夫に対する忍耐は徐々にきれつつあった。そして一九六九年、伝え聞くところによれば、彼女は夫をこう叱りつけたという。「あなたの息子はもう四歳になるのよ。なのにまだ一度も父親に公園に連れていってもらってないじゃない!」。マーティーは当時を思い出すと少し後悔するという。「しかたないだろう、だってそういうものじゃないか」、彼はそう答えたのだそうだ。

でも、永遠にそういうものとはいかなかった。RBGがACLUの女性の権利プロジェクトと最高裁への訴訟活動を業務一覧に新たに加えだしたころには、二人のバランスも少しずつ変わっていく。ジェームズの通うダルトン校は、よく「息子さんがトラブルを起こしました」と母親であるRBGに電話をかけてきた。ジェームズの記憶によれば、ある日、当時小学生だった彼は古いレバー式の旧式エレベーターに大人の付き添いなしでこっそり忍び込んで、エレベーターで一階分上に上がったという。これはとんでもない規則違反だった。ジェームズにとっては不運なことに、エレベーターのドアが開いたその目の前には、守衛がいた。それで学校は母親に連絡したわけだ。電話を受けた母親は、ブチ切れた。

「この子には親が二人います」、RBGはそう宣言した。そして、いつも母親にだけ電話せず、次からは夫と自分に交互に電話するようにと言い渡した。するとその後、電話はしだいに来なくなったという。立派な企業弁護士である父親の仕事をじゃまするのは学校側も気が引けたのだろう、とRBGは言う。一方ジェームズは、電話が減ったのは父親の反応のせいだろうと思っている。学校関係者に「息子さんはエレベーターを盗んだも同然ですよ!」と言われたマーティーは、「へえ、あいつ、どれくらい遠くまで持っていけたんです?」と答えて学校側をあぜんとさせたのだ。

一九七〇年代の後半、RBGは『働く女性弁護士』という本のインタビューを受けた。この本では、彼女のワークライフ・バランスに多くのページが割かれている。著者のエリノア・ポーター・スワイガーは、取材対象が苦しんだり困難に直面したりしている姿を望んでいたようだ。インタビューでは、ジェーンが「おばあちゃんみたいにずっと家にいる主婦になる」と反抗的に宣言したときの話をことさらに持ち出したりしている。さらに、ジェームズの身に起こったおそろしい事故について、RBGにどう思ったかを言わせようともした。ある日、まだ赤ちゃんだったジェームズの叫び声を耳にした家政婦が、口にパイプ洗浄液をべったりつけた彼を発見したのだ。RBGは病院に駆け込んだときのことを鮮明に説明した。「ひどいやけどで、息子は顔を引きつらせていました。唇はただれて黒くなって——苛性《かせい》アルカリ溶液で肌は焼けただれ小さなぼこぼこの穴ができていました」。スワイガーは記事の中でこう問いかける。

「ルースは永遠のようなこの苦しみのあいだ、どう感じていたのだろう？　働く母親として、あのとき息子のそばにいてあげていればという後悔に苛《さいな》まれたのだろうか？　答えは、限定的なイエスだ」。RBGは少し口をつぐんで考えたあと、こう答えたのだ。「赤ん坊の手の届くところにパイプ洗浄液を置いておいたのが、一番の間違いでした」と。スワイガーはあまり感心したとは言えない調子で、こう書いている。「このように比較的客観的な目でこの事件を見ているところに、ルース・ギンズバーグが仕事で成功した理由の一端がうかがえる」

親としてのRBGは、ジェーンいわく、ときにとても「厳しい親」だった。「わたしが何か悪いことをすると——それはまあ、よくあることだったんですが、父は大声で叱ります。でも母は、本当にじっと黙って口をつぐむ。それでわたしは、母が本当に娘に失望しているんだと知るんです」とジェーンは振り返る。

RBGは子どもたちの宿題を毎日チェックした。ある夏など、ジェームズは毎日作文を書くように言われた。子どもたちは母を笑わせようといろいろとがんばった。それに成功するたびに、当時ティーンエイジャーだったジェーンは「お母さん笑い帳」と名づけたノートに記録をつけていたそうだ。

そんな子どもたちも、しだいに成長し、母の仕事のすばらしさを理解するようになっていく。ジェーンは高校の卒業アルバムの中で、RBGが判事になる一〇年近く前に、将来の夢としてすでにこんなことを書いている。「お母さんが最高裁判事に指名されるのを見守ること。もし必要なら、わたしが指名します」

一九七〇年代後半になると、マーティーは、もうじゅうぶん稼いだし、法律事務所でフルタイムで働くのはそろそろいいかな、と思い始めていた。長いことニューヨーク大学で教えていたこともあって、彼はニューヨークのコロンビア大学ロースクールで租税法を教える仕事を引き受ける。妻と同じ大学で教えることになったわけだ（ちなみに、のちにジェーンもコロンビア大学の教員になっている。同校では初の母娘ペアの教授だ）。マーティーがコロンビア大学に着任して一年後、RBGはコロンビア特別区の連邦控訴裁判所判事に指名される。これにより、マーティーはすべてをなげうってワシントンDCに引っ越すことになった。ワシントンDCでは、ジョージタウン大学ローセンターで教員の仕事を続けた。

それからしばらくは、よく周りの人から「旦那様も、ワシントンDCと職場のあるニューヨークを行き来するのは大変でしょう」と言われたものだ。まさか夫の側が妻のキャリアを優先して仕事を辞めただなんて、みんな思ってもいなかったのだ。

ファースト・ジェントルマン

最高裁判事の妻たち（一九八一年までは、最高裁判事の伴侶はみんな「妻」だった）は、歴史的にファースト・レディーの役割を担ってきた。妻たちは《グッド・ハウスキーピング》誌の写真撮影に応じ、夫たちの引退後も法廷の特別に割り当てられた区画に座った。年に三回、かつてはレディース・ダイニング・ルームと呼ばれていた食堂に集まって会食をする習慣もあった。やがて女性判事が登場し、さらにそれが二人になると、さすがに一人目のときのように例外で片づけるわけにはいかなくなった。一九九七年、食堂はついにナタリー・コーネル・レンキスト・ダイニング・ルームに改名される。これはレンキスト首席判事の亡くなった夫人の名からとったもので、オコナー判事の提案だった（RBGは、首席判事はとかく変革には反対の人だったけれど、妻の名を冠するこの変革には反対はできなかったのだと言っていた）。

オコナー判事の夫ジョン・オコナーは、一二年間にわたって唯一のファースト・ジェントルマンだった。彼とマーティーはよく、自分たちはデニス・サッチャー協会〔訳注：デニス・サッチャーはイギリスのサッチャー元首相の夫〕のメンバーだとジョークを言っていた。この会はマーティーの説明によると、自分が心の底で得たいと願っていた職を妻が得た男たちの集まりだ。もっともマーティーは、「ぼくの場合は違いますけどね。ぼくは働くのは大きらいなんです」と付け加える。「彼女はいつも鬼のように働いている。ぼくががんばるより、そのほうがこの国のためになりますよ」

のちにジョン・オコナーがアルツハイマー病と診断され、オコナー判事が引退すると、マーティーは伴侶の会で唯一の男性になった。「でも、彼は全然気にしていませんでした」と、亡きウィリアム・O・ダグラス判事の妻のキャスリーン・ダグラス・ストーンは語る。最高裁判所歴史協会が出版した、マーティーの得意料理を紹介するレシピ本『「最高」のシェフ』に寄せて、彼女は「マーティーは伴侶であることを楽しんでいました」と書いている。「彼の料理がケータリングではなく自分でつくったものと知って、驚いたのを覚えています」

判事のもとで働く調査官たちの誕生日には、マーティーがいつもケーキを焼いて届けてくれた。アーモンドケーキや、チョコレートケーキ、ときにはジンジャー、レモン、キャロットケーキも。ケーキには「あなたの誕生日なので、マーティーがケーキを焼いてくれました」というRBGからの簡潔なメモが添えられているのだった。調査官たちはマーティーのビスコッティを食べながら仕事をすることもあった。

「わたしは日ごろから彼女に畏怖の念を抱いてきました」と元調査官のケイト・アンドリアスは言う。「でも、彼女がパートナーといっしょにいるところをみると――彼が彼女をすごくかわいがっていて、しかも一人の人間として扱っているのをみると、なんだかとても親しみが湧くんです」。別の調査官のヘザー・エリオットは、ある夜の出来事について書いている。その日、何かのイベントのあと、RBGは夜遅くまで執務室で仕事をしていた。マーティーは傍らで静かに読書をしていた。

「わたしはRBGに自分の調査について報告していました。そうしたら、マーティーが立ち上がって、こちらに歩いてくるんです。わたしは心の中でおろおろしました。何かおかしなことを言ったかしら、なんでこっちに来るの、と。ところが彼はRBGに歩み寄ると、曲がっていた襟を直してやって、それからまた読書に戻っていったのです。その瞬間に二人のあいだに流れた心地よい親密な空気を、わたしはきっと生涯忘れないでしょう」

RBGは、インタビューでわたしにこう語ってくれた。「マーティーは、いつでもわたしの親友でした」。そのたぐいまれな絆は、ロースクール時代にマーティーががんと闘ったときも、その後RBGが一〇年越しに二度のがん宣告を受けたときも、消えることなく二人とともにあった。がんは二人が六〇年近い月日を親友として過ごすのにじゅうぶんな時間、彼らを放っておいてくれた。でも、それは再び戻ってきた。二〇一〇年、マーティーが転移性がんと診断されたのだ。

「わたしの最も古い記憶の中で、父は台所で料理をしていました」と、ジェーンは言う。「そして、最後の日々に見た父も、やはり料理をしていました。母のためにです。自分は食べることもできず、痛みで台所に立つのがつらいときも、父は料理をしていました。夕食をとりながら母と法律の話をし、母がきちんと食べているか、おいしく食事ができているかを見守るのは父の喜びだったのです」

マーティーが最後に入院したとき、RBGはマーティーが彼女に宛てて残した手紙を見つけた。それは、黄色のリーガルパッドに書かれ、ベッドサイドにおかれていた。

「2010年6月17日　最愛のルースへ。きみは、ぼくが生涯で愛したたった一人の人間だ。両親と、子どもたちと、孫たちをのぞけばね。56年前、コーネル大学で出会ってからずっと、きみに感嘆し、きみを愛してきた。きみが法曹界の最高峰へと歩んでいくのを見ているのはなんと大きな喜びだったことか!! ぼくがジョンズ・ホプキンズ病院にいるのは、おそらく6月25日金曜日までだ。そのあいだに、残された体力と命について真剣に考えようと思う。結局のところ、まだ耐えるのか、それとも人生を去るときが来たのか。というのも、身体のつらさに打ちのめされているからだ。ぼくがたどりつく答えをきみが支持してくれることを願っているよ。でも、そうはならないかもしれないことも、よくわかっている。だからといって、きみへの愛が少しでも薄れることはない。マーティーより」

六月二七日、マーティーは息を引きとった。二人の結婚記念日から、そしてRBGの母の命日から一週間と離れていない日だった。それは同時に、最高裁のスケジュールの中で一番重要な時期でもあった。開廷期末を控え、あらゆる重大裁判の判決が下される時期だ。マーティーの死の翌日も法廷は開かれる。RBGは重要な裁判で意見を読み上げる予定だった。公立大学内のキリスト教団体がゲイの学生の会合参加を禁止しているのは違法だとするものだ。

ジェーンとジェームズは、母に法廷に行かなくてはだめだと言った。彼女はこれまで一日たりとも執務を休んでいない。「開廷期末の重要な時期に、自分の死のせいで母が法廷での執務を休むなんて、父もけっして望まなかったと思います」とジェーンは言う。

だからその日、法廷には彼女の姿があった。じっと静かに、髪に黒いリボンをつけて、彼女は判事席に座っていた。ロバーツ首席判事が短いお悔やみのことばを述べると、スカリア判事は涙を流した。マーティーは、アーリントン国立墓地に埋葬された。ほどなくして、墓所に添えられていたアメリカ国旗は、畳まれてRBGの執務室の窓台に掛けられた。

7

MY TEAM SUPREME

“俺らのチームは最高”

最高裁の判事たち

My Team Supreme

2010年の最高裁判事たち

サミュエル・アリート判事
ジョージ・W・ブッシュ大統領により指名、
2006年1月31日就任。
2013年、法廷でRBGが自分への反対意見を読み上げた際、目をぐるりと回してあきれた顔をしてみせた。「つい感情が表に出てしまったのだと思います。本来の彼なら、ぐっと抑えていたでしょう」とRBGは寛大に言う。それよりも彼女を悩ませたのは、超保守派のアリートが穏健なオコナーの後任になったことだった。RBGは2015年、「わたしが少数意見になった5対4の判決はどれも、彼女がいてくれたら多数意見になっていたと思います」と語っている。

エレナ・ケイガン判事
バラク・オバマ大統領により指名、
2010年8月7日就任。
ロースクールを卒業したとき、コロンビア特別区巡回区連邦控訴裁判所のリベラル派の判事たちから調査官ポストへの誘いがあったが、「カーター大統領に指名された判事の中で唯一、ギンズバーグ判事だけはわたしを誘ってくれなかった」と笑う。「面接さえしてくれなかったんです」と。それにもかかわらず、RBGとは親友で、同じパーソナル・トレーナーのもとでジムでトレーニングに励む。

RBG

ジョン・ロバーツ首席判事
ジョージ・W・ブッシュ大統領により指名、
2005年9月就任。
弁護士時代から頻繁に最高裁での弁論を手がけてきた。レンキスト首席判事の後任として就任。RBGはレンキスト首席判事をいまも「わたしの首席」と呼んでいるが、ロバーツ判事については、2013年に「いまの首席判事は人と会ったり挨拶したりするのは得意で、いろいろな会合での5分か10分のスピーチではいつも正しいことを言っていると思います」と述べている。彼女にとって重要な事項について、レンキスト判事のように、もっとこちらの考えを聞く姿勢をみせてほしいとも語った。

アンソニー・ケネディ判事
ロナルド・レーガン大統領により指名、
1988年2月18日就任。
RBGと同じくオペラ愛好家。RBGやスカリアと並んで端役で舞台に立ったこともある。しかし法廷では、「ゴンザレス対カーハート」裁判で「女性を守るため」という論拠で特定の中絶手術を禁止する意見を執筆し、RBGを激怒させた。

Collection of the Supreme Court of the United States

ソニア・ソトマイヨール判事
バラク・オバマ大統領により指名、
2009年8月8日就任。
指名直後、女性差別と偏見に満ちた攻撃にさらされたが、RBGは彼女を擁護。「ソニアが質問時に攻撃的だと言いますが、法廷で質問するスカリア判事やブライヤー判事を見たことがないのでしょうか？　彼らだって攻撃的な質問をします。なにも特別なことではありません」と述べ、「彼女は屈しません」と付け加えた。

スティーブン・ブライヤー判事
ビル・クリントン大統領により指名、
1994年8月3日就任。
カーター大統領によって巡回区連邦控訴裁判事に、クリントン大統領によって最高裁判事に指名され、RBGとは近い立場。オバマ大統領の一般教書演説でRBGが居眠りしたとき、ケネディ判事といっしょに彼女を起こそうと体をつついてくれたが、RBGいわく「ちょっと優しすぎました」

クラレンス・トーマス判事
ジョージ・H・W・ブッシュ大統領により指名、1991年10月就任。
RBGを「すばらしい判事」と呼び、良き友人でもあるが、イデオロギー的には正反対。最高裁判事承認公聴会では、元部下の法学教授アニタ・ヒルにセクハラを告発される。1997年、RBGの本棚にアニタ・ヒルの著書『Race, Gender, and Power in America（アメリカにおける人種、ジェンダー、権力）』が置かれているのが確認できる。

アントニン・スカリア判事
ロナルド・レーガン大統領により指名、
1986年9月26日就任。
RBGとはコロンビア特別区巡回区連邦控訴裁判所時代からの同僚。憲法理念の相違にもかかわらず「ニノといるといつでも楽しい」とRBGは言う（ニノはスカリアのニックネーム）。旅先では一緒にショッピングも楽しむ。スカリアは、「法律問題で意見が激しく対立してもなお良い友人でいられないならば、いっしょに判事はやってられない」と語っている。

“ 彼女はギンズバーグ判事で、
わたしがオコナー判事です。 ”

——サンドラ・デイ・オコナー、1997年

ともに働く友人たち

判事が席に着く五分前、ブザーが鳴る。彼らの座る判事席は、法廷が国民の最も近くまでやってきて直接向き合う場所だ。判事たちはいつもの儀式を行うために更衣室に向かう。アメリカ産ホワイトオークの柾目板を張りめぐらした部屋を歩み、それぞれの名前が書かれた金色のプレートのついたロッカーへ。その中には、黒の法服がかかっている。RBGの選んだ付け襟もロッカー内の棚に置いてある。

法服をまとうと、判事たちは互いに握手をかわす。そして、先任順に並び、ゆっくりと法廷に入っていく。RBGは、この伝統が好きだった。それは彼女にとって、法廷での仕事で長年大切にしてきた同僚どうしの絆を体現するものだ。このしきたりは「自分たちはいっしょに仕事をするのだと確認するための儀式」だと、彼女は言う。たとえ同僚判事からときに「ピリッとくる反対意見」(RBG自身の表現だけれど、印象深い言葉だ)をぶつけられても、公正と正義という法廷の理想は日常的な感情を超えるのだ。

それでも、最高裁には長年にわたって欠けていたものもある。女性初の最高裁判事となったサンドラ・デイ・オコナーは、一二年間たった一人の女性判事だった。トイレに行こうと思ったら、自分の判事室まで走っていくしかなかった。更衣室のそばには男性用トイレしかなかったのだ。女性用トイレができたのは、RBGが二人目の女性判事として加わってからだ。この改修は、「これからはつねに女性がここにいるのだ」ということを象徴的に示すものだった、とRBGは誇らしげに語った。

女性判事が二人になったからといって、最高裁での性差別がなくなったわけではなかった。RBGが最高裁判事に任命されたとき、全米女性裁判官協会は、「I'm Sandra（わたしはサンドラ）」と「I'm Ruth（わたしはルース）」という文字入りのTシャツを二人に贈っている。白髪のボブヘアでアリゾナ育ちのオコナーと、黒髪で眼鏡をかけたブルックリン生まれのRBGは、似たところなど一つもなかった。でも、全米女性裁判官協会のグッズ販売部が長年の経験にもとづいて予想したとおり、二人の女性判事は混同されることが多かった。

判事をよく知っているべき弁護士たちでさえ、そんな感じだった。たとえば一九九七年の裁判の弁論で、ハーバード大学ロースクールのローレンス・トライブ教授とウォルター・デリンジャー訟務長官代理は、それまで何度も弁論に立っていたのに、どちらも女性判事の名前を取り違えた。オコナー判事は、判事席から即座に訂正した。「彼女はギンズバーグ判事で、わたしがオコナー判事です」、彼女はぴしゃりと言った。

もちろん、どちらかがぴしゃりと言い過ぎれば、別の意味で注目される。「あるとき、オコナー判事が口頭弁論で弁護士に質問していました」と、RBGは振り返る。「もう終わったのだと思って、わたしが質問を始めると、サンドラが『ちょっと待って、まだ終わっていません』と言ったのです。わたしは謝り、彼女は、『ルース、いいのよ。男たちがいつもやっていることだもの。彼らは毎回、互いの質問に割り込むのよ』と言ってくれました。ところが、《USAトゥデイ》紙がこれをとりあげて記事にしたのです。『無礼《Rude》なルース、サンドラの質問を妨害』という見出しをつけて」

　RBGは、オコナー判事のことを「わたしの姉」と呼んでいた。オコナー判事もRBGについて、「彼女を迎えたときはとても嬉しかった」と語っている。RBGが首席判事に初めて割り当てられた無味乾燥な意見書の準備に神経をすり減らしていたとき、オコナー判事は彼女を叱咤激励した。できあがった意見書を法廷で読み上げたとき、この件では意見を異にしていたオコナー判事からメモが手渡された。そこには、こう書かれていた。「あなたの法廷での最初の意見、とても立派でした。今後さらに頑張ってくれるよう期待しています」。疲労困憊したこの日、このメモが彼女の気持ちを癒してくれた。RBGは、そのことを忘れなかった。のちに判事として加わった二人の女性、ソニア・ソトマイヨールとエレナ・ケイガンにも、彼女は同様の心遣いをしている。

　オコナーとRBGは、女性が初めて社会に進出した時代をともに生きた。何をやっても人より二倍はすぐれた成果を上げないと、チャレンジする機会すら与えられなかった時代だ。でも二人に共通だったのは、ほぼそれだけだろう。最高裁判事になる前は共和党員として活動していたオコナーは、かつてスピーチの中で、警戒の目を向ける男性たちに対して、自分は熱烈なフェミニストの人たちとは違って「ブラをつけ、結婚指輪をつけて」いると語りかけている。RBGとオコナー判事は、法律的立場もまったく異なっていた。ある研究によると、二人が一緒に仕事をした一〇年間で、オコナー判事がRBGと異なる立場をとった回数は、ジョン・ポール・スティーブンス判事を除けば他のどの判事に対してよりも多かった。RBGは、二人の意見の相違を良いことだととらえていた。それは、女性がさまざまな意見をもっていることの証明になるからだ。

また、オコナーはレーガンに指名された判事ではあったけれど、女性差別に関わる問題では政党の枠を超えた立場をとった。RBGが判事になる前年、オコナー、ケネディ、スーターの三判事は「プランド・ペアレントフッド対ケイシー」裁判で中道の立場をとり、その結果、最高裁は中絶が憲法で認められた権利であると再確認することとなった。RBGとオコナーは、隔年で上院の女性議員のための夕食会も主催していた。当時上院には、女性議員は六人しかいなかったのだ。

二人はともにがんを経験した。一九九九年、RBGが大腸がんと診断されたとき、乳がんの治療経験のあるオコナーは、化学療法の日程についてRBGにこうアドバイスしてくれた。金曜日がい い。そうすれば、土日を休んで回復し、月曜には法廷に出られるから、と。

「おかしなコンビ」

RBGが最初にがんと診断されたときの同僚判事たちの反応は、彼女が大切にしていた最高裁内部での敬意に満ちた関係を強く感じさせるものだった。「みんながわたしのそばに来て、励ましてくれました」と彼女は言う。レンキスト首席判事でさえ彼女をオフィスに呼んで、業務負担を軽くするよう配慮しようと言い、彼女が自分で意見書を選んでいいと言ってくれた（RBGは負担を軽くするという提案は断ったが、自分がやりたかった意見書を二件選んだ）。

レンキスト首席判事は、三〇年間にわたりRBGの主張に懐疑的だった。でもついに遅ればせながら、彼女が訴えてきた女性の権利について、少しずつ理解しはじめたのだ。二〇〇二年に最高裁が扱った「ネバダ州人的資源局対ヒッブス」裁判は、スティーブン・ワイゼンフェルドの事案の再来を思わせるものだった。こちらは、妻の介護のため無給の休暇を必要とした男性のケースだ。でも今回、RBGの側についたレンキスト首席判事は、つまらないジョークをとばすこともなかった。彼は意見執筆にあたり、RBGの最高裁への上訴書類やバージニア州立軍事学校（VMI）裁判の意見を引用した。「女性の家庭的役割に関するステレオタイプは、これと並行して存在する『男性は家庭的役割を担わないもの』というステレオタイプによって強化されている」とレンキストは書いている。「雇用主は依然として家庭を女性の領域と考え、男性に同様の処遇を与えることを拒み、休暇の取得を思いとどまらせた」

彼のその意見書は、RBGの情熱に満ちた思考がたっぷりと織り込まれたものだった。マーティーなど、「きみが自分で書いたんじゃないか」と妻に尋ねたほどだ。レンキストの進歩は、かなりの程度RBGのおかげといってもいいかもしれない。でもRBGのほうも、彼の変化を評価していた。レンキストの生活は、娘が離婚してから変わった。彼は早めに最高裁を出て、学校に孫たちを迎えに行くようになったのだ。「レンキストにそんな一面があるとは、誰も考えもしなかったでしょうね」とRBGは言う。彼にそんな一面があることを、RBGもすぐそばで働いて初めて知ったのだった。

ところで、RBGの実像と最もかけ離れた画像は、「ブッシュ対ゴア」裁判のあとに初期のフォトショップで加工され、ネットで広まったものだ。「I dissent.（わたしは、反対です）」とキャプションがつけられ、RBGが両手の中指を立てている。彼女がそんなことをした事実はなかったし、これからもけっしてないだろう。RBGほど他者への礼節を重んじ、どんなに意見を異にしていても微笑みを忘れないことを信条としている人はいない。そのことは、最高裁で最も名高い「おかしなコンビ」ことスカリアとの友情にもよく表れている。

二人の出会いは、当時法学教授だったスカリアが、コロンビア特別区巡回区連邦控訴裁判所の決定について強烈に批判する演説をしたことだった。まもなく、二人は判事としてその控訴裁でともに働くことになる。優しく穏やかなリベラル派のRBGは、大声で語る保守派のスカリアとは最初から意見が合わなかった。でもRBGは、「わたしは彼に魅了されました。とても知的で、とてもおもしろい人だから」と言う。「彼の立場には賛成できなくても、彼を好きにならずにはいられませんでした」。二人がともに最高裁判事として働くころには、スカリアはRBGを評し、「知的で、感じが良くて、思いやりのある女性。人に好かれる要素をすべて兼ね備えた人だ」と語るようになった。

リベラル派の人々の中には、スカリアとRBGの友情を理解できないと感じる人もいた。RBGが指名を受けたときの《タイム》誌の記事には、こんなエピソードが紹介されている。「昨年末のパーティーには、ギンズバーグのあらゆる方面の友人たちが招かれていた。スカリアが入ってくると、リベラル派の客たちは部屋の隅の方にじりじりと後退した」。RBGの指名承認公聴会では、民主党議員の中からRBGがスカリアの見解になんらかの影響を受けているのではないかと心配する声も上がった。二人のもとで働く調査官たちでさえ、この関係に当惑していた。でも、調査官たちは通常一年で去っていく。それに対して判事たちの付き合いは一生続くのだ。どんなに意見の相違があっても、彼らはともに協力し合う。それに二人には、オペラ好きという共通点があった。そのうえ、RBGは笑わせてくれる人が好きなのだ。そんな二人のあり得ない友情がいまではオペラの題材になり、『スカリア／ギンズバーグ』というオペラ作品までつくられたのも不思議ではないだろう。

何年ものあいだ、スカリア家とギンズバーグ家はRBGのマンションでいっしょに新年を迎えていた。スカリアの九人の子どもたちや何ダースもの孫たちの誰かが加わることもあった。スカリアは、いつも狩猟の獲物を携えてきた。「スカリアが殺して、マーティーが料理するんだ」、ゲストの一人だったブッシュ政権時代の訟務長官セオドア・オルソンは二〇〇七年にこう評した。RBGの孫のポール・スペラはこう語る。「彼らが政治的な話やイデオロギーに関わる話をしているのは聞いたことがありません。そんなことをしても何の意味もありませんからね」（この有名な新年パーティーについては、ポールは「子どもにとっては退屈でした。お年寄りたちがなんの意味もなく着飾って集まる会という感じで」と語っている）。

RBGの執務室には、小柄なRBGと丸々と太ったスカリアがゾウに乗っている写真が飾られている。一九九四年にインドに行ったときのものだ。「とても堂々とした、優雅なゾウだったんですよ」とRBGはのちに語った。彼女の「フェミニストの友人」たちは「なぜ男性のスカリアが前に座っているのか」と尋ねたという。RBGは重々しくこう答えた。「体重バランスの関係よ」

RBGはときには冗談めかしてこう漏らすこともあった。「彼のことは好きなんですが、ときどき絞め殺したくなります」。彼女がスカリアにみせた温かな親しみは、他の保守派判事の誰にでも向け

ゾウに乗るRBGとアントニン・スカリア判事。1994年、インドにて
Collection of the Supreme Court of the United States

られるものではなかった。たとえば、サミュエル・アリート判事とは一緒にオペラに出かけたりはしない。もっとも、アリート判事はRBGの主導するシェイクスピア劇場での毎年恒例の模擬裁判にはときどき参加していた。彼は女性や有色人種の学生を大学に受け入れることに反対する保守的なプリンストン大学同窓会グループに所属しており、その立場は論議を呼んだが、最終的に最高裁判事への指名を承認された経緯がある。アリートが同窓会グループの積極的なメンバーだったという証拠はないし、彼自身は公聴会でこれを否定している。それでも、オコナーの後任としてやってきた彼がより保守的な判事であることは、間違いない。

法廷では礼節を重んじるという信条をRBGが唯一捨てるのは、仕事場での性差別を糾弾するときだ。彼女は優しく、しかし毅然と訴える。最高裁という高尚な仕事場でさえ、それが必要なのだ。今でも性差別はありますか、と聞くと、RBGは即座に答えた。「あります。ただ、昔ほどではありません。以前はわたしが何か言っても、なんの答えも返ってこないのがあたりまえ。そのうち男性の別の誰かが同じことを言うと、みんなが『それはいい考えですね』と言うんです」、彼女は笑った。「このごろは、そういうことは少なくなりました」

そういうときにRBGがとる対応は、「肌の色や外見、男性か女性かというようなことで人を判断するのがどれだけ間違っているかを、自身の意見書やスピーチを通じて少しずつ教えていく」というものだった。

二〇〇九年、オバマ大統領が連邦控訴裁判事のソニア・ソトマイヨールを最高裁判事に指名したことで、RBGは最高裁で唯一の女性判事という嬉しくない役割から解放されることになった。初のラテン系女性として最高裁判事に指名されたソトマイヨールは、二〇〇一年に行ったスピーチのことですぐさま厳しい非難にさらされた。

問題のスピーチで、彼女は「女性や有色人種の人たちのもつ違いを無視することは、法や社会にとって有害なのではないでしょうか」と言い、さらに、こう付け加えた。「オコナー判事は、しばしば、『賢い高齢の男性と賢い高齢の女性は、訴訟の判決で同じ結論に達する』、とおっしゃっているようですが、わたしは『人生で辛酸をなめてきた賢いラテン系の女性は、かなりの確率で、そのような人生経験のない白人男性よりもずっと良い結論に達する』と言いたいと思います」。共和党員たちは、これに嚙みついた。保守的なコメンテーターたちは、低所得者向け公営住宅で育ち数々の逆境を克服してきた女性のことを、正真正銘の人種差別主義者だと言いたてた。

RBGは、つねになく単刀直入な口調で、この論争に介入することを選んだ。ソトマイヨールの指名承認公聴会もまだ始まっていない時期だったが、将来の同僚に対する彼女のサポートはすでに始まっていたのだ。RBGは、《ニューヨーク・タイムズ》紙の日曜版の記事でこう語った。「そのことで大騒ぎするのは、ばかばかしいことだと思っていました。彼女が言いたかったのは、わたしが『女性は、会議のテーブルに男性とは異なる人生経験を提示してくれます』と言うのと同じことで、それ以上ではありません。あらゆる違いは、議論をより豊かなものにしてくれます。わたしが女性であることは、わたしの一部です。わたしがユダヤ人であることも、ニューヨークのブルックリンで育ったことも、アディロンダックのサマーキャンプに行っていたことも、みんなわたしの一部なのです」。ソトマイヨールが自分を「アファーマティブ・アクション」の産物と呼んだことについては、RBGは、「わたしもそうですよ」と、きっぱりと言った。これは紛れもなく、「初めての人」となるもう一人の女性への連帯感を示すジェスチャーだった。

最高裁判事に就任したソトマイヨールは、断固として自分に正直であり続けた。ジャーナリストで作家のジョーン・ビスキューピックは、ソトマイヨールに関する著書のなかで次のように書いている。「通常はまじめすぎるほどまじめな開廷期終了後のパーティーで、ソトマイヨールはラテン音楽のサルサをかけ、いっしょに踊りましょうと判事たちを誘い、みんなを驚かせた。数日前に夫のマーティーを亡くしたばかりのRBGは、そっと隅のほうに座っていた。ソトマイヨールは彼女に向かってかがみこんで、こうささやいた。『マーティーは、踊って欲しいと思ってますよ』」。そのあとは、こう書かれている。「ギンズバーグ判事は気持ちを和らげ、ソトマイヨールに促されて少しだけステップを踏んだ。それから、彼女の頬を両手ではさみ、『ありがとう』と言った」

エレナ・ケイガンが歴代四人目の女性判事として就任すると、最高裁では初めて法廷に三人の女

女性判事たち（左からオコナー、ソトマイヨール、RBG、ケイガン）

Collection of the Supreme Court of the United States

性判事が座ることになった。RBGは、とても心強く思った。なにしろケイガンは、一九七三年に当時一三歳だったとき、ユダヤ教の男子が受ける一三歳の成人の儀式バル・ミツヴァーを女の子にもつくってくださいとラビに頼んだのだ。ユダヤ教の正統派シナゴーグでは、これは前代未聞の話だった。ハーバード大学ロースクールの最初の女性学部長となったケイガンは、RBGのもとに何人もの調査官を送り込んでいた。また、彼女は初の女性訟務長官でもあった。彼女自身が認めているとおり、ケイガンの経歴は、RBGよりもはるかに順調だった。

ケイガンは、自分の初期のキャリアについて、次のように語っている。「女性が法律事務所のパートナーやロースクールの教授の地位にあるのがあたりまえのことだったとは言いませんが、その数は増えていました。単なる象徴や珍しいものといった位置づけでもありませんでした。また、最高裁判事も下級裁の判事も、調査官として優れた女性を積極的に採用していました」（ケイガンは最高裁判事のサーグッド・マーシャルの調査官を務めていた）。彼女は「偏見を感じたことは全くなかったといえば嘘になりますが、自分が選んだ道を順調に進んできました」と語り、RBGに感謝しなくてはならない、と付け加えた。「この国の法律が女性のためにきちんと機能するようになったのは、誰よりも、彼女のおかげです」

もう、三人の女性判事を取り違える者はいないだろう。RBGは新しい同僚たちについて、「あの人たちは全然引っ込み思案じゃないんです」と嬉しそうに語った。人々はなぜかくり返しRBGにこう尋ねてくる。「最高裁の判事の何人が女性になればじゅうぶんだと思いますか?」。ばかげた質問だ。彼女の答えは明快だった。「九人です」。

RBGだって、引っ込み思案ではなかった。口頭弁論では、彼女はしばしば最初の質問をすることで知られるようになっていた。聞き取るのが難しいくらい小さな声で、彼女はいつも鋭い質問を投げかける。最高裁でしばしば弁論に立ってきた弁護士のトム・ゴールドスタインは、こう書いている。「小さな身体と静かな声、それに法廷の音響の悪さも加わって、弁論を聞きに来ている人たちは彼女のことを大したことのない判事だと思ってしまうかもしれない。だが、弁護士たちはけっしてそんな間違いは犯さない」

つい「ペンが熱くなる」とき

意見を執筆しているあいだや、過半数の判事が合意できる着地点を探って交渉している過程で、裁判のゆくえが一転するのはよくあることだ。「ときには自分の主張について理由を述べている最中に、ふと疑問がわいてくることがあります。おや、自分はあの点やこの点を見過ごしていないか、とね」、ＲＢＧはそう説明する。「それに、そう頻繁には起こりませんけれど、ときには意見を執筆しようとする段になって、これは書けないと気づくこともあります。会議のときの自分は間違っていた、意見を変えよう、と思い直すのです」

執筆した意見を他の判事に回覧したあとに、伝言メモをもらうこともあったとＲＢＧは言う。「親愛なるルース、ここそこ、あるいはこの一点を変えてくれれば、わたしもきみの意見に参加させてもらいたい、という内容です」。そんなとき、彼女はたいてい譲歩に応じた。その結果できあがった意見が、もし自分が女王様だったらこうは書くまいという内容だったとしても。「たとえ意見が四対四に分かれていて自分に最終決定票があっても、わたしはできるだけ他の判事たちとの合意形成を目指します」と彼女は言う。

リベラル派の最古参判事である彼女は、反対意見の執筆割り当てを決める機会も多い。「誰か一人に目立たない事案ばかりを割り振ったり、誰か一人に華々しい事案が集中しないように気をつけています」、ＲＢＧは《ニュー・リパブリック》誌にそう語っている。「ただ、注目の事案の反対意見は、自分に少しばかり多めに割り振っている気がしますが」

自分が少数側に回ったからといって、それでゲームオーバーというわけじゃない。ときには、反対意見の草稿にあまりに説得力があるので、多数派が考えを変えて形勢が一気に逆転することもある。ＲＢＧは一度、そんな「くらくらするような体験」をやってのけた。反対意見の草稿は、多数派を恥じ入らせ、その主張の力を削ぐときもあれば、多数派を力づけ、勢いを与えるときもある。ＶＭＩ裁判で反対意見を執筆したのはスカリア判事だが、彼が意見草稿をＲＢＧに手渡したのは、ある金曜日の午後のことだった。おかげでこちらは執筆していた多数意見を磨き上げるために週末をつぶすことになりました、とRBGはジョークを言う。

二〇一五年、RBGが大統領の一般教書演説中に居眠りしていた姿はすっかり有名になったけれど、ちょうどあの日の前の晩、彼女はインタビューでわたしにこう語っている。「夜遅くまで仕事をしないで寝なくては、と思うのですが、ついペンが熱くなってしまって」。そして、RBGのペンが熱くなるのはだいたい深夜だ。

彼女のもとで働く調査官たちは、みんな勤務時間を自由に決めて働いていた。そして深夜のうちに判事から届いているボイスメール（留守番電話の伝言サービス）をチェックして、指示を確認するのだ。ある夜、元調査官のリチャード・プリーマスはちょうど遅くまで残業していたので、ボイスメールの着信がきたタイミングで電話を取った。するとRBGは「まあリチャード、そんなところで何をしているの?」と驚いた様子だったという。サミュエル・バゲンストスが調査官をしていたころは、最高裁は午前二時には鉄のゲートを閉めて施錠する規則になっていた。「それ以降に出入りするときは、最高裁警察に電話で連絡する必要がありました」。一九九七年の開廷期中、彼はしょっちゅうその電話をかけるはめになった。

別の元調査官ダニエル・ルーベンスも当時を振り返ってこう語る。「ケネディ判事は朝型人間でした。彼が出勤してくるころにギンズバーグ判事は退勤する、とみんなジョークを言ったものです」。RBGの勤務態度を疑問視する人は皆無だった。彼女はペンライトを持ち歩いていることで有名だった。ペンライトがあれば、映画館に行くときも予告編の上映中にメールをチェックできるし、ゴルフカートに乗っているあいだも趣意書を読み込める。RBGの息子のジェームズは、子どものころ夜中に目を覚ますと、ダイニングルームによく母の姿があったという。メモ帳の用紙をいっぱいに散らかしたテーブルで、彼女はプルーンをつまみながら何かを走り書きしているのだった。

法律が世界にもたらす力について若き日のRBGに気づかせてくれたロバート・クシュマン教授は、かつてこう助言したという。きみの文章は少しくどすぎるな、と。それでRBGは、自分の文から形容詞をどんどんカットするようになった。「意見が二〇ページを超えると、もっと短くできるんじゃないかと気になります」とRBGは言う。「正しく、簡潔に」が彼女の執務室のスローガンだった。RBGはラテン語の法律用語を軽蔑していて、意見の冒頭部分では特に、一般の人にも理解できるようなはっきりと明確な言葉で書くことを求めた。

「もしシンプルな英語で言い換えられるのなら、そちらを使うべきです」と彼女は言う。「数えきれないほどの草稿」を何度も読み返す目的は、二度読まなければわからない箇所が一つもない意見を書き上げることだ。「法律とは文学的な職業だとわたしは思います」、RBGはそう語る。「優れた法律家は法律を学問であると同時に、芸術ととらえるのです」

RBGのもとで働く調査官たちは、ふだんは最高裁に申し立てられる上訴に関する資料づくりをこなしつつ、意見書の最初の草稿をつくる仕事を割り振られる。彼らは無我夢中でRBGの好むワードを頭に叩き込む。「道を示すような（pathmarking）」、これは彼女がスウェーデンから取り入れた言葉だ。「〜なので」と理由を示したいときは、因果関係をはっきり示すため、結果を強調する「since」ではなく理由を強調する「because」を使うのが望ましい——。

彼女の元調査官でコロンビア大学ロースクールの学部長も務めたデイビッド・シザーは、いつだったか他の調査官の意見草稿をRBGが手直しした原稿を見たことがある。その原稿は段落丸々一つ分、すべての単語が線で消されて書き直されていた。——ただ一つの「the」を除いて。この「the」には丸印がつけられていた。その調査官いわく、おそらくは彼の気持ちを傷つけないためのRBGなりの配慮だったのだろう。

RBGは、たとえそれが公開されることのない読み原稿であっても、草稿の句読点を細かなところまで修正することで有名だった。調査官のあいだではまことしやかに、真偽不明のこんな噂話もささやかれていたほどだ。いわく、あるとき調査官のポストに応募してきた候補者の書類に誤字を見つけたRBGは、こう返信した。「誤字に気をつけて」。その候補者は面接にも進めなかったという——。ある開廷期末には、調査官一同からRBGにプレゼントが贈られた。それは、彼女特有のスタイルで一字一句修正されたメニュー表だった。

シザーは調査官時代に一度、RBGからすばらしい賛辞をもらったことがある。意見草稿を手渡したときのことだ。「今日はマーティーから夜に映画に行こうと誘われたのだけど、断ったのよ」と彼女は言った。おそらく、その日の夜いっぱいを草稿の手直しのために空けていたのだろう。「でも、すばらしい出来だわ。今夜は映画に行けそうです」

文法のことで細かく言われるのは、まだ序の口だった。法廷の判決は一般の人々の暮らしを左右します、それを忘れないように、とRBGは調査官たちに言い聞かせた。それに、多数意見を執筆するときは、負けた側に敬意を払うように、とも教えた。彼女の書く文章はまるでときに、物議をかもす文言はないかと目を光らせる人々に反抗しているみたいだ。

「わたしの文章は、一部の人にとっては味気なく思えるかもしれません」、二〇一二年に彼女はこう語っている。「たしかに、即座に注目されるようなものではないでしょう。でも、自分の書く文章に持続的なパワーがあることを、わたしは願っています」。彼女はよく、ラーニッド・ハンド判事の言葉を引用する（女性の前で言葉に気を遣いたくないからという理由で彼女を雇わなかった、あの判事だ）。「たとえ自分が優勢でも、対戦相手のチェスの駒を盤上から弾き落とすな」

「彼女は、法律が現実の人々の暮らしとどう交わるかという点について、鋭い感性をもっていました。それに、判決そのものだけでなく、その判決がどのような言葉で綴られるかも重要であることを知っていたのです」、元調査官のアリーサ・クラインは言う。「法廷に訴え敗訴した人たちに、『自分は負けたのだ』とだけ思わせるのではなく、『自分は公正に扱われた、判事の言うことを理解できた』と思って帰ってもらうことが重要なのです」。また、RBGは地方裁判所や控訴裁判所に対して礼を失することがないよう、「下級裁判所」という言葉は使わないようにとも教えていた。

そんな厳しいポリシーにもかかわらず、RBGの執務室は意見執筆が速いことで有名だった。「彼女の仕事の速さは、わたしたちのジョークの種でした。しかも彼女の仕事は、驚嘆するほどすばらしいのです」とケイガン判事は語っている。「わたしの中では、彼女はまさに完璧な司法の職人です。いっしょに過ごさせてもらう時間のたびに、何かを学ばせてもらっています」

調査官たちはときにブザーで呼び出され、RBGの聖域たるオフィスに足を踏み入れる。花崗岩の天板を備えたデスクには、かじり痕のついた鉛筆が散乱していることもしょっちゅうだ。大半の調査官は、一部で「いくら沈黙が降りようが気にしない」と称される彼女の対話スタイルを重々承知だった。それもすべては、彼女が文章を書くときと同じくらい、話す言葉を慎重に選んでいるがゆえだと彼らは知っている。リチャード・プリーマスは、あまりに沈黙が長いときに会話が終わったのかどうかを判断するため、「ゆっくり五つ数える」というルールを密かに決めていたそうだ。

「会話が途切れ、沈黙が流れているけれど、判事の言いたい用件がこれですべて終わりかどうかわからない、という場面がよくありました」。元調査官のポール・バーマンはそう述懐する。「そんなときは、ドアに向かってゆっくり後ずさりします。判事が何か話し出したら、すぐに元の位置に戻る。もし何も言わなければ、そのまま後退を続けてドアから出ていくんです」

世界のあるべき姿

デイビッド・ポストの履歴書には、いわくつきの空白の二年間があった。専業主夫として過ごした八〇年代の二年間だ。当時、彼の妻は世界銀行での仕事で出張が多かった。それでポストは、日中は家で子どもたちと過ごし、夜はジョージタウン大学のロースクールに通っていた。調査官職の応募書類にこのことをどう表現していいのかよくわからなかったし、実際にどんな言葉を使ったかも覚えていない。いずれにしろ、これがＲＢＧの目に留まった。

自分が育児に専念していたことについて、ポストは、「世界で初めてそれをした男ではなかったですが、それでもかなり珍しかった」と言う。当時の彼は、ＲＢＧのお気に入りの訴訟がスティーブン・ワイゼンフェルドの事案だとは知らなかった（ワイゼンフェルドは妻が亡くなる前から率先して育児に加わっている）。一九八六年秋からの任期でコロンビア特別区巡回区連邦控訴裁判所のギンズバーグ判事の調査官として採用されたころには、娘のサラはもうすぐ四歳、息子のサムはまだ赤ん坊だった。保育園へのお迎えのために外出しなければならないときもあるかもしれません、と彼はＲＢＧに伝えた。それにＲＢＧは、ポストが夕食の時間には帰宅しなければならないことに理解を示した。実際、彼女はそのことに感動さえしていた。

「わたしは思いました。『これこそわたしの夢見る、世界のあるべき姿だ。父親が子どもの育児について対等な責任を引き受ける――それこそ女性が真に解放されるときだ』と」、ＲＢＧは一九九三年、最高裁判所の部内紙でそう語っている。彼女は最高裁判事となった一年目、再び自分の調査官として働いてほしいとポストに依頼した。「親としての責務を果たしている男性、しかも、それを奇妙なことと考えない男性が本当にいると知って、とても嬉しかった。育児に時間を取られたら仕事で成功できないのではと恐れる男性や、家族が一番大事だなんて一人前の男とは思われないだろうと心配する男性にとって、デイビッドのような人々が模範となることを願っています」

のちにポストは、これが今までに経験した最良の転職だったと冗談を言った。「もちろん、誰にもこういった配慮をしてもらえないまま、仕事をしながら子育てをしなければならない女性もたくさんいるでしょう」と彼は言う。

少し前のこと、自分の経験をブログ記事で書いたところ、ポストはＲＢＧから手紙をもらった。

彼自身も忘れていた三〇年近く前のあることを指摘する手紙だった。オペラファンの判事は、採用時の論述サンプルでポストが取り上げたテーマが、ワグナーの『ニーベルングの指輪』と契約法だったことに喜んでいたのだ。ＲＢＧは本当に、何事も見落とさない。

「ルース・ギンズバーグは真のプロですよ」とポストは言う。彼の父親が死に瀕していたとき、判事が彼の両親に宛てて送ったメッセージのことを、ポストはけっして忘れないだろう。お二人は息子さんのことを誇りに思うべきです、とそこには書かれていた。

スーザンとデイビッド・ウィリアムズは、採用面接からコロンビア特別区巡回区連邦控訴裁判所でギンズバーグ判事の調査官として働き始めるまでの一八か月の間に結婚した。「仕事と家庭の両立に関するこの答えを、ギンズバーグ判事はたいそう喜んだ。そして少し調査をして、わたしたちがどうやら彼女の言葉を借りれば『連邦初』の、雇用開始前に結婚した調査官どうしになることを確認した」とウイリアムズ夫妻は書いている。

多くの調査官が、ＲＢＧから最初に言われることがある。それは、この仕事をするうえで一番重要な条件は、彼女の二人の秘書官を丁重に扱うことであるというお達しだ。「調査官のポストに応募して面接を受けに来た人のなかに、わたしの秘書たちを蔑《ないがし》ろにした応募者がいました。ハーバードでの成績はトップだったのですが……」とＲＢＧは回顧する。「秘書たちのことを、まるでお手伝いさん扱いだったのです。ですから、わたしの秘書たちにどう接するか、これはとても重要なことです。彼らはお手伝いではありません。わたしは調査官にこう言っています。『いざとなったら、わたしはあなたの仕事をやれる――でも、秘書なしでは仕事にならないのです』と」

調査官たちはオペラに誘われたり、ウォーターゲートの自宅でのディナーに招待されてマーティーの手料理を振る舞われたりした。それにRBGは、調査官たちの家庭生活を知ることを楽しんでいるようだ。彼らに子どもができると、彼女はいつも最高裁判所の印章の付いた「RBG〝孫〟調査官」Tシャツをプレゼントしている。

あるときRBGは、彼女の調査官のポール・バーマンが、退任したブラックマン判事の調査官と交際していたことを人づてに聞いて知った。バーマンは判事室のブザーで呼び出された。彼は自分が何かへまでもしたかと、不安にかられて電話を取ったことを覚えている。「あなたに裁判所で特別な友人がいたなんて知らなかったわ！」とRBGは優しく言った。「彼女をお茶に連れて来なくてはだめよ」。その二日後、RBGは自分の執務室の小さなテーブルにランチョンマットとティーセットを用意して、若いカップルと三〇分を過ごした。のちに彼女は二人の結婚式も執り行っている〔訳注：戸籍がないアメリカでは司式者が結婚証明書に署名することで結婚が認められる。結婚式の司式の資格は聖職者、判事、自治体職員などに与えられている〕。何人かの別の調査官のためにもやってきたことだった。

「式の最後の部分を、わたしはけっして忘れないでしょう」とバーマンは言う。「判事は『何々から与えられた権限により』の部分を、『合衆国憲法から与えられた権限により』と言ったのです。妻は『もし離婚したら憲法違反になるわね』といつもジョークを言ってきますよ」

RBGは、ときには調査官たちの悪ふざけに乗ってくることもある。アリート判事は就任して最初に開廷期の全日程を過ごした年、自分のところの調査官から、他の判事の調査官がつくっていたファンタジーベースボール〔訳注：実在の野球選手を選んでチームをつくり対戦する、ネット等で行われるシミュレーションゲーム」のリーグに参加するよう勧められた。アリート判事は自分のチームをつくってリーグに参戦した。「ギンズバーグ調査官チームがアリート判事のチームと対戦した週、我々はしっかりと彼を負かしました」、その年に調査官をしていたスコット・ハーショヴィッツはそう振り返る。ハーショヴィッツはその勝利を熱くRBGに報告し、勝利を誇るメモをアリート判事に送ったらどうかと提案した。

「ギンズバーグ判事は、正気かというようにわたしを見つめました」と彼は回想する。ハーショヴィッツは、大胆にもメモの草案をテーブル越しに滑らせてRBGに渡した。

RBGは、その紙に目を落とした。「で、何だったかしら、そのファンタジーベースボールというのは？」と尋ねながら、ペンを取り出して若干の修正を加える。できあがったメモには、ハーショヴィッツによれば、こう書かれていた。「親愛なるサム。わたしの知るところによれば、今週わたしの調査官たちがあなたのチームを一〇対〇のスコアで破ったそうですね。新任とはいえ、もう少し健闘を、と期待しています」

8

YOUR WORDS JUST HYPNOTIZE ME

“あなたのその言葉に夢中”

痛烈な反対意見

“いずれにせよ、希望は永遠に湧いてきます。
もし今日敗北しても、
明日はもっとよくなると希望をもてるのです。”

——RBG、2012年

RBGは反対者として抜きん出た存在になろうと思ったことは一度もない。彼女だって、できれば負けたくないのだから。「負け」というのは要するに、法廷の多数意見に異議を唱える側に回ることだ。もし反対者になっても、その尊厳を失うことなく、妥協に汚されずに立ち去ることだってできる。たとえばスカリア判事の書く反対意見は、まるで多数派にガソリンをぶちまけて、それからマッチで火をつけて、とどめに残った灰を足で踏みつけるみたいな感じだ。巧みな論理を展開して他の判事の意見を「無分別である」とか「まったくのナンセンスだ」と切り捨てるその論調は、喉の奥でくっくっと音を立てる彼特有のあの笑い声まで聞こえてくるようだ。

「間違ったものは破壊されなければならないと、わたしは思うんですよ」とスカリア判事は言う。でも、一方的にばか者扱いされたあとに相手の意見を受け入れようという人は――たぶん最高裁の判事ともなればなおさら――いないだろう。

とはいえ、ときには内々で相手を説得しようと試みるのは諦めなければならないときがくる。猛烈に怒って、その怒りをみんなに向けて示さなくてはならないときが。時代を超えて示されてきたそんな反対意見には、たとえば一八五七年の「ドレッド・スコット対サンフォード」裁判の例がある。この裁判では七人の判事が、アフリカ出身の人々は所有物であって市民にはなれないという判断を下した。それに、一八九六年の「プレッシー対ファーガソン」裁判。多数派の判事たちは「分離すれども平等」の主義のもと人種差別を支持した。どちらの事件でも、反対意見を執筆した判事たちは、もはや同僚判事に向かって語るのをやめ、大衆に向かって語りだしている。未来のいつの日か、自分たちの意見の正しさが証明されることを願って。

反対者としてのRBGを強く印象づけるきっかけとなった裁判について、彼女はあまり語りたがらない。実際、「ブッシュ対ゴア」裁判を喜んで語りたがる判事は少ないだろう。シュールで苦いその裁判は、アメリカ大統領選挙の命運を彼ら判事の手にゆだねるものだった〔訳注：まれにみる接戦となったブッシュ対ゴアの二〇〇〇年大統領選挙において、勝敗の行方を左右するフロリダ州での両者の得票数が一七八四票差と僅差だったため、ゴア陣営は票の数え直しを要求。これに対しリードしていたブッシュ陣営は再集計の差し止めを訴え、以降、両陣営による訴訟合戦が一か月近く続いた〕。「この裁判はまるでサーカスだと言われますが、それは規律あるサーカスに対する侮辱です」と、テキサス州知事だった大統領候補ジョージ・W・ブッシュの代理人セオドア・オルソンは憤る。それも、ブッシュ陣営は勝者側だというのにだ。どたばたの失態が最高潮を迎えた二〇〇〇年一二月一二日、連邦最高裁は問題となっていたフロリダ州の票数再集計を差し止め、実質的にブッシュを大統領に当選させる判決を下す。

このとき連邦最高裁には、フロリダ州の再集計には介入せず州の最高裁に判断をゆだねるという選択もできたはずだ。RBGは当時この意見を主張している。けれど結局そうはならず、最高裁は二度の上訴のどちらについても拙速な判断を下すことになる。すべてがかかった二度目の判決では、九人の判事が六件の意見を出すという異例の事態となった。当時誰もが真剣に向き合おうとしなかった（そしてその後も、そういう人は少ない）議論を経て、ケネディ判事とオコナー判事が参加した多数意見は、フロリダ州の再集計が憲法修正第一四条の平等保護条項に違反しているというものだった。再集計は「ある一人の票を別の一人の票よりも重く評価する」ものと考えられると判断された。かつて学校での人種差別を撤廃するために用いられた憲法の文言が、今度は民主主義を封じるために用いられたのだ。

反対意見は四つあった。RBGの反対意見は冷静で専門的な論調に徹していた。「連邦裁判所は、州の法律については州最高裁判所の解釈に従う」と彼女は書いている。「この原則は連邦主義の根幹をなすもので、これは誰もが認めるところである」。よくよく読めば、彼女の意見はとてもマイルドに、こう示唆していた。多数派は、共和党にとって都合の良いときだけ州の権利を守る姿勢を手放そうとする、傲慢な偽善者だ――。

この裁判について書かれたジェフリー・トゥービンの著書『Too Close to Call』によれば、RBGの反対意見は当初はもう少し上品さに欠けるものだったようだ。当初の草稿には、フロリダ州の黒人有権者への抑圧という、正真正銘の平等保護違反の可能性を示唆する脚注が含まれていたという。封筒に入れて封をした、ギンズバーグのみ開封可能な親展という形で渡されたそのメモの中で、スカリアは彼女のことを『我々の巣を汚した』『アル・シャープトン〔訳注：過激な手法で知られる黒人運動指導者〕のような戦略を使っている』と非難した」。最終版の反対意見では、その脚注は姿を消していた。

そんなことがあっても、RBGは多くを語らず前を向こうとしていた。のちに彼女は、自身が遠回しに「連邦最高裁をめぐる一二月の嵐」と呼ぶ当時の出来事について、あれはつかの間の疫病のようなものだったと語っている。「あの日の対立がどうであれ――」RBGは言う。「いまは再び力を合わせて、『わたしたちは全員が、この機関を自分たち自身のエゴよりも尊重しているのだ』と示すべきときです」

RBGは、正当な理由なく自分が注目を浴びることにはあまり関心がない。だからこそ、そんな彼女がのろしを上げたなら、それは相当良くないことが起こっている証拠なのだ。

法廷でたった独りの女性に

二〇〇五年の悲しい三か月のあいだに、RBGはまず友人のサンドラ・デイ・オコナーを最高裁の同僚として失った。そしてその後、のちのちまで親しみを込めて「わたしの首席」と呼ぶことになる判事を、永遠に失うことになる。オコナーは七月、七五歳というまだ比較的若い年齢で引退を表明した。アルツハイマー病と診断された夫とより多くの時間を過ごしたいからというのが、引退の理由だった。その後の九月三日、レンキスト首席判事ががんで逝去する。次の開廷期を直前に控えた時期だった。

こうしてジョージ・W・ブッシュ大統領は、二つの空席を埋めることになった。彼は当初オコナー判事の後任に指名していた五〇歳のジョン・G・ロバーツを、首席判事への指名にすばやく切り替える。けれど、オコナー判事の後任選びにはもう少し時間がかかった。ハリエット・マイヤーズ大統領法律顧問を指名したものの、資質に欠けると広く批判があったため慌てて撤回し、結局、連邦控訴裁判所のサミュエル・アリート判事を指名する。

こうしてRBGは突然、着々と右傾化していく法廷の一員となってしまった。それは保守派が何十年もかけて目指してきた勝利だった。これまで共和党の大統領が指名したスティーブンス判事やスーター判事やオコナー判事が中道派の判事になっていくのを見て、彼ら保守派は歯嚙みしていた。でも今回のブッシュの指名で、一九六〇〜七〇年代に進んでしまった「法廷の行き過ぎ」を正そうという保守活動家のもくろみは、再び軌道に乗り出したのだ。

RBGは再び男性ばかりの環境に押し込められることになった。二〇〇六年秋の開廷期が始まったところ、テレビの報道記者マイク・ウォラスが彼女に過去の発言について尋ねた。「あなたは指名承認公聴会のとき、法廷で今後もう三、四人、できればもっと多くの女性たちとともに働けるものと期待している、と言いましたね。その女性たちはどこです?」、彼は尋ねた。

「悲しいことに、彼女たちはここにはいません」、RBGはそっけなく答えた。「なぜなら、大統領が女性を指名せず、上院が女性を承認しないからです。政治のリーダーたちに訊いてください。なぜ女性が選ばれないのかとね」

《ニューヨーク・タイムズ》紙のリンダ・グリーンハウスに質問されたときも、彼女は同じような答えを返している。この開廷期、最高裁の女性調査官の数が数十年ぶりに一桁に落ちたが、この事実についてどう思うかと尋ねられたときだ。三七人の調査官のうち女性はたったの七人で、そのうち二人はRBGのもとで働いている。女性を雇っていない判事たちに訊いてみてください、とRBGは答えた。アリート判事、スーター判事、スカリア判事、トーマス判事の四人のことだ。

彼女の示すメッセージは明確だった。女性を代表する職を、たった一人の女性が担っているようではいけない、彼女はそう訴えたのだ。法廷でただ一人の女性になってしまったRBGの頭には、かつてロースクールで「奇妙で変わった」存在だったころの記憶が甦ってきた。歴史は本来逆戻りはしないはずだ。なのに女性は再び、高位のポストに「たまに現れては好奇の目で見られる、ふつうではない存在」に戻ってしまった。それはすべての女性にマイナスの影響をおよぼす。女の子たちは法廷に立つ自分の姿など想像できなくなるし、女性のなかでの違いも覆い隠されてしまうからだ。

RBGは二〇〇七年一月のインタビューで、オコナー判事と自分がともに法廷にいたことは大きな意味があったと語っている。人々は二人を見て、「ここに女性が二人いる。見た目も違うし、裁判での判断のしかたも違うけれど、二人女性がいるんだ」と思えるからだ。さらに続けて、彼女はつねになく弱いところをみせて（もしかしたら、それは鋭い強さだったのかもしれない）、こう言った。「法廷におけるいまの自分を表現する言葉は――『独りぼっち』です」

哀れでちっぽけな女性

最高裁の判事となった一九九三年、RBGは中絶に関して、それまでになく明るい展望を抱いていた。その前年の「プランド・ペアレントフッド対ケイシー」裁判で、彼女の未来の同僚となる判事たちは、「ロー対ウェイド」裁判で認められた中絶権の中核部分を再び認めている。RBGはその判決に完全に満足ではなかったし、この判決が課した制約は貧しい女性にとって重荷になると考えていた。

それでも、もっと悪い判決が下る可能性だってあったのだ。それにケイシー裁判は女性の権利を明確に認め、その平等を次のように宣言していた。「女性が合衆国の経済および社会的生活に平等に参加する能力は、自身の生殖生活をコントロールする能力によって後押しされる」

RBGは一九九三年当時、中絶をめぐる論争はじきに科学技術の領分になるだろうと考えていた。妊娠初期に自然に中絶を誘発する新薬のピルが承認されたからだ。「わたしは、科学がこの決断を女性の手にゆだねてくれるだろうという考えをますます強めています」、あるインタビューでRBGはそう語っている。「この問題に法律が占める割合はしだいに低くなるでしょう」

ところが、必ずしもそうはならなかった。中絶をめぐるほぼすべてのことがそうであるように、この新薬をめぐっても、それを必要とする女性の手に届くのを阻む複雑な規制要件が迷宮のように張り巡らされた。保守派は中絶を全面禁止はできなかったものの、一見害のなさそうな規制を一度に少しずつ設けることで、中絶を困難にするという道をみいだしたのだ。そういった手段を可能にしたのは、おそらくケイシー判決だった。この判決では、中絶を選択する女性の権利に「過度な負担」とならないかぎり、州は中絶を規制できるとされていたからだ。法律はいまだに、この問題において大きな割合を占めていた。

RBGが判事に指名されてから三年のうちに、クリントン大統領は悲劇的な経緯で妊娠した女性たちに囲まれて、「部分分娩中絶禁止法」の法案に対して拒否権を発動すると宣言する。この法案は大衆扇動的なものに他ならなかった。法案が禁じる「部分分娩中絶」は、一部の医者が用いる中絶手法で、大半の中絶手術に比べてかなり妊娠後期になっての施術で用いられる、あまり使われない手法だ。この手法を禁止しても、実際の中絶件数にそこまで違いは出ないだろうと思われた。それでも、手法説明のための残酷な画像をアメリカ国民に突きつけたその法案は、反中絶の流れを生み出す土台となる可能性があった。

大統領の拒否権発動により連邦レベルでの動きを封じられた保守派は、同調的な州で同様の「部分分娩中絶禁止法」を通過させようと試みる。医師たちは憲法違反だとしてこれに異議を申し立てた。「この特定手法の禁止が実際のところ何であれ、それが女性の健康を守るための法律とは言えないことはたしかです」、ネブラスカ州の医師の申し立てによる「ステンバーグ対カーハート」裁判でRBGはそう述べている。

実際に判事の多数が、この法律は女性の安全をむしろ脅かしていると判断した。「州は中絶の手法を制限するにあたり、女性の健康を促進することはあっても、それを脅かすことは許されない」、ブライヤー判事が執筆し、オコナー判事やスーター判事も加わった多数意見はそう論じ、ネブラスカ州の部分分娩中絶禁止法を無効としている。RBGは個別に判事意見を書き、この法律はそれ自体が無意味であるとしたうえで、その実態はロー判決をくつがえそうという長期的な戦略であると指摘した。一方、この中絶手法をグロテスクだと感じたケネディ判事は激しい反対意見を執筆している。

ところが二〇〇三年、ブッシュ大統領が「部分分娩中絶」を禁止する新たな連邦法に誇らしげに署名したことで、すべては白紙に戻ってしまった。最高裁がこの考えを否定したときと比べて、法律そのものも医学的知見も何も変わっていない。変わったのは法廷と大統領だった。一九九二年のケイシー裁判のときは、中絶の際に夫への通知を義務としたペンシルベニア州の法律は伝統的な男性優位を固定化するもので、配偶者に虐待されている女性を危険にさらすという意見で判事の過半数が一致していた。でもこのとき、配偶者への通知について検討した四人の下級裁判所判事のうちでただ一人、これを合憲と判断した判事がいた。当時、連邦控訴裁判所にいたサミュエル・アリート判事だ。

「部分分娩中絶」禁止の連邦法への異議が最高裁に申し立てられた二〇〇七年には、それまで浮動票的存在だったオコナー判事はすでに引退していて、もう一人の浮動票だったケネディ判事が多くの判決を左右していた。そして、彼はこのときもまだ、この特殊な中絶手法に怒りを覚えていた。

RBGは、この法律によって女性の健康が向上するわけでも胎児の命が守られるわけでもないと訴えた。一方、ケネディ判事はそうではないと考えた。「ゴンザレス対カーハート」裁判で彼が執筆した多数意見の中で、ケネディ判事は反中絶派が推進する中絶規制に新たな言い訳を与えることになる。規制は移り気な女性たちを彼女自身の決断から守り、嘘をつくかもしれない医師たちから守る、というのだ。

「この現象を測る信頼に足るデータはないものの——」、ケネディ判事は多数意見の中でこう書いている。「自らが創造し育んできた胎児を中絶するという選択を、後悔するようになる女性が一部にいるというのは、まったくあり得る結論のように思われる。このような女性は、深刻なうつ状態と自尊心の喪失に苦しむ可能性がある」。すべての妊娠後期中絶とまでは言わずとも、この特定の中絶手法を禁止することは、女性たちに中絶を思いとどまらせることにもつながる可能性がある、とケネディ判事は述べた。

弁護士でジャーナリストのダリア・リトウィックはウェブマガジン《スレート》の記事でこう書いている。「ケネディ判事の意見は、次のような前提のうえに展開されている。すなわち、もしすべての女性がこの中絶手法の根本的な恐ろしさについて彼と同じくらい敏感であれば、誰もがこの手術を受けることを拒否するだろう。でも女性全員がそこまで敏感ではないので、彼が女性たちに代わって判断してあげよう、という前提だ」

ケネディ判事の意見は、RBGへの侮辱に他ならなかった。RBGはこれまで、女性は自らの運命を自力で描くことができる、じゅうぶんかつ対等な力をもった存在だと法に認めさせるために闘ってきた。彼の意見はそれをむしばむものだ。RBGののちの表現を借りれば、それは「自分の選択を後悔する、哀れでちっぽけな女性」というイメージの上に成り立っていた。RBGは法廷で自身の反対意見を総括し、こう指摘した。

ケネディ判事はこれまで中絶や同性愛者の権利をめぐって、「我々の義務はすべての人にとっての自由を定義することで、我々自身の道徳規範を押しつけることではない」と主張してきたではないか――。さらに彼女は、同僚との和を大切にするといういつものルールを破って、冷徹にこう述べた。「最高裁の構成は、我々が最後に中絶規制について考えたときとは違う」。それは、けっして遠回しとは言えない、アリート判事に対する言及だった。

どうやら、長い開廷期になりそうだった。

女性はやっぱりつまはじき

郵便受けに匿名のメモが入っているのを見つけたとき、リリー・レッドベターには何の心の準備もできていなかった。彼女はもう数十年、グッドイヤー・タイヤ社の工場に勤めてきた。メモの差出人は、以前に「家では女に命令されても、会社で女に指図は受けない」と書いてきた男性ではない。会社の査定を上げてほしければホテルで会おうと言ってきた上司でもなかった。破った紙きれに同社のタイヤ部門マネージャーの給与が書かれたそのメモを、いったい誰が郵便受けに入れたのか、彼女は結局最後まで知らずに終わることになる。メモからわかったのは、他の男性マネージャーが彼女よりおよそ一万五〇〇〇ドル高い給与をもらっているということだった。そこでレッドベターは、裁判所に訴えることにした。

レッドベターは最高裁のコリント式の柱をじっとにらみつけた。ここにくるまでに連邦控訴裁では、「本件は違法行為が行われてから一八〇日以内に訴えなければならず、訴えるのが遅すぎた」という判決を下されていた。レッドベターの弁護士は、給与が支払われるたびに差別行為は行われており、したがって日数はリセットされると反論した。

最高裁での口頭弁論のとき、レッドベターはＲＢＧの姿を目にしていた。法廷の判事席に、男性判事に囲まれてぽつんと座る彼女の姿を。「わたしと彼女は年齢も同じくらい。それに彼女もわたしと同じく、男だけの職場に初の女性として入っていった」、レッドベターはのちにそう書いている。「わたしが工場の現場にいたころ、彼女はアメリカ司法システムの神聖な廊下を歩んでいたのかもしれない。でも、ネクタイ姿だろうとジーンズ姿だろうと、男性の行動は似たようなものじゃないかとわたしは想像した」

不運なことに、多数意見を執筆したのは、オコナーの後任で企業びいきのアリート判事だった。彼は意見の中で、レッドベターは「申し立てられているところの差別的な雇用条件が決定され、彼女に通知されてから一八〇日以内に」差別の申し立てを行わなければいけなかった、と事務的かつ不愛想に書いている。

RBGが読み上げた反対意見からは、彼女もまたレッドベターに似たような親近感を抱いていたことが伝わってきた。「彼女の経験は、この年代の働く女性のほぼ誰もが経験してきたことです。わたしもそうでした」とRBGはのちに語っている。「それまで男性がしていた仕事に、初めて女性が入ってくる。彼女は仕事を得ますが、あらゆる種類の反感をぶつけられます。でも、ことを荒立てたくなくて黙っているのです」

けれど、いまのRBGは、ことを荒立てるにはじゅうぶんな確固たる地位を築いていた。

ロバーツ首席判事の就任からわずか二年足らずで、合意を目指す傾向が強くなるだろうと思われた法廷は深刻に分断されていた。ロバーツ自身は二〇〇六年から二〇〇七年にかけてのこの開廷期に、選挙資金の上限を撤廃する取り組みと、人種差別の救済のために設けられた法律を「それ自体が人種差別的だ」と非難するという行動で注目されることになる。ある学校の差別撤廃計画を無効とした多数意見の中で、彼はこう宣言した。「人種にもとづく差別を止めるには、人種にもとづく優遇を止めることだ」。RBGはどちらの裁判でも反対意見に加わっている。

RBGはそれまでの判事生活で初めて、一開廷期中に二つの反対意見を法廷で読み上げた。カーハート裁判とレッドベター裁判の二つだ。これによって、人々もしだいに気づきはじめた。社会学者のシンシア・フックス・エプスタインは《ニューヨーク・タイムズ》紙にこう語っている。「彼女はつねに、ある種、白い手袋をはめた上品な女性とみられてきました。その路線で大きな成功も収めてきた。しかしいま、自分が長らく懸命に闘ってきた基本的問題が危機に陥っているのを目の当たりにして、彼女は法廷の慣習に縛られることなく動き出したのです」。この記事には「最高裁ギンズバーグ判事、反対意見を通じて感情を吐露」と見出しが付けられていた。見出しを見たマーティーがびっくりしていました、とRBGはジョークを言う。

法廷の調和を乱したことを、RBGは謝ろうとはしなかった。開廷期の終わりのスピーチでは、こう警告している。「重要なものがかかった状況で法廷が誤った方向に向かっていると判断したときは、わたしは引き続き、反対の意思を声に出して吐露していくつもりです」。少なくとも比喩的に言うなら、手袋は投げ捨てられたのだ。

男性たちは「一三歳の女の子」だったことがない

リリー・レッドベターの物語はそこで終わりじゃなかった。ＲＢＧは議会に対してこの問題に取り組むようにと求めたものの、実現までには忍耐が必要だった。差別を禁じる法律に多数意見が与えたダメージを打ち消すために設けられた法案は、二〇〇八年に共和党多数の上院で否決されてしまう。そのうえ、ブッシュ大統領も拒否権発動の意思を示していた。

だが、バラク・オバマの大統領就任によって状況は一変した。就任からわずか一〇日後、オバマ大統領は、真っ赤な服を着てほほ笑むレッドベターの前で「リリー・レッドベター公正賃金法」に署名する。ＲＢＧはこの法律文の写しを額に入れて壁に飾った。政府の各部門が対話をしていくという彼女の理想が、現実となったのだ。

それでも、ＲＢＧが法廷で唯一の女性であることに変わりはなかった。それはイデオロギーも超える苦闘だった。その年の春、最高裁法廷ではある事件の口頭弁論が開かれていた。アリゾナ州の一三歳の女子生徒サバナ・レディングが学校で裸にされて持ち物検査を受けた事案だ。別の生徒が学校に、レディングから処方容量のイブプロフェンをもらったと訴えたためだった。

最高裁には、子どもを裸にしての持ち物検査が憲法に違反しているかどうかの判断が求められていた。ところが、口頭弁論が開かれたその日の午前、男性の判事たちは（少なくとも一人のリベラル派も含めてだ)、なぜそれがそんなに悪いことなのか理解に苦しんでいた。「パンツ一丁になりなさいと言うことの何がそこまで問題なのか、理解できません。体育の授業の前には、着替えるときに下着以外は裸になるじゃありませんか」とブライヤー判事は頭をひねった。「わたしが八歳や一〇歳や一二歳のころには、一日一回は裸になっていました。体育の着替えのためにですよ？　それに、ときにはパンツに何かを突っ込まれたりもしたものです」。ここで法廷に苦笑いが起きる。トーマス判事など誰よりも高らかに声を上げて笑っていた。

ブライヤー判事は、「いや、わたしのパンツではなかったかもしれませんが、まあとにかく」となんとか取り繕おうとしたが、この時点でもう法廷は騒然としていた。「わたしがやったんだったかな、とにかく、それが人として耐えがたい経験だとは思いません」

レディングはRBGの孫のクララと同じくらいの歳だ。RBGは黙っていられなかった。「下着一枚にしただけではありません。学校側は彼女に、ブラを揺らして中に隠しているものを出せと言ったのです、揺らしてですよ。それに、パンツの中央を引っぱって揺らして、中のものを出せとも言いました」

それから数週間後、デイビッド・スーター判事が引退を表明したとき、RBGは法廷の慣習を破って、まだ公式には判決が出ていなかったこの件に触れている。彼女は《USAトゥデイ》紙に対して、口頭弁論でのあの法廷の失態は「わたしに言わせれば、レッドベター裁判の再来のようでした」と語った。それはつまり、法廷の男性たちが、女性の日々の現実から完全に乖離《かいり》しているということだ。「彼らは一三歳の女の子だったことがないのです」、RBGは他の判事たちをそう評した。

「この年ごろは女子にとって、とても微妙な時期です。そのあたりをわたしの同僚が――彼らの一部が――きちんと理解しているようには思えませんでした」

彼らはサバナ・レディングを理解していなかったし、ルース・ベイダー・ギンズバーグの言うことに耳を貸そうともしなかった。「一九六〇年代や七〇年代のミーティングで、数えきれないほどあったことです。たとえば、わたしが何か自分としては良い考えだと思うことを発言したとします」、RBGは言う。「すると、ほかの誰かがわたしとまったく同じことを言う。そこでやっと周囲の人はその意見に注目し、反応を返しだすのです」

驚くべきことに、同僚との和をあれだけ大切にしてきた彼女が、いまや公の場で、同僚たちのことを悪しき旧時代のくり返しだと批判したのだ。「同じことが最高裁の会議の場でも起こり得ます」と彼女は続ける。「わたしが何かそう的外れではない発言をしても、別の誰かが同じことを発言するまで、他の判事たちはその意見に聞く耳をもたないでしょう」

でも今回は、男たちはRBGの言うことを聞くこととなった。二〇〇九年五月二六日、オバマ大統領は女性判事のソトマイヨールを指名する。そして六月二五日、最高裁は全会一致で、レディングが受けた裸での持ち物検査を憲法違反とする判決を下したのだ。

「人は生きているかぎり学ぶことができます」、RBGはのちにインタビューでわたしにこう語ってくれた。「人の話に耳を傾けることは大切です。そういうわけで、あの事件があのような結末を迎えたのは喜ばしいことでした」

吹き荒れる暴風雨の中で

二〇〇六年、共和党と民主党は党派の垣根を越えて、「制定から四〇年以上を経てもなお、投票権法はマイノリティの人々を選挙権のはく奪から守るうえで必要である」と宣言した。一九六五年に制定された同法は、上院では全会一致で、下院では賛成三九〇対反対三三で再承認され、ブッシュ大統領の署名によりあらためて法として成立する。けれどこの合意の裏では、保守派の反乱がふつふつと沸き立っていた。

その数十年前、レーガン政権の若き弁護士だったジョン・ロバーツは、あるメモの作成者に名を連ねている。そのメモは、同法を修正するにあたって有権者抑圧の事象を「あまり簡単に証明できないような形」にすべきだと論じている。理由は「それらが考えうるかぎり最もわずらわしい種類の介入の土台となるから」だった。どうやら若きロバーツには、投票を妨げられる「わずらわしさ」のほうは想像できなかったようだ。

二〇一三年二月二七日、投票権法をめぐって争われた「シェルビー郡対ホルダー」裁判の口頭弁論で、スカリア判事はこの法律が議会でここまで広く賛同を得た理由をこう論じてみせた。「わたしが思うに、これはおおいに、人種的権利の固定化という現象によるところが大きい」とスカリアは述べた。「これまでも言われてきたことです。人種的権利を社会が一度受け入れてしまえば、通常の政治プロセスを通じてそこから抜け出すのは非常に難しくなります」

つまり彼は、黒人が力ずくで政権をコントロールしていて、それなのに哀れな政治家たちは人種差別主義者扱いされるのが怖くて何もできない、とほのめかしたわけだ。したがって、法廷が彼らを救わなくてはならない――。最高裁の弁護士用ラウンジでは、議論を見守っていた人々が音を立てて息をのんだ。

保守派は、選挙で選ばれていない判事が独裁をしているとたびたび吹聴してきたが、シェルビー郡裁判では、まさに選挙で選ばれた議員の判断を判事が覆すことになった。最高裁は、人々の投票を確実に保障するために設けられた投票権法の中核部分を無効とする判決を下したのだ。「法廷は保守的だと評されますが、もし議会によって可決された法律を無効とする用意があることを改革主義とするなら、いまの法廷はその点では最も改革的な法廷の一つとして歴史に名を残すことになるでしょう」、RBGは《ニューヨーク・タイムズ》紙にそう語っている。

彼女の不吉な予言は現実のものとなった。シェルビー郡裁判から一年のうちに、各州はこぞって投票を難しくする大量の法改正を打ち出してきた。それらは、有色人種や貧困層の人々に特に大きな影響をおよぼすものだった。「わたしたちはいま、濡れていないからといって差していた傘を下ろそうとしています」とRBGは指摘した。「傘の外は暴風雨だというのに」

世間がすっかり「ギンズバーグ判事、反対意見を提出」というフレーズを目にするのに慣れてしまった、二〇一四年六月。共和党大統領に指名された五人の判事が、ある判決を下す。この判決は、企業には宗教的良心があるとするだけでなく、企業はその良心に従って社員の避妊に関する費用を保険負担から外してもよいとするものだった。それは別に大したことではない、「バーウェル対ホビー・ロビー・ストア社」裁判の多数意見は実質そう述べている。女性にまつわるちょっとした問題だ、というわけだ。

判決から一週間後、ニュースキャスターのケイティ・クーリックはRBGにこう質問している。「五人の男性判事は、自身が下した判決の帰結について本当に理解しているとお思いですか?」。RBGはこう答えた。「理解していないと言わざるを得ません」。男性として彼らに「盲点」があると思うか、とクーリックはさらに切り込んだ。RBGは、たしかにある、と答える。「女性が自分の運命を自分でコントロールするために、避妊による保護はすべての女性にとって手が届くものでなければなりません」とRBGは言った。「ホビー・ロビー・ストアの雇用主の信仰心を、わたしはたしかに尊重します。しかし一方で、自社で働く、彼らと同じ信仰をもっていない何百人もの従業員に、その信仰を押しつける憲法上の権利は彼らにはないのです」

ホビー・ロビー・ストア裁判でRBGが出した反対意見の中でも最も有名な一文は、彼女の他の痛烈な反対意見の数々にも当てはまるものだった。「法廷は地雷原に足を踏み入れてしまったのではないかと、わたしは危惧している」、彼女はそう書いたのだった。

RBGの反対意見抜粋①

「ゴンザレス対カーハート」裁判

ケイシー判決が内包するとおり、妊娠中絶制限を争う訴訟において問題とされているのは、「自分の運命を女性自身がコントロールすること」である。女性は「**家庭と家庭生活の中心であって、憲法の下での完全かつ独立した法的地位から除外されるだけの特別な責任を有するものとみなされる**」とされた時代は「そう遠い昔」のことではない。

当裁判所は、これらの考えが「もはや家族、個人あるいは憲法についての我々の理解と両立しない」とケイシー判決で明らかにした。女性が「我が国の経済および社会的生活に平等に参加する」才能、能力および権利を有するということは、現在では認知されている。**女性にとって自身のもつ潜在力を完全に引**

ケネディ判事、オコナー判事、スーター判事が共同で執筆した一九九二年の「プランド・ペアレントフッド対ケイシー」判決は、胎児が子宮外で生存可能になる前に妊娠を終わらせる女性の権利を確認したものの、女性への「過度な負担」にならないかぎり州に中絶の制限を認めるものだった。

この引用は、女性の陪審参加免除をめぐる一九六一年の「ホイト対フロリダ州」判決から。女性の権利プロジェクト時代、性差別を含む法律として例の「標的リスト」に載っていた事案の一つだ。

ここでRBGは鋭く、ケネディ判事にケイシー判決で自身が署名した文言を思い出させている。このときの判決から遠のいているのではないかという指摘だ。

き出すという能力は、「自身の生殖生活をコントロールする能力」と密接に関係していることを当裁判所は認めた。このように、妊娠中絶手続きの不当な制限に対する法的な異議申立ては、一般的なプライバシー権を守ろうとするものではない。**むしろ、その訴えの中心にあるのは、女性が自分の人生の進路を自分で決めるための自立性なのである。**

結局のところ、裁判所は「道徳上の懸念」が作用していることを認めている。これは、あらゆる妊娠中絶の禁止をもたらす可能性のある懸念である。表明された懸念は明らかに、生命の保護における政府の利益に真に資する根拠とは無関係である。基本的権利を蹂躙《じゅうりん》したそのような懸念に裁判のゆくえをゆだねることは、当裁判所が過去に出した判例を汚すものである。

ここでわかるのは、当裁判所が明らかに、なんら確かな証拠も有していない妊娠中絶反対派の信条を援用していることだ。それはすなわち、**「妊娠中絶した女性はその選択を悔やむようになり、必然的に、深刻なうつ病と自尊心の喪失に苦しむ」という考えである。**女性の不安定な感情状態と「母親が自分の子に抱く愛情」ゆえに、医師がインタクトD&E（拡張抽出）手術

RBGにとって、妊娠中絶権は女性の平等にかかわるものであって、「プライバシー」にかかわるものではない。裁判所も徐々にこの考えを認めはじめていた。彼女のその考えが最高裁の意見において最も直接的に、かつ永続的な力をもった形で宣言されたのが、この箇所。

多数の支持を得られずにいた中絶反対派は、中絶制限を単に胎児ではなく女性を保護するものとして正当化しはじめた。ケネディ判事の執筆した多数意見は、この新たな主張の影響を受けたものだ。

に関する本質的情報を与えずにおくかもしれない、と裁判所は心配する。しかし、これに対して裁判所が承認する解決策は、異なる手術法とそれに付随する危険を正確かつ適切に女性に伝えるよう医師に要求することではない。そのような解決の代わりに、裁判所は、ときには本人の安全すら犠牲にしても、自主的な選択をする権利を女性から奪おうというのである。

こうした考え方は、家庭と憲法における女性の立ち位置をめぐる大昔のイメージを反映したものである。このようなイメージは、もうだいぶ以前から受け入れられなくなっている。

本日の多数意見は、この問題についての女性の感情は「自明のもの」と見ているようだが、当裁判所は、「女性の運命は本人の精神的責務および社会における位置についての自身の考え（……）に基づいて形成されなければならない」とくり返し確認してきた。

（……）要するに、部分分娩中絶禁止法はなんらかの正当な政府の利益を促進するという見解は、率直に言って、不合理である。当裁判所によるこの法律の支持は、納得のいく説明をなんら提示していない。**率直に言えば、この法律、そして当裁判所**

ここでRBGは、「女性を保護するため」という中絶禁止派の理論に反論している。この手の理論は、女性の意思決定能力と社会での役割に対するステレオタイプそのものであり、それを助長するものだとRBGは述べている。こうした偏見は最高裁が数々の性差別訴訟で違憲と判断している（その一部ではRBG自身も弁論を張った）。それなのに、ここにきて女性は再び「その可愛い頭を悩ます必要はない、これはおまえたちのためなんだ」と言われているのだ。

によるその支持は、当裁判所が何度もくり返し宣言してきた権利――それが女性の生活の中心であるとの理解も高まってきた――を徐々に削いでいこうとする試み以外の何ものでもないと理解される。

RBGの目を欺くことはできない。反対派がいわゆる部分分娩中絶を標的にする真の目的は、最終的には裁判所が保護するあらゆる中絶を追及することにあると、RBGは見抜いているのだ。

RBGの口頭での反対意見抜粋

「レッドベター対グッドイヤー・タイヤ＆ラバー社」裁判

我々の見解では、**裁判所は女性が狡猾な方法で賃金差別にあってきたことを理解していないか、そのことに無関心である。**

本日の判決はこう推奨したも同然だ。**「賃金格差が生じだしたら、それが差別にあたるかどうか不明であってもすぐに訴えること」**。だが実際、実質的に自分と同様の仕事をしている男性が自分より多くの賃金をもらっていることが最初からわかるとはかぎらない。

当然ながら、そのような中途半端な状態で裁判に挑んでも負ける可能性が高いだろう。

ところが、賃金格差が大きくなり差別がなされていることが

RBGは、このとき在任していた唯一の女性判事であり、実世界において女性であること、男性中心の職場で働くこと——リリー・レッドベターがグッドイヤー・タイヤ&ラバー社で、ルース・ベイダー・ギンズバーグが法曹界でそのキャリアを通じて働いてきたように——がどんなものか、あなた方はまったくわかっていないと他の男性判事たちに伝えようとしている。

「連邦裁判所で扱う公民権訴訟の数はもっと減ることが望ましい」とつねづね公言してきた最高裁がこういうことを言うとは、という皮肉。

そういった訴訟の末路についての、より現実的な話。差別の最初の事例が発生するやいなや誰かを訴えて成功することは不可能に近い。

確実になって、裁判に勝てる見込みが出てきた段になって訴えても、申し立て期限が過ぎているという理由で裁判所に却下されてしまう。**このような状況**は、連邦議会がタイトル・セブンで人種、皮膚の色、宗教、性別または出身にもとづく雇用差別を禁じたときに意図していたものではないはずだ。

（……）**タイトル・セブン、すなわち公民権法第七編は現実の雇用慣行を規律しようとするものだが、裁判所は本日まさにその現実を無視してしまった。**

他者との賃金比較は、通常、被雇用者には知らされない情報である。**それどころか、そうした情報は被雇用者には隠されることも多い。たとえ賃金格差に気づいたとしても、当初のわずかな差異であれば、連邦裁判所に訴えようとは考えないだろう。**

特にレッドベターのように、**自分が雇用される前は男性のみという男性中心の職場で成功しようとすれば、波風を立てたくないと思うのは当然であろうと理解できる。**

（……）**レッドベターが当初雇用主に有利となる条件を承諾していたという理由で、その後、性別にもとづく格差をはらむ賃**

タイトル・セブンは一九六四年公民権法第七編のこと。この板挟みの状況では、事実上誰も雇用差別に勝訴できないことになる。

賃金格差はレッドベターの例のように、少しずつ発生することが多い。時を経て初めて、これは差別ではと疑うべき強い根拠が出てくる。

賃金平等という点で、これは雇用主側の大きな強みだ。もしこうした差別を禁じる法律があって、賃金比較情報が公開されたり、少なくとも被雇用者本人に通知されるようになったら、世界がどれだけ変わるか想像してみてほしい。

リリー・レッドベターはこう書いている。「ギンズバーグ判事はまさにずばりと言ってくれた。（……）職場の同僚たちに、あなたはいくらもらっているのかと聞いて回れるわけがない。さらに、自分より少し多くもらっている人がいたと知っても、それでただちに差別だとは言えないだろう。特にわたしのように男性中心の工場で唯一の女性、というような職場にいる人は、むやみに波風を立てたいとは思わない。職場になじんで、うまくやっていきたいと考えるはずだ」

まるでRBG自身の若いころのようだ。

金が継続的に支払われ続けたことに対する救済を申し立てる機会を奪うべきではない。

しかし当裁判所は公民権法第七編を、賃金が支払われるたびに異議を申し立てなければ、その差別は帳消しになると解釈した。そのうえ、毎回の賃金格差が蓄積することにより、彼女の賃金が他の男性のエリアマネージャーに比べて大きく低いものとなることも、まったく考慮していない。

過去の差別を知りつつもそれを継続させたことを、適法とせよと言うのである。

レッドベターは今回、彼女がＥＥＯＣ（雇用機会均等委員会）に申し立てを行ったときに受けていた賃金差別について、公民権法第七編にもとづく救済を受けられない。

しかし、これはすなわち、もしレッドベターが人種、宗教、年齢、出身国あるいは障害にもとづく給与差別を受けたとしても、同様に救済を拒否されることになるという点は、留意すべきであろう。

当裁判所が、広い救済を目的とした公民権法第七編の趣旨とは相いれない窮屈な法解釈を命じたことは、これが初めてでは

行くも地獄、行かぬも地獄だ。もし早いうちに訴えたら、トラブルメーカーのレッテルを貼られ職場で苦しむことになる。一方、もし訴えずに待てば、賃金格差がずっと前から発生していたと確定したときには時すでに遅く、訴えても退けられてしまうわけだ。

毎回の給与支払いは、雇用主が責任を有する毎回別個の行為である。ＲＢＧが考えるとおり、もし雇用主が何かを隠したいのなら、それについての責任は雇用主側が負うべきだ。

給与に関する情報を隠すことは、公民権法第七編のもと、女性だけではなくすべての人に影響をおよぼす。しかもそれは結局のところ、違法な差別だけの話ではないのだ。

公民権法第七編は差別被害者を救うためのもので、彼らの邪魔をするためのものではない。最高裁には、そのことを理解しようとせず、この法律を誤って解釈してきた歴史がある。

ない。

一九九一年、連邦議会は改正公民権法を可決した。これは当法廷が過去に下した、同様に狭い解釈での判決のいくつかを無効にするものであるが、本日の判決はそうした過去の判決の一つに依拠している。

今日、ボールは再び連邦議会の議場に投げ返された。(……)立法府はいまこそ、当裁判所の狭小な第七編解釈に留意し、それを是正すべきである。

民主党優位だった当時の連邦議会は、そのボールをしっかりと拾うことになる。けれど二〇一五年時点で、RBGはわたしにこう語ってくれた。「今の連邦議会に何かを実行する力はありません。ですからレッドベター裁判で得られたような結果を今日において達成することは、そう簡単ではありません。いつの日か、わたしたちは本来あるべき連邦議会を取り戻すでしょう。どの党に所属していようと、すべての議員が物事がうまく進むように望み、その実現を目指して互いに協力し合う、そんな議会を」

*注釈への助力を頂いたドレクセル大学トーマス・R・クライン・スクール・オブ・ロ―のデイビッド・S・コーエン法学准教授に感謝する。

RBGの反対意見抜粋②

シェルビー郡対ホルダー裁判

「投票差別は、いまもなお存在する。これを疑う者はいない」。**しかし、当裁判所は本日、この差別を阻止するのに最も適したものと証明されてきた救済を終結させる。一九六五年投票権法（VRA）は、他の救済が試みられ失敗するなか、投票差別と闘うための機能を果たしてきた。**とりわけ効果的なのが、マイノリティの投票権に対する最も悪質な差別の記録をもつ地域については、選挙法のいかなる変更についても連邦による事前審査を受けるよう定めている点だ。憲法修正第一四条および第一五条が人種にもとづく差別を受けず自由に投票する権利を市民に保障してから一世紀が経ってもなお、「投票における人種差別という疫病」は、「我が国の一部地域における選挙プロセスを

RBGは、一九九三年に最高裁に加わって以来、精力的に投票権を擁護してきた。

RBGは、それ以前の連邦公民権法、地域法、そして最も重要なものとして憲法修正第一四条および第一五条のことをほのめかしている。これらが束になっても、一世紀にわたる有権者差別は防げなかった。

むしばみ」続けてきた。この卑劣な疫病に対処しようとする初期の試みは、ギリシャ神話に出てくる九頭のヒドラとの闘いに似ていた。一つの形態の投票差別が特定され禁止されても、そのつど別のものが代わりに出てくるのだ。**当裁判所は、マイノリティ市民の権利を奪う法の著しい「多様性としぶとさ」にくり返し直面してきた。**（……）こうした要請に応える**投票権法は、我が国の歴史の中で最も重要かつ有効で、じゅうぶんに正当な連邦立法権の行使の一つとなった。**ＶＲＡは、対象地域――憲法の要請に対する違反が最も著しい州や自治体――において選挙法の変更に連邦の事前審査を要求することで、マイノリティ有権者と州の双方に適した解決策を提供した。ＶＲＡ第五条により設けられた事前審査制度では、対象地域は、選挙法または選挙手続きを変更する際は変更申請を司法省に提出しなければならず、司法省は、その変更への回答を六〇日以内に行う。**変更は、それが「人種または皮膚の色にもとづいて投票権を否定または制限する目的または（……）効果」を有すると司法省が判断しない限り承認される（代替手段として、対象地域は、三名の判事から成るコロンビア特別区連邦地方裁判所の承認を申請することもでき**

RBGが指摘するとおり、投票における人種差別を根絶しようとする努力は、もぐらたたきゲームのようなものだ。それまでのやり方が違法化されるやいなや、創意工夫に富んだ新たなやり方が現れる。

RBGにとって、変化するアメリカ民主主義における投票権法（VRA）の重要性と影響力はいくら強調しても足りないくらいだ。公民権運動の「王冠の宝石」として知られる第五条は、VRAの中枢だ。のちの反対意見でRBGが指摘するとおり、「投票権法のおかげで、かつては夢見る対象だった進歩が実現し、そして今も続いている」のだ。

RBGは、「事前審査」のプロセスを説明している。実際、特定の地域――全部ではないが多くは南部の地域――は、マイノリティの投票を抑制する狡猾な仕組みを考案することで、投票における人種差別撤廃を求める憲法の要請をうまく回避してきた。事前審査制度の下では、これらの地域は、投票に関するあらゆる変更を、その有効化に先立って、連邦司法省またはコロンビア特別区連邦地方裁判所に提出しなければならない。そして、その変更が人種的マイノリティの立場をさらに悪くするものではないかどうか確認を受けるのだ。

る）。（……）**連邦議会は細心の注意と真剣さをもってVRAの二〇〇六年再承認に取り組んだ。本日の法廷意見はそうとは言えない。**当裁判所は、連邦議会が収集した膨大な立法資料を真剣に調査しようとしていない。むしろ、有権者登録数や投票率の増加がすべてであるかのように、それらを重要視している。裁判所は、審査基準を示すことさえせず、「資料が示すデータ」に基づく主張を尊大に無視して、「記録が何を指し示しているのかに関する討議」を拒絶している。我が国の公民権法制の核とも言うべき部分について、法廷意見にはより核心をついた内容が求められよう。（……）

当裁判所の意見は、シェルビー郡へのVRAの適用が合憲かどうかの検討、さらにはVRAの可分性条項の検討さえないまま、シェルビー郡の文面上の訴えの解決に飛躍しており、節度ある穏健な意思決定の模範とはとても言えない。**真逆である。**本日のこのVRAの破壊は、傲慢というほかない。

（……）過去への回帰が現実のものだという連邦議会の判断は、大量の証拠にもとづくものだった。**事前審査は差別的変更を阻止するために機能しており、今後も機能し続けるだろう。それ**

まったく情けないことだ。

文面上の訴えとは、ある法律がつねに違憲であり全体的に無効にすべきと主張すること。対して、より狭いアプローチでは、特定の条件下で適用される場合のみを違憲とする。ここでRBGは法廷の保守派判事とその支持者たちに意趣返しをしている。保守派はしばしば、司法積極主義に走るリベラル派に対して、よく検討もせずに勇み足で物事を決定すると批判する。この箇所で、RBGはノトーリアスB.I.G.の歌詞さながらに、多数意見を執筆した保守派判事にこう呼びかけている。「まあ落ち着いて、そう慌てずに。実際に差別があるのかどうかも、もっと狭い範囲で規制できないかも、まだ検討していないじゃない」

多くの公民権運動家は、VRAの有効性として、事前審査で申請された差別的選挙法を阻止するだけでなく、そもそも地域がそのような法律をつくろうとすることを抑止するという点を重視してきた。RBGのこの一文は、それを反映したものだ。重要なことに、シェルビー判決以来、NAACP（全米有色人種地位向上協会）の法的防衛教育基金をはじめとする支援団体は、本来なら事前審査によって阻止されていたであろう法律を止めるために多数の裁判を起こすことになった。その一例が、テキサスの厳格な写真付きID法だ。投票のための身分証として銃器携行許可証は認められるのに、学生証の提示は認められないのだ。

を捨て去るというのは、濡れていないからといって暴風雨の中で傘を投げ捨てるようなものだ。（……）

本日の判決の悲しい皮肉は、なぜVRAが効果的であると証明されたかを判決が全く理解していない点にある。**一九六五年に存在していた特定の方策の除去にVRAは成功した。そのため事前審査はもはや不要であると、当裁判所は信じているようだ。（……）こうした考え、そしてそこから派生する主張によって、歴史はくり返される。**

ノトーリアスB．I．G．風に言えば、「すべて夢だった」ことが全部叶ったわけではない、ということだ。ＲＢＧはここからさらに、二〇〇六年の直近の第五条更新で基盤となった膨大な連邦議会の記録と、投票差別の歴史について議論を進める。多数派判事とＶＲＡ懐疑派に向けて、「もしわからなくても、これでわかったでしょ」と言わんばかりに。

第五条が効力を失えば、投票差別は危険なスピードで南部一帯の地域や国じゅうの思いもよらない場所で広がっていく。ＲＢＧにはそれがわかっていた。のちにテキサス州の写真付きＩＤ法訴訟では、ＲＢＧは反対意見の中でこう指摘している。「テキサス州の選挙における人種差別は、単なる歴史的遺物ではない」。けれどいまでは、それに対抗する手段も減ってしまったということだ。

＊注釈への助力を頂いたＮＡＡＣＰ法的防衛教育基金（ＬＤＦ）次席取締役顧問ジャナイ・Ｓ・ネルソン氏に感謝する。

RBGの反対意見まとめ

2003年6月23日　グラッツ対ボリンジャー

争点　ミシガン大学のアファーマティブ・アクション・プログラムは合憲か？

結果　違憲。その多様性目標と方法が具体的すぎるため。

RBGの意見・発言

「長い間、完全な水準の市民権を否定されてきたグループに負荷を課すための措置と、固定化された差別およびその後遺症を一日も早く根絶するために取られる措置とを同列に置くことは賢明ではない」とRBGは反対意見で述べた。

2009年6月25日　サフォード対レディング

争点　学校職員はどのような状況下であれば13歳の少女を裸にして持ち物検査してよいか？

結果　持ち物検査は「その目的物と合理的に関係があるもので、生徒の年齢および性別ならびに違反の性質に照らして過度に立ち入ったものでないもの」でなければならない、とRBGは同僚判事を説得した。

RBGの意見・発言

他の判事たちは「13歳の女の子だったことがないのです。この年ごろは女子にとって、とても微妙な時期です。そのあたりをわたしの同僚が——彼らの一部が——きちんと理解しているようには思えませんでした」(《USAトゥデイ》紙のインタビューの中で)

2009年6月29日　リッチ対ディステファーノ

争点　ニューヘブン市が消防士の採用試験で黒人枠を満たすため実際の試験結果を無視したことは、白人志願者に対する差別か？

結果　差別と認定。5対4で多数意見はケネディ判事が執筆。

RBGの意見・発言　RBGは反対意見の中で、歴史的文脈および事実を無視しているとケネディ判事を批判し、「当裁判所の命令と意見は永続的な力をもたないだろう」と言明した。

2010年1月21日　シチズンズ・ユナイテッド対連邦選挙委員会

争点　政府は選挙における企業献金をどの程度規制できるか？

「そのような未検証の予言が
合衆国大統領の座を決定すべきではない」

——2000年12月12日、「ブッシュ対ゴア」裁判でのRBGの反対意見

結果　ケネディ判事執筆の5対4の多数意見によれば、大してできない。

RBGの意見・発言

「わたしが覆したい判決が一つあるとするなら、それはシチズンズ・ユナイテッドです」とRBGは《ニュー・リパブリック》誌に語っている。「あらゆる民主主義をお金で買えるという考えは、民主主義のあるべき姿とは大きくかけ離れています」

2011年3月29日　コニック対トンプソン

争点　不当に死刑判決を受けた者は、1400万ドルの賠償金を認定されるべきか？

結果　5対4の多数意見は検察官の責任を問わず。

RBGの意見・発言

「きわめて不公正な事例でした。当裁判所は単に間違っているのでなく、はなはだしく間違っていると、わたしは思いました」とRBGは《USAトゥデイ》紙に語っている。

2011年5月16日　ケンタッキー州対キング

争点　アパートを薬物捜索された男性の権利は？

結果　8対1（多数意見執筆はアリート判事）で警察側の勝訴。

RBGの意見・発言
「当裁判所は本日、薬物事件における憲法修正第4条の令状要求を日常的に無視するための手法を警察に提供した」とRBGは反対意見で書いた。

2011年6月20日 ウォルマート対デュークス

争点 150万人の女性ウォルマート従業員は、性差別の集団訴訟を起こせるか？

結果 起こせない。多数意見執筆はスカリア判事。

RBGの意見・発言
「集団訴訟メンバーが語る実体験も含め、上訴人が示した証拠は、ジェンダー・バイアス（性的偏見）がウォルマートの社風に充満していたことを示している」（一部反対意見で）

2012年3月20日 コールマン対メリーランド州最高裁判所

争点 州の職員は、家族医療休暇法の規定に基づいて訴訟を起こせるか？

結果 起こせない。5対4で多数意見はケネディ判事が執筆。

RBGの意見・発言
「この法律は、女性が家庭でも有給の職場でもバランスの取れた生活を送る機会を促進するた

めに制定された。（……）当裁判所の判決はこの法律の効力を弱めるものであり、非常に遺憾である」（口頭による反対意見で）

2012年6月28日 全米独立企業連盟対シベリウス

争点 国民に保険加入を義務付け、州にメディケア（高齢者等を対象とする公的医療保険制度）の拡張を要求することは合憲か？

結果 イエスでありノーである。判決は形式的には医療保険制度改革法を覆すものではなかったが、先例を覆してメディケイド（低所得者向けの医療扶助制度）の拡大を任意にしたことによって、何百万人もの人々が無保険のまま残されることとなった。

RBGの意見・発言

「州際通商条項のこの厳格な解釈は、ほとんど意味をなさず、驚くほど後退的だ」とRBGは一部反対意見で書いた。

2013年6月24日 フィッシャー対テキサス大学

争点 テキサス大学のアファーマティブ・アクション・プログラムは合憲

「幾世代にもわたる人種的抑圧の痕はいまなお我々の社会に残っており、その排除を急がねばという決意は現在でもきわめて重要である」

——2003年6月23日、「グラッツ対ボリンジャー」裁判でのRBGの反対意見

か？

結果 「たぶん」というのがケネディ判事の意見。事案は下級審に差し戻され、そこで有効とされた。

RBGの意見・発言 「以前にも言ったたし、ここでもくり返すが、人種によらない中立的な代替案とされるもののことを、本当に人種を意識していないと考えるのは、おそらくダチョウくらいだ」とRBGは書いている。

2013年6月24日　ヴァンス対ボール州立大学

争点 職場でいやがらせを受けていて、その加害者が上司の場合、誰が被害者の監督者とみなされるか？

結果 5対4（多数意見執筆はアリート判事）で雇用主が勝訴。

RBGの意見・発言 「当裁判所は労働者らの働く現状を無視し、差別が我が国の職場にはびこることを防止するという［公民権法の］目的を害する」とRBGは反対意見で述べた。

2014年6月30日　バーウェル対ホビー・ロビー・ストア社

争点　株式非公開企業のオーナーは、宗教上の理由で避妊に反対の場合、従業員に対してその保険負担を拒否することができるか？

結果　拒否できる。5対4で多数意見はアリート判事が執筆。

RBGの意見・発言

「ホビー・ロビーおよびコネストーガが求める免除は、（……）雇用主と同じ信仰を有しない大勢の女性に対し、避妊の保険利用を妨げることになる」と反対意見で彼女は書いた。

9

I JUST LOVE YOUR FLASHY WAYS

"あなたの派手なやり方が好き"

RBGのプライベート

イリーン：

“判事は腕立て伏せを20回できるそうですね。”

RBG：

“ええ、でも一度にできるのは10回までね（笑）。
休んで一息ついて、それから次のセットに入るんです。”

——RBG，2015年、MSNBCインタビューにて多くの人はRBGを語るとき、「誰にも止められない」という表現を多用する。でも、そういう人にぜひ知っておいてほしいのだけれど、実はそれは文字どおり真実なのだ。あばら骨にひびが入ったときでさえ、彼女は週に二回のパーソナルトレーニングを休もうとしなかった。

ブライアント・ジョンソンはもう二〇年近くRBGのトレーナーを務めている。二〇一四年のある日、彼はRBGの執務室に電話をかけて、骨が治るまでワークアウトは休みにしますと伝えた。

ワシントンDCのオフィスでこの話をしてくれたジョンソンは、いまだに信じられないという顔をしていた。彼は電話に応対した秘書からこう伝えられたのだ。「判事がおっしゃるには、その言いつけは聞けないとのことです」

ジョンソンはけっしてタフなことに不慣れなわけじゃない。陸軍予備軍の一等軍曹として、ヘリコプターや航空機から飛び降りるミッションもしょっちゅうこなした。クウェートに派遣されたこともある。戦闘服でなくかちっとしたスーツ姿の人間の中にも、ガッツのあるタイプはいることも、よく知っていた。彼のクライアントの多くは専門職の有能な女性たちなのだ。でもRBGは、彼いわく「筋金入り」だった。

「けっしてどっしりと体格がいいわけではありませんが、それでも彼女はタフなのです」とジョンソンは言う。「法廷での執務と同じくらい真剣に、ジムでのトレーニングに励むんですよ」

RBGは昔から痩せていたけれど、大腸がんを患ったあとは特に、マーティーから「アウシュヴィッツの生き残りみたいだ」と言われるようになった。トレーナーを探して運動するべきだと一九九九年に勧めたのもマーティーだった。それに、サンドラ・デイ・オコナー判事も、がん闘病中は

1990年、コロラド川で急流下りを楽しむRBG（先頭）
Burt Neuborne

運動をしたほうがいいとアドバイスしてくれた（ただし、夜型人間のRBGはオコナー判事が朝八時から催しているエアロビクスのクラスには参加できなかった。オコナーは基本的に最高裁の女性調査官全員に、このクラスへの参加を促していた）。

二九歳のとき、RBGはマーティーといっしょに参加した租税関連の会議でカナダ空軍のワークアウトを知り、それ以来ほぼ毎日このエクササイズを実践してきた。一九五〇年代に開発されたもので、側屈したり、膝を上げたり、腕を回したり、寝転んで脚を上げたりといった一連の動きを連続ですばやく行うものだ。

RBGは人生のほとんどを通じて、堅苦しくて、ときには冷たいといったイメージをもたれてきた。でも、馬に乗ったりウォータースキーをしているときの彼女は、そういったイメージとは全然違った無防備な表情をみせる。ある夏、元同僚のバート・ニューボーンとRBGはどちらもコロラド州アスペンで講義があった。そこで二人は、別の何人かの友人と連れ立ってコロラド川で急流下りをした。当時彼女は六〇歳近くで、しかも体格もけっして大きいほうじゃない。「わたしはルースに、ボートの後ろに乗るように言いました。体重が軽いから、ボートが岩にでもあたったら吹っ飛んでしまうと思って」とニューボーンは振り返る。「彼女の答えは、『わたしは後ろの席には座らないの』でした」

その数年後にRBGの最高裁指名を後押しするためマーティーに働きかけられたN・ジェロルド・コーエンは、こう語る。「最初のうち、クリントン大統領は若い法律家を求めているようでした。それでわたしは、彼女は体調管理もすばらしいと伝えたんです」。一九九八年にハワイ大学で一週間を過ごしたときのRBGは、すでに最高裁判事だったけれど、足こぎボートに乗ってはしゃいでいた。

オコナー判事と二人でオリンピックのバスケットボール女子代表チームを迎え、最高裁を案内してまわったこともある。このときRBGは、「この国最高のコート」(最高裁の屋上にあるバスケットボールのコートのことだ)で勇敢にも代表チームとのゲームに加わった。結果、少し練習すればポイントガードになれますよ、とチームの選手たちからはお墨付きをもらったようだ。七五歳の誕生日には、彼女が管轄する第二巡回区連邦控訴裁判所から、お祝いの映像を流すつもりですが誰からのメッセージがほしいですか、と尋ねられた。RBGは大リーグ・ヤンキースのジョー・トーリ監督の名を挙げ、周囲みんなを驚かせた。

大がかりながんの手術と、化学療法、そして放射線治療――「やることは全部やりました」と彼女は認めた――を受けたあと、RBGは体を立て直さなければいけなかった。そんなとき、彼女は友人でワシントンDCの連邦判事だったグラディス・ケスラーから、あるトレーナーを勧められる。それがジョンソンだった。彼は昼間はケスラーのオフィスで記録管理を担当していたのだ。ジョンソンはRBGがどれだけの治療を受けてきたのか、詳しくは知らなかった。けれど、知る必要もないと思っていた。まず直接会って、いまの状態をたしかめて、そこからスタートしようと考えていたからだ。こうして、RBGは筋力トレーニングに取り組みはじめた。他のすべてのことに挑むときと同じように、とてつもない決意をもって、弱音一つ吐かずに。

「判事は毎日、頭を使っています」とジョンソンは言う。「体も使うようにしてあげるのが、わたしの役目です」

彼はまず、壁を使った立ったままでの腕立て伏せから始めた。RBGはいぶかしげに尋ねた。「これが腕立て伏せ?」。ジョンソンは答えた。「そう、腕立て伏せです」

トレーニングを始めて最初の数か月間、ジョンソンはRBGから何の感想もないことに不安を感じていた。でも、ある秘書官から言われたのだ。「もし判事に気に入られていなければ、あなたはいまごろここにはいませんよ」。それでジョンソンは、そこはもう気にしないことにした。

ジョンソンはいまでも広い肩と鋼のようなボディの持ち主だ。でも青いレンズのメガネをかけて、メールの返事には「クール&ザ・ギャングより」と書いてよこす茶目っ気も持ち合わせている。不器用で頭でっかちな人の心を開かせ安心させるタイプだ。それはつまり、彼自身が自分に心を開き安心しているということでもある。彼はよくRBGにジョークを飛ばす。そして、お堅くてユーモアとは無縁というかつての評判（彼女の子どもたちでさえ、そういう意見だった）とはうらはらに、ＲＢＧはよく彼のジョークで笑うのだそうだ。

ジョンソンの職場のオフィスでは、フロアのスペースをめぐってつねに争いが起きている——黄ばんだ古い記録文書の箱たちと、エクササイズ道具を入れたダッフルバッグたちの間でだ。部屋の角の棚には「ノトーリアスＲ．Ｂ．Ｇ」Ｔシャツと「Ｉ♥ＲＢＧ」ハットが飾られている。どちらも、彼の一番有名な顧客からの贈り物だ。デスクの下に置かれた半分開いたバッグからは、ボクシンググローブが顔を覗かせている。こちらは彼の二番目に有名な顧客であるエレナ・ケイガン判事用だった。ケイガン判事もＲＢＧに勧められて、彼のもとでトレーニングをしているのだ。

この女性たちがどれだけ恐れ知らずに——でも、人当たりはあくまで柔らかく——世界を駆け抜けてきたかを、ジョンソンはよく理解している。「この街で女性としてやっていくには、いろいろと細かいことを我慢して、たくさんのことを受け入れなければなりません」と彼は言う。「ギンズバーグ判事も、うちのケスラー判事もそうです。彼女たちは、『弁護士になりたいだって？　パラリーガルにはなれても、女は弁護士にはなれないよ』と言われて歩んできたんです」

いまも予備役として軍にいるジョンソンは、性的暴行の防止と被害者支援の活動にも携わっている。性的暴行を受けて告訴した軍人たちをサポートして、考えられる選択肢を示したり手続きを支援したりする活動だ。自分のことをフェミニストだと思うかと尋ねたら、彼はこう答えてくれた。「わたしは人生を通じてたくさんの強い女性に育てられてきました。わたしの女性への見方は、そのなかで形づくられたんです。女性は、男性とまったく同じだと思います」（それから彼は急いで、祖母からはよく「女性のためにドアを開けてあげなさい」と教わった、とも付け加えた）。

壁をつかった腕立て伏せの次は、床に膝をついての腕立て伏せが続いた。それからようやく、膝をつかない腕立て伏せが始まった。ここでやっと「彼女の目に光が見えましたよ」とジョンソンは嬉しそうに笑う。RBGの腕立て伏せは、二〇回を超えることもあった。ときにはジョンソンが彼女の体を気遣ってストップをかけることもあるという。

ジョンソンは、RBGの小鳥のような体格やがん治療後の青白い顔を、そのまま額面どおりに受け取るような多くの人間とは違っていた。《ニューヨーカー》誌のジェフリー・トゥービンは、かつて著書の中で法廷での彼女のことを「か弱い」と表現したけれど、自らのその誤りを直接的な形で思い知らされることになった。マーティーも同席する場で、「あなたは腕立て伏せが何回できますか？」と訊かれたのだ。トゥービンが答えあぐねているあいだに、マーティーはこう突っ込んだ。

「うちの妻は二〇回ですよ。なのにあなたは、妻のことを『か弱い』と？」

ジョンソンはいまでもよく、ギンズバーグ判事がやっているのは「女子用の腕立て伏せ」じゃないのかと訊かれる。女子用の、というのは、膝を床につけた腕立て伏せのことだ。彼はこのワードを使いたがらない（それに、そもそもRBGの腕立て伏せは「女子用」じゃない）。「腕立て伏せは腕立て伏せです」と彼は言う。「できることに制限があることは、必ずしも〝女子〟とは関係ない」

といっても、ジムに来る男女にまったく違いがないと感じていたかというと、それも違う。ジョンソンがRBGとトレーニングをしていた判事専用のジムには、男性判事たちの一部も通っていた。「首席判事もだし、ブライヤー判事もいましたね」とジョンソンは言う。

彼はやれやれと目を回して見せながら、こう語った。「わたしたち男性には、エゴがあります。自分はやり方を知っている、リフトの上げ方くらいわかる、マシンの使い方もわかっている、という感じでね。一方女性は、自分はリフトの上げ方がわからない、と理解しているんです」。さらに、彼はこう言った。「ギンズバーグ判事は法律は知っている。でもパーソナルトレーニングのこととなったら、わたしが彼女にものを教えるんです」

RBGが彼に教えようとした唯一のことが、オペラだった。「まあ理解できる部分もありますが」とジョンソンは告白する。「たいていは、……はあ、という感じですね。あれは彼女の領分です」。判事用ジムにテレビが備えつけられる前は、RBGはトレーニング中にクラシック音楽を流すのがつねだった（「一九九〇年代にジャズ体操のクラスに参加したときは、ひどい音楽が大音量でかかっていたんです」とRBGは《ニュー・リパブリック》誌におそろしげに語っている）。

いまは、トレーニング中はたいていテレビをつけ、PBSの『ニュースアワー』を流している。「わたしも『ニュースアワー』のファンになりましたよ」と、ジョンソンはさして熱がこもっているとは言えない口調で言った。ケイガン判事がESPNの『スポーツセンター』にチャンネルを替えてもいいかと言ってきたときは、ほっとしたという。

ケイガン判事にボクシングを教えるのは楽しかった。「パンチのしかたを知っている女性がどれだけいるでしょう？　まあ淑女らしい行為とは言えませんからね」、とジョンソンは言う。「でも、あの革と革がぶつかる音、あれに勝るものはありません。あのバシッという音を聞いたら――」、彼はパンチのしぐさをしながら、バシッ、バシッ、と音をまねてみせた。「世の女性は知らない感覚ですよ」。彼はいくつかのボクシング動作をつなげた長めのエクササイズまで考案して、それを「ケイガン・コンビネーション」と名づけた。

ある夜（彼女のトレーニング時間はいつも夜で、だいたい午後七時ごろからだった）、前の時間にトレーニングしていたケイガンのグローブを見て、RBGが「これは？」と質問してきた。ジョンソンは年長判事である彼女にも、一発撃ってみますかと勧めた。「判事は答えました。『いいえ、それは彼女に任せるわ』と」

RBGはついに自分の限界を感じたのだろうか？

ジョンソンの考えは違った。「そんなことをしなくても、彼女はもうじゅうぶん強いんでしょう」

RBGが八〇歳を超えても驚異的な仕事量とものすごい数の社交スケジュールをこなしていることについて、その一部は自分の手柄だと主張することも、ジョンソンにはやろうと思えばできたはずだ。でも彼は、自分とトレーニングを始めて以来RBGの骨密度が落ちていないという事実だけで、おおむね満足していた。これは彼女の歳を考えればすごいことだ。「彼女は一度、執務室で転んで腰を打ちました」と彼は言う。「高齢者が転んだら、どうなると思います？」。骨折してしまうのがふつうだ、というわけだ。「ところが彼女は医者に行って、戻ってきてわたしに告げたんです。『どこも折れていなかったわ』とね。それが、わたしの、いわば成績表ですよ」

一度、トレーニング中にひやっとしたことがあった。RBGがめまいがすると言いだしたのだ。胸が詰まった感じがするといい、汗も大量にかいている。前日の夜に意見執筆のため夜遅くまで起きていたからだろう、と彼女は言って、無視してトレーニングを続けようとした。「あのときのわたしは頑固でした」とRBGはのちに振り返って言う。ジョンソンが秘書官を呼んできて、その秘書官がRBGいわく「穏やかだけれど説き伏せるような言い方で」病院に行くよう彼女を説得した。救急車に乗り込むRBGを見送りながら、ジョンソンは約束した。「大丈夫、わたしがずっとついていますよ」。それから、こんなことを言ってRBGを笑わせた。「判事、おわかりでしょうが、これで腕立て伏せ免除とはいきませんよ？」

病院で心電図を撮ったところ、右冠動脈が詰まっていたことがわかり、ステントを入れる手術が行われた。「それで、すっかり元気になりました」とRBGはのちにインタビューでわたしに語った。「もう胸に詰まりも感じないし。早く家に帰りたかった」と彼女は笑う。でも医師からは、二日間は入院してもらいますと告げられた。

彼女が入院していることが公になると、ジョンソンのもとにオハイオ州のトレーナー仲間からメールがきた。フィットネス関連の会議で知り合った友人で、彼らのあいだでRBGはちょっとしたヒーローになっていた。「よお、判事をどうしてくれたんだ？」、友人はそう書いてきた。「わたしが『なんで知ってるんだ？』と言ったら、『ラジオでやってる、ずっとつけっぱなしでチェックしてるぜ』というんです」

ステント手術は水曜日に行われた。それなのにRBGは、翌週の月曜日にはトレーニングを再開すると言い張った。今度はジョンソンも折れて、ストレッチだけならという条件でオーケーを出した。そのころまでには、彼もよくわかっていたからだ。彼女は何を犠牲にしてもトレーニングを続けるだろう。たとえそれが自分の骨でも——それに、大統領との夕食会でも。

RBG式ワークアウト

まずはクロストレーナーのマシンで5分間のウォームアップ。続いて、ストレッチとローテーション運動。最近ジョンソンが彼女にやらせているのは、片足でのスクワット（ただし、スクワット中は必ず彼の手につかまってもらう）とプランクだ。ジョンソンは全力で、細身の判事を徹底的に鍛えぬく。なかでも特徴的なエクササイズがこちら。ジョンソンいわく、これは「寝たきりになるのを防いでくれるエクササイズ」だ。この運動を続ければ、「トイレに座ったり立ち上がったりできない」なんて事態も防ぐことができる。

1 12ポンド（約5.4キロ）のボールを持って、ベンチに座る（RBGの場合は2ポンド〈約907グラム〉から始めて、少しずつ重量を増やしていった）。

2 立ち上がって、両手でボールを抱え、胸に押しつける。

3 ジョンソンに向かってトス。ジョンソンはボールをRBGに手渡しで返す（「投げて返すと、彼女が受け損なってボールがぶつかり、けがをする恐れがあります。それはあまりよろしくない。どれだけの書類を書かされることか、考えてもみてください」）。

4 再びベンチに座る。

5 これを10回くり返す。

RBGはバラク・オバマのまさに大ファンだった。彼女はオバマを「感じの良い人（sympathique）」と言う。フランス語由来のその言葉は、彼女にとって最大級の賛辞だ。それにもかかわらず、ある夜、RBGはホワイトハウスでの夕食会を早めに抜け出してきたのだとジョンソンは語ってくれた。だって彼女には、ジムで約束があるから。

「わたしは言いました。『大統領よりわたしを選んだんですか？』」、ジョンソンは振り返る。「それで、こう告げたんです。『なんてこった、それじゃあ腕立て伏せを増量してあげないと』」

RBGのワードローブ

良識ある調和が重んじられる場所で、黒い法服がずらりと並ぶ中にあって、RBGは自身の美的感覚を大胆に守り抜いてきた。RBGにまつわるすべてがそうであるように、彼女の美的センスは精密かつエレガントで、ときに驚くほど斬新だ。それに、細かい部分にまでこだわりが詰まっている――それは彼女が完璧主義者だからではなく（いや、実際に彼女は完璧主義者なのだけれど）、そこにストーリーが宿っているからだ。

RBGのビジュアルとして一番よく知られているのが、レースの付け襟姿だろう。執務室のクローゼットをちらっと覗いただけでも、こういった付け襟は軽く一〇個以上しまわれている。彼女が付け襟をつけ始めたそもそものきっかけは、法廷の女性として静かなる政治的声明を出すためだっ

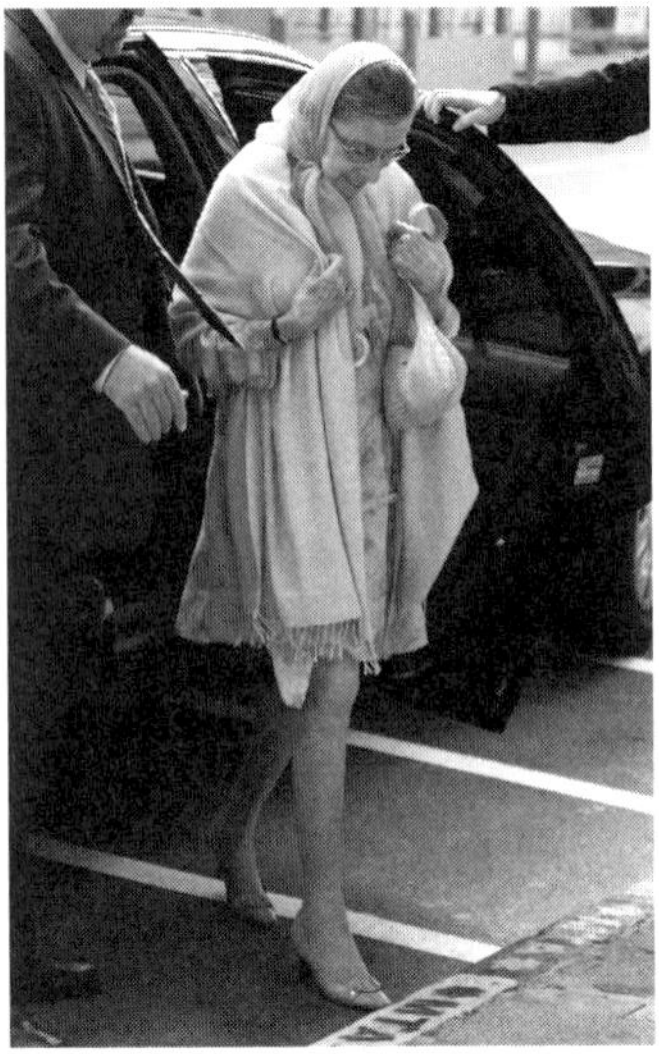

2011年、サンフランシスコで見せたスカーフ姿
AP/Aflo

た。「ほら、判事が着る法服は男性用につくられていて、シャツとネクタイを覗かせるデザインになっているでしょう?」とＲＢＧは言う。「だから、サンドラ・デイ・オコナー判事とわたしは、自分たちの法服に何か女性らしい要素を加えようと考えました。それでわたしは、あんなにたくさん付け襟を持つようになったのです」。世界がいまとは違ったものになるなんて想像もされず、だから当然女性のこともまったく考慮せずに作られた服を、ＲＢＧとオコナー判事は自分たちのものに作り変えてしまったわけだ。

男性の判事たちだって着飾らないわけじゃない。レンキスト判事は自分の法服に金色のラインを入れていた。ギルバートとサリバン作のオペラ『イオランテ』に出てくるキャラクターへのオマージュだ（ギルバートとサリバンの大ファンだったＲＢＧは、一度ジョーク混じりにレンキスト判事に英国風の白髪のかつらをプレゼントしている）。

でもＲＢＧの付け襟は、それ自体がメッセージだった。文章を書くときはよけいな装飾を嫌う彼女が、首飾りや付け襟を華麗な言葉として使うのだ。反対意見を述べるときにつけるガラスビーズをあしらったベルベットの幅広なネックレスは、ファッションブランド「バナナ・リパブリック」のものだ。二〇一二年に《グラマー》誌の「今年の女性」に選ばれたときにもらったギフトバッグに入っていたのだそうだ。「反対意見にふさわしい見た目だから」と端的に彼女は言う。

多数意見を述べるときの付け襟は――最近ではあまり登場頻度が高くないけれど――金の縁取りにチャームがついたもので、これは調査官たちからのプレゼントだった。彼女のお気に入りの一つ、均一に編まれたかぎ針編みの白いリング状の付け襟は、南アフリカのケープタウンの美術館で見つけたもの。もう一つのお気に入りは、メトロポリタン歌劇場のギフトショップで購入したものだ。二股に分かれた長いリボン風の付け襟で、彼女の大好きなテノール歌手のプラシド・ドミンゴがヴェルディの『スティッフェリオ』で着用していた付け襟の複製品だという。この付け襟は、RBGに「人生最良の日のうちの一日」を思い出させてくれる。ドミンゴとRBGがともにハーバード大学の名誉学位を授与されたとき、ドミンゴは彼女にセレナーデを歌って驚かせてくれたのだ。大ファンの歌手に会えたうえに、かつてハーバード大学ロースクールの学部長に拒否されてからじつに半世紀ぶりに公正な裁きを下してもらえた。それが一日のうちに、いっぺんに起きたのだ。「すばらしい日でした」とRBGは言う。

でもいまのところ、この付け襟の習慣を若い世代にも受け継いでもらおうという彼女の試みは、あまり順調とはいえなそうだ。最高裁では判事は二回、宣誓を行う。そのうちの二回目は「叙任式」と呼ばれ、公の場で行われる正式な儀式だ。二〇〇九年に行われたソトマイヨール新判事の叙任式では、新任判事は付け襟をつけていた。首を囲むように広がるレースの先端に二つの花型レースがあしらわれ、真ん中にはぱりっと糊のきいた白布を垂らしたデザインだ。これはギンズバーグ判事からの贈り物です、と記者たちは聞かされた。でも、その後の法廷スケッチや公式写真を見る限り、この習慣は長続きはしなかったらしい。ソトマイヨール判事のショットはたいてい、トレードマークであるぶら下げ式のイヤリングに、飾り気のない法服という恰好だ。

ケイガンは最高裁に加わる前からRBGとは良き友人だったけれど、彼女には最初から衣服に関して譲れない一線があった。「自分にとって心地よいものを選ぶべきだと思っています」、就任後まもないころ彼女はそう述べている。「ふだんのわたしはフリルやレースを身につけるタイプではありません。ほかの人たちのファッションの中には、わたしからすると着心地がよいとはとても言えないものもあります」。だからといって、RBGが彼女に対して気を悪くすることはなかった。

付け襟はRBGの個人としてのトレードマークだけれど、判事みんなが着る法服にもまた、団結を象徴するという一つの意味合いがある。「それは、『わたしたちはみな公正な判断を下すのが仕事だ』と示す象徴なのだと思います」、RBGは黒い法服についてこう語る。「そして、アメリカでこの習慣を確立したのは偉大なジョン・マーシャル首席判事でした。アメリカ合衆国では、判事は王家のような華美なローブを身につけるべきではないとマーシャルは考えました。赤や栗色ではなく、簡素な黒を身にまとうべきだと」

ただし当時のマーシャルが前提としていたのは、男性しかいない法廷だった。「女性判事用のローブをつくってくれるところはありませんでした」、女性初の最高裁判事ならではの苦労を背負うことになったオコナーはそう語る。「手に入ったのはだいたいが、コーラス用や大学用のローブでしたね」。RBGがふだん気に入って使っているのは、イギリスの市長用ローブだ。でも法廷以外の場では、たとえば模擬裁判のときなど、もう少し派手なものを身につけることもある。一九九〇年代に

1993年、公聴会で証言するRBG　*AP/Aflo*

中国を訪れたときに、現地の判事が着ていた黒と赤のローブを誉めたところ、贈り物としてもらったものだ。

「判事というのは、華々しく着飾る職業としてはそう高いランクにはありません」、ＲＢＧは《グラマー》誌の「今年の女性」の授賞式でカーネギーホールの神聖なステージに立った際に、そう断言している。でも、彼女自身は例外だった。彼女は長らく、おしゃれな雑誌が目をつけるダークホース的存在だった。指名公聴会に出たときの彼女のファッションは《ニューヨーク・タイムズ・マガジン》誌に取り上げられ、ほかならぬ伝説的ファッション編集者のキャリー・ドノヴァンに誉めそやされている。ドノヴァンは《ヴォーグ》誌や《ハーパーズバザー》誌の編集長も務めた人物だ。「昨夏、軽やかに揺れるプリーツスカートにストライプのチュニック丈トップス、長いビーズのネックレスという装いで上院に現れた彼女は、ジャクリーン・ケネディ以来ワシントンＤＣの目を引いたどの女性よりもスレンダーにみえた」とドノヴァンは書いている。

同誌では一九九七年にも、このときのＲＢＧの上院来訪を取り上げている。ジャーナリストのジェフリー・ローゼンは彼女の落ち着きを、まるでホワイトハウスをテレビ公開した際のあのジャクリーンの気品ある佇《たたず》まいのようだと書いた。さらに、こんな異例の大げさな賛辞も送っている。「彼女の放つ信じがたいほどの魅力に打たれずにはいられない。五フィート（約一五二センチメートル）もない小柄な体に、ターコイズブルーの中国産シルクのジャケットと揃いのワイドパンツをまとい、黒髪を後ろできりっとまとめた彼女は、小さく優美な彫像のようだった」

マーティーが勤めるニューヨークの法律事務所には、RBGの趣意書のタイプを引き受けて以来フェミニストになった秘書がいるのだが、この秘書はあるとき困惑したそうだ。というのも、若き女性弁護士だった当時のRBGが、緑色のダシキ〔訳注：アフリカの民族衣装でゆったりとしたシャツ風の衣服〕を身にまとって現れたからだ。ふだんの彼女からは想像もつかないような装いだったと、この秘書は振り返る。

最近のRBGが好んで身につけているのは、ブロケード織りや刺しゅうの入ったシルクの堂々とゆったりとしたローブ。それに、主張のあるアクセサリーを合わせる。ロープのようにより合わせたパールのネックレスや、何十年も前からずっとつけてきた赤の一連ネックレス、それに大ぶりのペンダントなどだ。

ピアス穴はあけていないけれど、ぱっと目を引く色のスタッド・イヤリングや垂れ下がるタイプのイヤリングはよくしている。RBGは旅先でものを買うこともよくあるそうだ。マーティーはあまり買い物好きなタイプじゃないから、代わりにニノ（アントニン・スカリア判事のことだ）についてきてもらうの、とRBGがジョーク交じりに語っていたのを、元調査官のデイビッド・シザーは覚えている。

RBGがカジュアルな装いをすることは、めったにない。ジェフリー・トゥービンの著書『The

Nine』では、こんなエピソードが紹介されている。あるひどい暴風雪の日、判事たちは口頭弁論のためジープで送迎してもらうことになった。「その日ギンズバーグ判事が選んだのは、ストレートのスカートにハイヒールという装いだった」とトゥービンは書いている。「降り積もった雪と判事の服装のため、ふだんは調査官オフィスで働くドライバーは、小柄な判事を抱き上げて車まで運んだという」（ちなみにその後、RBGは彼のためにロースクールへの推薦状を書いてあげた）

1993年、ジョー・バイデン上院議員と　AP/Aflo

ファッションは、RBGがときに保守的になる分野の一つだ。一番上の孫のクララが襟ぐりの深い服を着ていると、よく祖母から遠回しとは言いがたい口調でショールを巻くよう勧められるそうだ。大学に入学して一年目、クララは鼻にピアスをあけた。耳にはすでに合計一三個のピアス穴があいていて、RBGはこれにだいぶぎょっとしていたという。「祖母はいつもピアスのことを『その顔についているもの』って言うんです」とクララはおもしろそうに言う。でも、少なくとも鼻のリングはタトゥーと違って簡単に取り外せるから、その点は安心だと、RBGはインタビューでわたしに語ってくれた。

公務の場では、RBGは手袋をはめる。たいてい黒か白のレースだ。寒さの厳しい真冬のミシガン州では、大胆なレザーの

2015年のフォトセッションで
©Sebastian Kim/AUGUST/amanaimages

ニーハイブーツを履いたこともあった。ハンドバッグには、いつもアメリカ合衆国憲法のポケットブックを忍ばせている。例の《グラマー》誌のギフトバッグに入っていたエムジーウォレスのトートバッグを使いだしてからは、あまりに気に入ったので同じものをもう一つ買ったそうだ（しかも孫のクララのために、さらにもう一つ購入している）。靴はとにかくフェラガモが好き。髪の毛はいつも後ろにきつく撫でつけて、一つにまとめる。シュシュをしていることも多い。ときには、ターバンをつけて執務室に現れることもあるそうだ。すると秘書官から調査官に、今日はターバンの日です、と警告が入るという。「みんなが判事の姿を見て思わず吹き出したりしないように」だ。

RBGの執務室には、彼女の絶妙なセンスがよく表れていた。室内には第三二代大統領フランクリン・ルーズベルトの妻、エレノア・ルーズベルトの影像が飾られている。これはまあよくあるインテリアだ。でもRBGはさらに、最高裁判事が使う通常の机に黒い花崗岩の天板をしつらえていた。好きな画家はマティスだというけれど、ワシントンDCの美術館から彼女が選んで借り受けた（これはどの判事もしていることだ）絵画の数々をみると、そのチョイスはちょっと謎だ。

RBGは二〇世紀半ばのアメリカの芸術家、ベン・カニンガムの作品が特に気に入っているという。その抽象的な作風を、彼の伝記作家はこう表現している。「社会的対立と抵抗をめぐるわたしたちの体験に新たな次元を加える、ロジックとイマジネーションの融合」。同じく幾何学的なカラーブロックの模様が描かれた作品もお気に入りで、これはドイツ生まれの画家ヨーゼフ・アルバースのものだ（二〇一一年には、巡回展に出ているアルバースが執務室に戻ってくるまでは引退できません、とはにかみながら語っている。彼女はその時期を二〇一二年のどこかと見越していた。まったく時が経つのは早いものだ）。彼女はほかにもマーク・ロスコとマックス・ウェーバーの絵を借り受けていた。

「スズメ」は夢見る

RBGはオペラを観て泣くことがある。「母は映画でも感傷的になることがあるんです」と娘のジェーンは言う。でも感情を揺さぶられるという点では、オペラは別格だ。RBGはよく、自分に歌の才能があればと残念がる。「神様から何か才能を与えてもらえるのなら、わたしは偉大な歌姫になりたいですね」と彼女は言う。「でも残念なことに、わたしの歌い方はいつも一本調子。小学校の先生は残酷でした。歌の評価で『スズメのよう』と言われたんです。コマドリじゃなくてね」。それでも彼女はよく歌う――ただし、「シャワーのときか、夢の中でだけ」だけれど。

すべての始まりは、一一歳のときだった。幼いキキは、ブルックリンの高校を訪れたディーン・ディクソンという名の指揮者がオペラ『ラ・ジョコンダ』を指揮するのを、体に電流が走るような感覚で見ていた。ディクソンはアフリカ系アメリカ人で、ヨーロッパで活躍していた。彼がその才能とは関係のないところで足を引っ張られてきたことを、彼女はたびたび思い起こすことになる。「アメリカで公演するとき、彼は一度も『マエストロ』と呼ばれませんでした」、何度も足を運んできたサンタフェの夏のオペラ・フェスティバルの期間中、《サンタフェ・ニューメキシカン》紙に彼女はこう語った。「マエストロ」は敬意を込めて指揮者を呼ぶときの呼称だ。

伝説的なソプラノ歌手で、ステージ上でもその外でも人種主義と闘ってきたアフリカ系アメリカ人のレオンティン・プライスが一九六一年にメトロポリタン歌劇場に立ったとき、聴衆の中にRBGとマーティーもいた。演目は『イル・トロヴァトーレ』。スポットライトに照らされたプライスの両親の誇らしげな顔を、RBGはよく覚えている。父親はミシシッピ州の工場労働者で、母親は助産師だった。それから数十年後、最高裁を訪れたプライスを迎えたRBGは、彼女の手を取って声を弾ませた。「ああ、なんて堂々たる女性でしょう」（その日の昼食会場にいた記者によれば、プライスがサプライズで歌ったとき、同じくオペラファンのケネディ判事は涙ぐんでいたという）

オペラ好きはマーティーの家系にも脈々と流れていた。娘のジェーンが振り返って言うには、父方の祖母（RBGの母親代わりだったイヴリンだ）は日曜日は毎週きまってメトロポリタン歌劇場の中継放送を観ていたという。それに、イヴリンの父はオデーサの歌劇場で舞台装置係をしていた。RBGとマーティーはオクラホマ時代、車で四時間かけてダラスまで出かけてメトロポリタン・オペラの巡回公演を観たり、陸軍基地の図書館でオペラのレコードを借りたりしていた。その後ニューヨークに引っ越してからは、メトロポリタン歌劇場のボックス席を二人でとって、毎週金曜日にはオペラを観に出かけた。まさに宗教とは無関係の「安息の金曜日」だ。

ワシントンDCでは、ワシントン・ナショナル・オペラが拠点としているジョン・F・ケネディ・ホールの真向かいにあるウォーターゲートのマンションを住居に選んだ。RBGが来ていることは、舞台裏でもスター歌手のあいだでしばしば話題になる。幕が下りたあとに彼女が発する、畏敬の念と博識さが際立つコメントについてもだ。「非公式にではありますが、わたしたちにとって彼女は我が座の一員です」と同オペラの理事長は言う。RBGは演劇もよく観に行く。「彼女はすばらしいセンスの持ち主で、知識もとても豊富です」と語るのは、シェークスピア・シアター・カンパニーの芸術監督マイケル・カーンだ。RBGは彼の結婚式で司式者も務めている。

オペラを愛する最高裁判事として知られることには恩恵もあって、RBGは少なくとも三回エキストラとして舞台に立っている。そのうちの一度はオペラ『ナクソス島のアリアドネ』で、スカリアとの共演だった。RBGは白髪のかつらをつけて、大きな扇子をぱたぱたさせる役だ。スカリアは歌手の一人に膝に飛び乗られた。二〇〇三年に上演された『こうもり』では、ケネディ判事とブライヤー判事とともにサプライズ出演した。オペラの中でパーティーを主催する公爵が「最高裁からの最高なゲストのお三方です」と告げると、三人が登場するというものだ。このとき一番嬉しかったことは何かといえば――「ドミンゴがわたしの二フィート(約六〇センチ)先で歌っていたことです。まるで体に電流が走るような感覚でした」

RBGはいまでは、最高裁で年に二回開かれるオペラと楽器演奏のリサイタルを取り仕切っている。あるときのスピーチで彼女が述べたとおり、それは「法廷の重い責務からの、つかのまの楽しい休息」だった。

10

BUT I JUST CAN'T QUIT

〝でも、やめられない〟
彼女が引退しない理由

イリーン：

“来たるべきときが来たら、
どんな人として人々の記憶に残りたいですか？”

RBG：

“自分のもてるあらゆる才能を
最大限に活かして仕事をした人として。
社会のほころびを修繕し、
物事を少しでも良くするために、
自分のあらゆる能力を駆使した人として。”

──2015年、MSNBCのインタビューより

RBGは、ペースを落とせ、と言われるのが嫌いだった。二〇〇九年の初め、膵臓がんの手術を受け、ギンズバーグ判事もこれで引退だろうと世間が考えだしたときも、彼女はいつも以上にいろいろな場に姿をみせた。たしかに、膵臓がんとの診断は受けた。でも腫瘍は小さいし、見つかったのも早かった。それにたしかに、いまなら民主党の大統領が就任し、上院も民主党が多数を占めているから、引退にあたり彼女が納得できるような後継者を指名できる条件も整っている。でもRBGにはやるべき仕事があって、その仕事はまだ終わっていないのだ。

手術後三週間もたっていない二月二三日、彼女は晴れやかな笑顔で仕事に復帰し、口頭弁論では鋭い質問を投げかけた。二月二四日には、上下両院合同会議で他の判事たちと並んで座り、アメリカ初の黒人大統領となったオバマ大統領の施政方針演説を聞いていた。「彼女の体を心配して怒った人たちもいました。でも、わたしたちは間違っていた」と元調査官のデイビッド・シザーは言う。「わたしたちはいつも彼女に、ペースを落として、少しのんびりしてください、と言っていました」。小説でも読むように勧め、実際に本を送ったこともある。「でも、彼女は聞き入れようとしませんでした」

RBGはこの日も、いつもと変わらない目的をもって議会に臨んでいた。「第一に、最高裁判事は男性だけではないことを人々に示したかったのです」と彼女は言った。それから、ケンタッキー州選出のジム・バニング上院議員が彼女の死期が近いと発言したことについて、冷ややかに付け加えた。「それに、わたしは生きていて元気だということも示したかったのです。あの上院議員の、わたしが九か月もたずに死ぬだろうという予想とはちがってね」。その夜、RBGは足をとめて新大統

2009年、オバマ大統領の議会での最初の演説の日
Reuters/Aflo

領を祝福して、抱擁を交わした。「わたしはギンズバーグ判事に好感をもちました」とオバマはのちに語っている。RBGも同じ印象を抱いたようで、「わたしたちの間には、最初から互いにわかり合えるものがありました」と振り返っている。

一〇年前、今回より深刻な大腸がんと闘ったとき、ものの見方が変わったと彼女は語っている。「何か特別で風味の効いたスパイスが、仕事や日常をより豊かにしてくれた感じです」、最初の手術のあと回復した彼女は言った。「何かするたびに、自分はこれができるのだと、あらためて感動するのです」。二回目の手術のあとは、なおさらだった。

その春、RBGは判事としての一五回目の開廷期を迎えた。ジョン・ロバーツ首席判事は、「在職期間の折り返し点に到達なさったことを心からお祝いします」と述べ、「あなたの職業倫理、知性的な厳格さ、言葉選びの緻密さ、有史以来誰もが堅持している夜と昼の時間区分を完全に無視した仕事ぶりは、誰もが称賛するところです」と付け加えた。もしこれが本当に折り返し点になるならば、彼女が引退するのは、これまでで最高齢で引退したジョン・ポール・スティーブンス判事より一つ上の九一歳ということになる。

人々の前で元気な姿をアピールしても、引退を求める声はおさまらなかった。オバマ大統領が再選を目指すなか、ハーバード大学ロースクールのランドール・ケネディ教授は、ある雑誌に次のような記事を寄せた。それは、一部ではささやかれていたことだった。教授が過去に調査官を務めたことのあるサーグッド・マーシャル判事は、病気により身を引いた。それによって、ジョージ・W・ブッシュ大統領は、後任に超保守派のクラレンス・トーマスを指名することができた。「一方、ギンズバーグ判事が最高裁を去るとき、ホワイトハウスにいるのが共和党の大統領だったら、女性版サーグッド・マーシャルに代わって女性版クラレンス・トーマスのような人物が任命されることになるだろう。そして二〇一二年の選挙では、共和党候補が選ばれるかもしれないのだ」。このアドバイスは理論的には、RBGより五歳若いスティーブン・ブライヤー判事にもあてはまるものだった。「わたしのように彼らの仕事に敬服している者にとっては、彼らが早い機会に最高裁を去ることを期待するのは辛いことではあるが、貢献にはさまざまな形がある。他の人に道を譲ることも一つの貢献だ」とケネディは書いている。けれど、ジャーナリストにつきまとわれ、マイクをつきつけられ、いったいいつになったら退任するつもりかと問われるのは、ブライヤー判事ではなく、いつでもRBGなのだった。

オバマ大統領が再選されたあとも、騒ぎはおさまらなかった。二〇一四年の上院選挙で民主党の敗北がほぼ確実と言われていたからだ。オバマ大統領がもう一人のリベラル派の判事を任命できるチャンスは、わずかしか残されていなかった(実際、民主党は大敗を喫した)。自分より年上の女性が職を追われるのを目の当たりにしてきた女性たちや、自分自身が退職を迫られている女性たちは、RBGへの圧力に怒りを表明した。長年最高裁に関する記事を書いてきたジャーナリストのリンダ・グリーンハウスは、それは性差別だとはっきり指摘した。法学の教授で、七〇年代にRBGといっしょに働いたシルビア・ローは、「友人のリベラル派の法学教授たちが彼女に退任を勧めているのに猛烈に腹が立ちます」と語っている。「だって、彼女は最高裁でかけがえのない、すばらしい宝石なのだから。多くの裁判で、特に専門的な事例で、多数意見を読んでまあそのとおりだと思ったあとでルースの反対意見を読むと、彼らが恐ろしいことをしていたとわかるんです」

判事というのは、誰もが知っていることを認めたがらないものだ。それは、彼らが自分を任命した大統領と同じ価値観を共有する傾向がある、ということだ。引退について尋ねられるたびに、RBGは慎重な態度を取り続けた。「大統領は代わります。そしてわたしは、その人が良い大統領であることを願っています」、彼女は言った。ニナ・トーテンバーグとの別のインタビューでは、さらに一歩踏み込んで、こう述べている。「ええ、二〇一六年の大統領選挙について、おおいに希望をもっています」

ある記者によれば、次の大統領選挙では初の女性大統領が生まれるかもしれないと水を向けられたとき、彼女はうなずいたという。「ええ」、RBGはそう答えた。「すばらしいことです」。ヒラリー・クリントンが大統領になれば、RBGが退くには完璧なタイミングだ。でもそれまでは、彼女は愛する仕事を続けるだろう。

RBGは引退すべきときを判断する自分流のものさしをもっていた。「以前はすらすら引用できた訴訟名が出てこなくなったら、そのときです」。でも、彼女にはまだ「そのとき」は来ていない。

生きていることの喜びを探す

「マーティーのキッチンを見ていく?」、RBGはつい最近も、ウォーターゲートの住まいを訪れた友人のアニタ・フィアルにそう尋ねている。そこはいまでも「マーティーのキッチン」なのだ。娘のジェーンがニューヨークからやってきて、母の家で週末を過ごすあいだ以外は。ジェーンは週末のあいだに料理をしていく。そして、小さくパック詰めした料理に「チキン」とか「魚」とか書いて、冷蔵庫に残していくのだ。

「母はときどき、わたしが起きるころに寝に行くんです」とジェーンは言う。「持ち込まれた書類を見れば、早起きしたわけじゃないのはわかります」。RBGはいまでも、平日の睡眠不足を週末の寝だめで解消しているそうだ。

マーティーがいなくなってからの生活は、ある種、一定のテンポに保たれていた。昔は、仕事が終わるまで夜更かししようとすれば、マーティーがもう寝なさいと言ってくれた。寝れば明日の朝には何もかもがクリアになるから、と。「本当にそのとおりでした」、マーティーの死後、RBGはそう語った。「ときおり迷宮に迷い込んだような気分になって、抜け出す道を考えながらベッドに入ることがあります。そうして朝目覚めてみると、道が見えているんです。でもいまは、もう寝なさいと言ってくれる人もいません」

開廷期のあいだは毎日、朝ちゃんと起きているか、連邦保安官が確認の電話をかけてくれる。夏のあいだは祖母のところで暮らす孫のクララは、「祖母はコーヒーで生きてるようなものです」と言う。コーヒーがないと「頭が作動しない」のだそうだ。

歳をとったことで一番驚いたことは、という質問には、彼女らしくスパッとこう答える。「驚いたことはありませんね。ただ、二つのことを学びました。一つは、生きていることの喜びをいっそう探すようになったことです。だって、自分があとどれくらい生きられるか、誰にもわかりませんからね。この歳になると、一日一日を大切に生きなくてはなりません」。さらに彼女はこう続けた。「夫を失ったあとは、しばらくつらい日々を過ごしました。わたしたちは結婚してもう五六年、知り合ってからは六〇年ずっといっしょにいたのですから。四年経ったいまは、マーティーが生きていたらこう望んだだろうという暮らしを送っています」

RBGの孫のポールは一度、祖父のマーティーがこの場にいたら、さぞおもしろがっただろうなと思うような体験をした。数年前のこと、俳優をしているポールはワシントンDCのRBGのもとを訪れた。彼女は孫といっしょに観劇に行くため、あらかじめ良さそうな舞台をいくつか選んでおいてと頼んでいた。あるとき、二人でどこかに出かけて、車で帰路につこうとしていたときのことだ。車内にはいつものとおり連邦保安官が二人付き従っていた。一人は運転席、もう一人は助手席で「かしこまった顔」をしている。

ポールはそのときのことをこう語る。「祖母は助手席の女性の連邦保安官に、劇場に電話をしてチケットを確保して、自分たちが訪れることを伝えておいてと頼みました。劇場側で保安検査が必要になるからです。女性保安官は『なんという名前の劇ですか?』と尋ねました」。RBGがチョイスした劇は、劇作家マイク・バートレットの『コック《男性器》』だった。「劇の名前は『コック』よ」と彼女は保安官の女性に言った。「公爵の赤い馬とか、そういう無難な題名の劇にしておけばいいのに」とポールは言う。保安官はうやうやしく電話を手にとり、ギンズバーグ判事のために『コック』のチケットを手配した。そのあいだRBGはずっと、落ち着き払った表情で後部座席に座っていたという。なんといっても、彼女は劇場には通い慣れているのだ。

あなたもわたしも、ありのままの自分になれる

二〇一五年四月二八日、三七歳の若き弁護士ダン・キャノンは粛々と慣例に従っていた。それは、彼が最高裁に上訴した初めての事案だった。それだけでも怖気づくにはじゅうぶんだ。そのうえさらに、その事案が現代において最も重要な公民権訴訟の一つとなれば、なおさらだった。丸刈り頭をした元ミュージシャンの公民権弁護士は、この「オーバーグフェル対ホッジス」裁判で原告を代表する弁護団の一人として法廷に立っていた。原告は、結婚しているにもかかわらず、男性どうしや女性どうしだからという理由でケンタッキー州に結婚を認められずにきた人々だ。キャノンたち弁護団の座るテーブルのすぐそこには、サミュエル・アリート判事が座っている。手を伸ばせばつかめそうだ。もちろん、そんなことはしなかったが。

法廷の外には、あらかじめ印刷された侮蔑的なポスターが用意されていた。でも同時に、LGBTの尊厳を象徴するレインボーフラッグや、「公正な判決を求める祖父母の会」の看板も掲げられている。「結婚してくれ、スカリア」と書かれたプラカードまであった。この裁判に関しては、ギンズバーグ判事は評決を棄権すべきだという声が数か月前から上がっていた。最高裁が結婚防衛法を違憲と認めた直後に、RBGが同性婚の結婚式を二つ執り行っているからだ。でも、RBGはそんな声はまったく無視だった。

法廷の内では口頭弁論が白熱していた。同性カップルの結婚は認められない、なぜなら結婚は何千年も前から続く伝統に根差した制度だからだ、という論拠に対して、RBGはこう反論してみせた。「もし結婚という制度が平等主義に根差したものでなければ、平等主義に根差したものとなるよう変化が起こります」、RBGは弁論をさえぎってこう言った。「そして同性婚は、かつての結婚の形には収まりきらないものなのです」。彼女は自ら結婚の形をつくり変え、男女の役割に線を引く法律の縛りから解き放ったのだ。もし女性を所有物とみなす伝統的な結婚制度がいまもそのまま続いていれば、RBG自身の結婚だって認められなかっただろう。

政府側の代理人であるドナルド・ヴァリリー訟務長官は、法廷の伝統にのっとって、後ろ丈の長いモーニングコートを身につけていた。それに最高裁では、キャノンのような人間にもドレスコードがある。「弁護団の一員としてふさわしい装いは、ダークカラー（ネイビー、チャコールグレーなど）のビジネススーツである」、最高裁に上訴する弁護士向けの公式ガイドラインには、そう書かれている。キャノンはこれに従って、ネイビーのスーツとボタンダウンの空色のシャツを着ていた。

でもじつはワシントンDCに来る前に、ロースクール時代の友人ローリと、学校教師をしているその妻クリスタルからプレゼントをもらっていた。二人はニューヨークで結婚したけれど、息子の出生届には母親一人の名前しか記載されていない。なぜなら、居住しているケンタッキー州の有権者たちが、ローリとクリスタルのような同性どうしの結婚は認めないという決定を下したからだ。ボタンダウンのシャツの下に、彼はこっそりそのプレゼントを忍ばせていた——キャノンはシャツの下に、二人からもらった「ノトーリアスR.B.G.」Tシャツを着ていたのだ。

同性婚禁止を違憲とする法廷意見は、ケネディ判事が執筆することになる。でも判決を祝う人々のあいだでは、RBGの写真やイラストが圧倒的に多く掲げられていた。レインボーを背景にしたRBGの画像や、最高裁の階段をバイクで駆け抜ける彼女のアニメーションが人々のあいだで飛び交った。この開廷期中は、医療保険制度改革法や、公正住宅法、妊娠差別禁止法など進歩的な法律の中核を維持し、あるいはそれをさらに拡大する多数意見がたびたび出されてきた。けれど、RBGはこれらの多数意見の執筆を一つも担当していない。これはリベラル派にとっては大きなショックでもあった。とはいえ、保守派判事が互いに反目し合うなかで、RBGはリベラル派を確実にまとめ、五つ、さらには六つ目の票を勝ち取る道を模索してくれる、彼女はそんなふうに信頼を寄せられる存在だった。RBGはさしあたり、痛烈な反対意見を控えるようになった。なにしろ、いまならリベラル側にも勝つ見込みがある。そしてRBGの目的は、やみくもに周囲を騒がせることじゃない、目指すものを成し遂げることだ。

そんな法廷での友好的な礼節も、あくまでも短い命かもしれない。それは左派の側というより、むしろ保守派の行き過ぎによって破られる可能性もあるだろう。ロバーツ首席判事が就任して一〇年、RBGが闘い勝ち取ってきたものの多くは、いまも危機にさらされている。その筆頭が、生殖をめぐる自由だ。法廷はいま、妊娠中絶を行うクリニックへの規制を検討しようとしている。「この国で、裕福な女性が安全な中絶を受けられなくなる日が来ることはないでしょう」、RBGはインタビューでわたしにそう語ってくれた。ただし、こうした規制で苦しむのは、「ほかの場所で手術を受ける手段をもたない女性たち」だと彼女は言う。さらに法廷は、すでに公務員労働組合とアファーマティブ・アクションにもねらいを定めている。

RBGはこれからも、彼女にしかできない形で声を上げていくだろう。いま彼女の周りには、自身とその同志が勝ち取ってきた進歩の跡があちらこちらにあふれている。二〇一二年、RBGはコロンビア大学ロースクールを訪れた。かつて自身が唯一の終身在職権をもつ女性教授として、女性のための闘いを率いる身となった場所だ。講演中、RBGはしばし沈黙した。「今日、大学内で『授乳室』と書かれた部屋の前を通りました」、彼女は言った。「世界はなんて変わったことでしょう」。そして、そのために誰よりも闘ってきたのが、ほかでもないRBGなのだ。

でもRBGは過去の功績を振り返ってぐずぐずしたりはしない。なぜなら、そこには「もう終わったこと」という匂いが付きまとうからだ。「わたしが人生で一番満足しているのは、世界をより良くしていくための動きの一端を担えたことです。それは、女性のためだけのものではありません」、RBGは言う。「性差別はすべての人に害をなすものだとわたしは思います。男性にとっても、子どもにとってもです。この変革の一員となれたことは、わたしにとってとても大きな喜びです。合衆国憲法の最初の一文を思い出してください。『我ら合衆国の人民は、より完全な連邦を形成し――』とありますね。しかし、わたしたちはいまもなお、より完全な連邦を目指す途上にあるのです。そして、この完全な連邦の一端は、『我ら合衆国の人民』に、より多くの人々が含まれるようになることで成し遂げられます」。それこそがRBGのライフワークだ。

闘いは、まだ終わってはいない。

RBGのようになるための八つの秘訣

1 自分が信じるもののために闘う

RBGはこの世界の不公正を前にして、自分の能力を活かしてそれを変えようとした。「すでに蔓延してしまった無気力や身勝手や不安を克服するのは、簡単ではありません」と彼女は言う。それでも、RBGはわたしたちにこう呼びかける。「『わたしたちの』社会の、この国の、そして世界の苦しみを正しましょう。貧しい人や、忘れられた人、それに不利な立場に置かれたり不信の念を抱かれてきたマイノリティであるがゆえに、不当に扱われてきた人々が生きるうえで直面する苦しみを、正していきましょう」

2 でも、闘うタイミングは選ぶ

RBGはフェミニストになる前、「ここで怒っても逆効果じゃないか」と考えることで数々の侮辱を切り抜けてきた。「エレノア・ルーズベルトはすばらしい女性でした。わたしの執務室にも彫像を飾っていますが――彼女はこう言いました。『怒り、恨み、妬み。これらの感情は人のエネルギーを吸い取るだけ』」、RBGはそう語る。「こういった感情は非生産的だし、なんの得にもなりません。ですから、割り切ることです」。何かに反対したいとき、RBGのように振る舞いたければ、怒りを表に出すのは本当に大事なときだけ、それも、ほかの手段をすべて試したあとに限ること。

3 他者との関係を壊さない

「あなたが大切にするもののために闘いなさい」、RBGは若い女性たちにこうアドバイスする。「ただし、他の人々がいっしょに加わってくれるような形で闘うことです」。RBGはいつも調査官たちに、相手の論拠を悪く書かずに良い面を強調して、その人個人を侮辱しないようにと教える。丹念に、事実を示すことに力を尽くす。真実はすでにじゅうぶん強力な武器なのだという理屈が、そこにはある。

4 責任ある立場に立つことを恐れない

RBGは、「女性は意思決定が下

されるあらゆる場にいるべき」と考えている。かつて、多くのフェミニストが「女性は男性とは違う考え方をする」と主張していたころ、RBGはそんな「女性は男性とは根本的に異なるもので、もっと純粋な存在」という理論がはらむ難点にすでに気づいていた。「この理論に従えば、権力の腐敗と無縁でいるためには、女性は権力層的なものを避けなくてはならなくなります。『不公正な出世機構』の中で出世して、その力を活用してはならない、ということになるのです」。RBGは自分の権力を活かして、構造的な変革を目指し、しいたげられた人のために闘ってきた。最近では、最高裁のリベラル派をまとめるリーダー的存在になっている。

5 まず自分が本当に望むことを考え、それから行動する

若きRBGが赤ん坊を抱えてロースクールに入学するという苦難に突然直面したとき、義理の父はこう言ってくれた。「もし本当に心からロースクールに行きたいのなら、道は必ずある、なんとかなるよ」。「それ以来、どんなこともこのアプローチで考えるようになりました」とRBGは言う。「自分は本当にそれを望んでいるのか？まずはそう考えてみて、本当に望んでいるのなら――あとはやるまでです」

6 でも、ときには自分が幸せになれることをする

RBGは息抜きをする――それも、しょっちゅう。

7 仲間とともに進む

「彼女はオンリーワンになるために活動していたのではありません。誰もかなわないスーパースターになることなど、考えていなかったのです」と、ともに活動していたフェミニストの弁護士マーシャ・グリーンバーガーは言う。RBGはたくさんの仲間の弁護士たちにとって良きメンターだった。それに最高裁では、ソトマイヨール判事やケイガン判事を温かく迎えている。

8 ユーモアのセンスをもっておく

ちょっとだけでも、すごく役立つはず。

RBGの愛したマーティー・ギンズバーグのレシピ——マーティーのレシピ本『「最高」のシェフ』より

豚ロースのミルク煮

材料

バター…大さじ1
サラダオイル…大さじ2（オリーブオイルはだめ）
ポークリブ塊肉ロースト用…2・5ポンド（1キログラム強）
粗塩とひきたてのコショウ
牛乳…2カップ半かそれ以上

作り方

ポークリブは精肉店で二つか三つ、四つぐらいの塊に切り分けてもらう。肉の部分だけでなく骨の部分も使う。脂身は切り落とさないこと。

厚底鍋を用意する。肉と骨が「気持ち良く」おさまるくらいのもの。バターとサラダオイルを入れて、中火にかける。バターの泡立ちがおさまったら、脂身のほうを下にして肉を入れる。焼き目がついたらひっくり返して全体がきつね色になるまで焼く。肉を皿にとって、骨を入れ、焼き目をつける。肉を鍋に戻す。

塩とコショウ、牛乳1カップを加える。牛乳は、弱火にしてゆっくり注ぐ。吹きこぼれないように気をつけて。30秒ほど煮てから、さらに一番弱火にして、少しずらしてふたをする。ときどき肉をひっくり返しながら1時間ほど弱火でコトコト煮る。牛乳が蒸発してとろとろの栗色の塊になるまで。これは、ゆうに1時間以上はかかる。

牛乳がそんな状態になったら（それより前ではだめ）、ゆっくり、注意深く、牛乳をもう1カップ入れる。10分ほどコトコト煮てからしっかりふたをして、弱火で30分ほど煮込む。

30分たったら、ふたを少しずらして、ときどき肉をひっくり返しながら中火でさらに煮る。鍋に液状の牛乳がなくなったら、注意深く最後の牛乳2分の1カップを加える。ときどき肉をひっくり返しながら、さらに煮込む。フォークを刺してみて柔らかく、ミルクが固まって栗色の塊状になったらできあがり。調理にかかる時間は全部で3時間ほど。万が一、肉にじゅうぶん火がとおらないうちに牛乳が蒸発してしまったら、さらに牛乳2分の1カップを加え、煮詰める。

肉が柔らかくなって、鍋の牛乳が適度に色づいた塊になったら、骨を取り出して捨て、肉をまな板にとって、粗熱をとってから、4分の1インチから2分の1インチ（約6ミリから12ミリ）の厚さにスライスする。

そのあいだに、鍋やスプーンについた油脂をざっと取り除く。かなりたくさんついているはず。ただし、固まった茶色の塊はとらないように。ここに大さじ3の水を加え、強火で水をとばしながら木のスプーンで鍋の底や横についたうま味をこそげ落とす。このソースをスライスした肉にかけ、あつあつで食卓へ。

注：ロース肉のかわりにタコ糸で巻いた肩肉2ポンド（約900グラム弱）を使ってもよい。骨がないので調理は簡単で、実はロースよりずっとジューシー。ただし、きれいに切れないのが難点。

『R. B. Juicy』より

作：ケリー・コズビー、エリザベス・ギャビン

[イントロ]

Yeah——この歌を捧げるわ、「女なんか偉くなれない」なんて言った判事どもに。わたしが必死に努力してたあの街の、象牙の塔に暮らすすべての奴らに。スーザン・アンソニーを新ドル札にするぐらいで満足してよって言った奴らに。そして、必死にもがいてるすべての女性たちに。わかるでしょう?

[ラップ]

すべて夢だった
「リード対リード」で口頭弁論してたあのころ
それからサンドラ・DがDCに送り込まれ
ジャネット・レノ司法長官が決断を下す
そしてスリッキー・ウィリー《クリントン》に指名され
わたしはいまここに
だから黒の法服に付け襟できめて
お茶をすすりながら意見陳述書に目を通す
昔を振り返れば、集中砲火を浴びて足ひっぱられてた
いまのわたしを見てみな
覚えてる?　フランクファーター、duh-ha, duh-ha
わたしがここまで来れるなんて、彼は思ってもいなかった
いまじゃこうしてスポットライト《light》浴びてる
なぜなら正義《right》を下すから
法廷は右《right》向き　でもわたしの反対意見にみんな注目
敗者として生まれた、でも確実に勝者
わたしは女性の権利を守る
なぜなら彼らと違って、わたしは「彼女」だから
クリントンにジミー・CにACLU
それに誰だかわかる?
そう、アーウィン・グリズウォルドにも幸あれ
いまのわたしはガラスの天井を突き破ってる
電話なら執務室まで　番号も住所も変わっちゃいない
それでいいの
Uh…もしわからなくても、これでわかったでしょ、ニノ

[コーラス]

あなたは平等のために闘ってきた
キキからRBGへと　こんなにも高いところへ
あなたはつねに闘う　平等な正義のために
わたしたちにとってはディーヴァ　原意主義者も手出しできない

＊ノトーリアスB．I．G．『Juicy』替え歌

オペラ『スカリア／ギンズバーグ：オペラ形式の（ささやかな）パロディ』より

作：デリック・ワン

スカリア：

法廷は気まぐれだ——
まるで法など知らないかのように！
判事たちは盲目だ！
よくもこんなことをペラペラと
憲法はそんなことは断じて述べていない
そこに記されている権利は——
いったいいつ湧いて出た？
憲法起草者が記し署名した文言はそんなものなくとも永遠だ
憲法はそんなことは断じて述べていない！

ギンズバーグ：

何回言えばいいのでしょう
親愛なるスカリア判事殿
こんな苦労はしなくてすむはず
あなたがこの考えを楽しみさえすれば……
（そうすれば、そのお堅い姿勢もやわらぐでしょう）
きちんと線引きされた答えを探そうとしてもむだ
そう簡単には解決しない問題だから
けれど憲法のすてきなところは
進化すること　わたしたちの社会と同じ
建国の父たちはビジョンある偉大な人々
でも彼らはそのときの文化に縛られていた
だからわたしたちに判断をゆだねたの
いくつもの解釈が花開き——光り輝くように

謝辞

この本は、編集を担当してくださったデイ・ストリート・ブックスのジュリア・チャイフェッツの英雄的な努力のおかげで生まれた。彼女の知恵と、根気強さ、そして忍耐力に、深く感謝している。デイ・ストリート・ブックスの不屈の方々、ショーン・ニューコット、ジョゼフ・パーパ、デイル・ロアボー、シュー・チョン、タニヤ・リート、ルーシー・アルバネーゼ、シャノン・プランケット、ケイティ・リーゲル、リン・グレイディ、アダム・ジョンソン、オーウェン・コリガン、マイケル・バーズ、ニャメチェ・ワリヤヤ、そしてザキヤ・ジャマールに心からの感謝を。

　ギンズバーグ判事のご家族、ジェーン・ギンズバーグ、ジェームズ・ギンズバーグ、クララ・スペラ、そしてポール・スペラは、その私生活をこころよくわたしたちに明かしてくださった。あらためて御礼を申し上げたい。また、ギンズバーグ判事の友人や同僚、かつての調査官の方々からのご助力にも大変感謝している。サミュエル・バゲンストス、デイビッド・S・コーエン、ジャナイ・ネルソン、マーゴ・シュランガー、リーバ・シーゲル、そしてニール・シーゲルをはじめとする方々によって結成された法律ドリームチームは、この本をつねに完璧へと導いてくれた。みなさんには感謝してもしきれないほどだ。また、ゴットリーブ・ラックマン&リーズマン社のイラーナ・ブロードとジョナサン・A・マルキからは、知的財産に関して惜しみない助言をいただいた。

最高裁判所では多くの事務局職員の方々から、貴重な資料や支援をご提供いただいた。ギンズバーグ判事執務室のキンバリー・マッケンジー、広報室のキャシー・アーバーグ、パトリシア・マッケイブ・エストラーダ、アニー・ストーン、タイラー・ロペスおよびサラ・ウォスナー、資料室のスティーブ・ペットウェイ、ダニエル・スローン、キャサリン・フィッツおよびライザ・リーベルマン、最高裁判所歴史協会のクレア・クッシュマンには、特に御礼を申し上げたい。わたしたちの厳しい期限に合わせて迅速に支援していただき、本当に感謝している。

本書の執筆を通じては、多くの公文書記録官や組織にご助力いただいた。特に、コロンビア大学ロースクールのレベッカ・バイエル、ラトガース大学スクール・オブ・ロー・ニューアークのジャネット・ドナヒュー、コーネル大学のアイシャ・ニーリー、ハーバード大学ロースクールのレスリー・シェーンフェルド、アメリカ自由人権協会（ACLU）ニュージャージー支部のデボラ・ハウレット、ジェームズ・マディソン高校のロレイン・イッツォおよびブレアリー校のリサ・ミラーに、感謝申し上げる。ACLUのレノラ・ラピドスとエリン・ホワイト、ラトガース大学のキャスリン・マハニーとジュディス・S・ワイス、そして著作家のジョン・B・レイリーには、追加の調査でサポートしていただいた。反対意見に関する調査内容を共有してくださったウィリアム・ブレイクとハンス・ハッカーにも感謝している。議会図書館の文書資料課では、ルイス・ワイマンとジェフリー・フラナリーにさまざまな案内をしていただいた。ソニー・ミュージックのブライアン・レイノルズとレイシー・チェムザックは、ノトーリアスB.I.G.の遺産に関してのみならず、そのほかの点でもわたしたちに力を貸してくださった。ミカ・フィッツァーマン＝ブルーおよびフランク・ウィリアム・ミラー・ジュニアは、重要な人々を紹介してくださった。

それから、さまざまなプラットフォームで「#notoriousrbg」のハッシュタグをつけて投稿してくれたコミュニティのみなさんに感謝のシャウトアウトを。みんな、最高だ。

イリーンより

わたしのエージェントを務めてくださったデイビッド・ブラック・エージェンシーのリンダ・ロウエンサルは、初めの一歩からわたしを熱烈にサポートしてくださった。わたしの聡明な友人で、メンターで、そして最愛のフェミニスト代弁者であるアンナ・ホームズとレベッカ・トレイスターは、それぞれのやり方で、この本（ひいては、わたしのキャリアの大部分）を実現する手助けをしてくれた。いつも寛大で洞察力に優れたレイチェル・ドライは、この本の原稿を読んでくれた際、まさにその力を発揮してくれた。

MSNBCのベス・フイ、ダフナ・リンザー、リチャード・ウォルフ、イヴェット・マイリーおよびフィル・グリフィンは、わたしにさまざまなプラットフォームで女性の権利についてレポートする機会をくださり、この本の執筆も温かく支援してくださった。わたしのRBGへのインタビューを後押ししてくれたレイチェル・マドーと、それを実現してくれたシルヴィー・ハーラーにも感謝を申し上げたい。イエール大学ロースクールの方々、とりわけプリシラ・スミス、リーバ・シーゲルそしてジャック・バルキンは、わた

RBGとイリーンの自撮り写真　*Irin Carmon*

しを歓迎し、さまざまなことを教えてくださった。マーゴット・カミンスキーもだ。最高裁判所について長年執筆してきた明敏な著作家の方々、特にリンダ・グリーンハウス、ジェフリー・トゥービン、ダリア・リトウィック、ライル・デニストン、ジョーン・ビスキューピック、ピート・ウィリアムズ、アート・リエンからは、個人的にも仕事面でも、とても多くのことを学んだ。サンドラ・バークとエリザベス・グリーンからは、友情と、それから彼女たち自身が苦労して学んだ数々の教訓を与えてもらった。友人として、師として、感謝とともに特に名前を挙げたいのは、モリー・チェン、クリスティン・ガルシア、ステフ・ヘロルド、アメリア・レスター、カイヤ＝レーナ・ロメロ、ステラ・サフォ、アダム・セルワー、アミナトゥ・ソウ、サラ・タッカー、そしてベス・ウィクラーだ。

　カーモン家のみんな——イッタイ、エラ、ダリア、ヤヘル、そしてデニー——は、わたしのすべてだ。惜しみなくわたしを支えてきてくれたハガイとラケフェット・カーモン。二人を両親にもてたことを、わたしは幸運に思う。それからRBGも「支えてくれる男性」がいるのは大切だと言っているが、わたしには幸いにも、支え以上のものを与えてくれる相手がいる。この本に取り組むわたしを、優しさと、愛と、喜びとともに見守ってくれたアリ・リヒターに、心からの感謝を。

シャナより

わたしからはまず、エージェントを務めてくれたリンゼー・エッジコムと、レバイン／グリーンバーグ／ロスタン・リテラリー・エージェンシーのダニエル・グリーンバーグに感謝を申し上げたい。二人は最初は右も左もわからなかったわたしを導いてくださり、この本の全工程を通じて、あらゆるレベルでわたしを支えてくれた。それから、アンカー・マンダニアにも心からの感謝を。彼のフェイスブック投稿はわたしにひらめきを与えてくれ、このRBG現象を巻き起こすきっかけとなった。数々の助言をくれた友人のフランク・チーにも、とても感謝している。彼が使わせてくれた予備のベッドルームは、ワシントンDCを何度も訪れることになるわたしにとって欠かせない助けとなった。

ロースクールの三年次は、ニューヨーク大学ロースクールの副学長でもあるランディ・ヘルツ教授と、法律扶助協会ブロンクス未成年者権利擁護部のジュディス・ハリス弁護士に大変お世話になった。お二人はわたしにとってかけがえのないメンターで、法律分野でもそれ以外でも（この本もその一つだ）

わたしの取り組みをサポートしてくださっている。それに二人は、つねにわたしの一番のチアリーダーだ。

このプロジェクトに力を貸してくださったニューヨーク大学のディアドレ・フォン・ドルヌム、ノーマン・ドーセン、シルヴィア・ロー、アーサー・ミラー、トレバー・モリスン、バート・ニューボーンにも御礼を申し上げる。さまざまな助言と視点、そしてときにはありがたい気晴らしをくれた、未成年者弁護人ゼミ、《ロー・レビュー》誌、舞台「ロー・レビュー」、CoLR、OUTLaw、アカペラグループ「実質的履行」、および公選弁護人学生協会の仲間たちにも感謝したい。

長年のメンターで友人でもあるミア・アイズナー・グリンバーグにも心からの感謝を。彼女はわたしが弁護士に、ひいてはいまのわたしになるために、たくさんの力を貸してくれた。コロンビア模擬裁判の学生のみんなや同僚コーチたちにも、マンハッタンの北エリアをはるばる歩いていくだけの価値ある楽しみをくれたことに感謝の言葉を送りたい。

フィラデルフィアとニューヨークのすべての友人たちへ。この本をつくっているあいだ、みんなのおかげで健やかな心でいられた。みんながわたしの人生でつねにそばにいてくれることを、本当に幸せだと思っている。

母のリュダと父のユーリ・クニズニク、それにきょうだいのエド・クニズニクの支えは、いつでもわたしの人生の原動力だ。家族のみんながいなければ、わたしは文字どおり、ここまでこられなかった。そして最後に、わたしの眠れない夜に付き合い、わたし本人に代わってわたしを気遣ってくれ、このプロジェクトの最初から最後まで愛を込めてわたしを見守ってくれた、ヒレラ・シンプソンに心からの感謝を伝えたい。

判事執務室でのシャナとRBG
Shana Knizhnik

訳者あとがき

性別にもとづく不平等の解消に力を尽くし、アメリカ社会に大きな影響を与えたアメリカ連邦最高裁判事、ルース・ベイダー・ギンズバーグ（RBG）。その高潔な仕事ぶりと法廷での痛烈な意見表明の数々から、リベラル派の若者を中心に絶大な人気を博した彼女の半生を紹介したのが、本書『アメリカ合衆国連邦最高裁判事ルース・ベイダー・ギンズバーグの「悪名高き」生涯』です。原書はアメリカで二〇一五年に出版されました。八〇歳を超える小柄で上品な老婦人が、ロックスターさながらに若者に愛され、彼女の顔を配したグッズやアート作品が街中やネットにあふれる「RBG現象」を巻き起こすに至った経緯は、本文に語られるとおりです。

二〇一八年にはドキュメンタリー映画『RBG 最強の85才』も公開され、彼女の人気を不動のものとしました。同作はRBG本人のインタビュー映像も多く使われ、大変見応えがあります。華奢ながらしゃんとしたその佇まいや、聡明でどこかユーモアの垣間見えるゆっくりとした話しぶりは、彼女の人となりがにじみ出るようで、とても印象的です。

本書が描くのは、二〇一五年までのＲＢＧの物語です。最終章では、「民主党大統領が後任にリベラル派判事を指名できるよう、ギンズバーグ判事はオバマ大統領の在任中に引退すべき」との声が高まるなかで、その声を毅然とはねのけるＲＢＧの姿が描かれます。来たる二〇一六年大統領選挙で民主党のヒラリー氏が初の女性大統領となることを、彼女は期待していました。

しかし、実際に二〇一六年に何が起こったかは、いまでは誰もが知るところでしょう。ヒラリー氏優勢との大方の予想をくつがえし、大統領選挙に勝利したのは共和党のトランプ氏でした。トランプ大統領在任中に倒れるわけにはいかない。決意をあらたに職務に邁進するＲＢＧでしたが、老いと病魔は彼女を徐々にむしばんでいきます。

二〇二〇年九月一八日、ＲＢＧはがんの合併症のためにこの世を去ります。次の大統領選挙まであと二か月たらずのことでした。ＲＢＧ逝去の報にアメリカは悲しみに包まれ、遺体が安置された最高裁判所には大勢の市民が駆けつけてその死を悼みました。ＲＢＧを称えるプラカードを掲げた人、ＴシャツやトートバッグなどＲＢＧグッズを身につけた人……当時のニュース映像からは、彼女がいかにアメリカ社会に愛されていたかが伝わってきます。

トランプ大統領はＲＢＧの死後まもなく保守派の最高裁判事を後任に指名し、これにより最高裁の構成は保守派六人、リベラル派三人と大きく右傾化することになります。「わたしの仕事はまだ終わっていない」と引退を拒み続けたRBGの判断は、結果だけをみれば悪手だったのかもしれません。しかし、自らのやるべき仕事につねに全力で取り組むその不屈の精神こそ、まさに彼女を彼女たらしめてきた原動力だったのではないでしょうか。

本書で描かれるRBGの生き様に、二〇二四年八月現在に放送されているNHKの連続テレビ小説『虎に翼』の主人公・寅子《ともこ》を思い起こす方も多いかもしれません。日本初の女性弁護士で、のちに判事も務める三淵嘉子をモデルとした同作。時代や国は違っても、男性の世界である法曹界に飛び込んだ「初めての」女性たちの苦労に違いはありません。社会の「おかしなこと」に疑問を投げかけ、闘い続けた彼女たちの存在があったからこそ、いまのわたしたちは（少なくとも当時よりは）平等な世界を生きられる。本書の献辞にあるとおり、「いまを生きるわたしたちの土台をつくってくれた、すべての女性たち」への尊敬の念を新たにする思いです。

最後になりますが、本書を翻訳するにあたり大変お世話になった光文社の永林あや子さんと翻訳会社リベルの皆様に、この場を借りて心から御礼を申し上げます。

二〇二四年八月

柴田さとみ（翻訳者）

https://twitter.com/darth/status/614458561264021504.

医療保険制度改革法： *King v. Burwell*, 576 U.S. (2015).

公正住宅法： *Texas Dep't of Hous. and Cmty. Affairs v. Inclusive Cmtys. Project, Inc.*, 576 U.S. (2015).

妊娠差別禁止法： *Young v. United Parcel Service*, 575 U.S. (2015).

彼女はそんなふうに信頼を寄せられる： *E.g.*, Adam Liptak, *Right Divided, a Disciplined Left Steered the Supreme Court*, New York Times, June 30, 2015.

「この国で、裕福な女性が」： *MSNBC Interview*.

「今日、大学内で『授乳室』と書かれた部屋の」： *Symposium Honoring the 40th Anniversary of Justice Ruth Bader Ginsburg Joining the Columbia Law Faculty: A Conversation with Justice Ginsburg*, Columbia Law School (Feb. 10, 2012).

「性差別はすべての人に害をなすものだと」： *Exclusive: Ruth Bader Ginsburg on Hobby Lobby*, Roe v. Wade, *Retirement and Notorious R.B.G.*, Yahoo News Video (Jul. 31, 2014).

付録1：RBGのようになるための八つの秘訣

「無気力や身勝手や不安」： Ruth Bader Ginsburg, *Remarks for American Bar Association Initiative: Renaissance of Idealism in the Legal Profession*, May 2, 2006.

「エレノア・ルーズベルトはすばらしい女性でした」： Nadine Epstein, *Ruth Bader Ginsburg: "The Notorious RBG,"* Moment Magazine, May 2015.

「あなたが大切にするもののために」： Stephanie Garlock, *Ginsburg Discusses Justice and Advocacy at Radcliffe Day Celebration*, Harvard Magazine, May 29, 2015.

「女性は意思決定が下されるあらゆる場にいるべき」： Joan Biskupic, *Ginsburg: Court Needs Another Woman*, USA Today, Oct. 5, 2009.

「この理論に従えば、権力の腐敗と無縁でいるためには」： Ruth Bader Ginsburg, *Women at the Bar—A Generation of Change*, 2 U. Puget Sound Law Review 1, 12 (1978).

「もし本当に心からロースクールに行きたいのなら」： *Conversation with Justice Ruth Bader Ginsburg and Wendy Webster Williams*, C-SPAN (Apr. 10, 2009).

「彼女はオンリーワンになるために」： Shana Knizhnik による Marcia Greenberger へのインタビュー.

10: でも、やめられない

「自分のもてるあらゆる才能を最大限に活かして」：*MSNBC Interview.*
「彼女の体を心配して怒った人たちもいました」：*Justice Ginsburg's Cancer Surgery,* The Situation Room (CNN television broadcast, Feb. 5, 2009).
「最高裁判事は男性だけではないことを」：Joan Biskupic, *Ginsburg Back with Grit, Grace,* USA Today, Mar. 6, 2009.
「わたしはギンズバーグ判事に好感をもちました」：Toobin, *Heavyweight.*
「最初から互いにわかり合えるものがありました」：Greg Stohr and Matthew Winkler, *Ruth Bader Ginsburg Thinks Americans Are Ready for Gay Marriage*, Bloomberg (Feb. 12, 2015).
「何か特別で風味の効いたスパイスが」：Al Kamen, *Next Year, the Award for Humility,* Washington Post, May 9, 2001.
「あなたの職業倫理」：Robert Barnes, *Ginsburg Gives No Hint of Giving Up the Bench,* Washington Post, Apr. 12, 2009.
「女性版サーグッド・マーシャルに代わって」：Randall Kennedy, *The Case for Early Retirement,* New Republic, Apr. 28, 2011.
「彼女は最高裁でかけがえのない、すばらしい宝石」：Shana Knizhnik による Sylvia Law へのインタビュー.
「大統領は代わります」：Adam Liptak, *Court Is "One of the Most Activist," Ginsburg Says, Vowing to Stay,* New York Times, Aug. 24, 2013.
「ええ、二〇一六年の大統領選挙について」：92Y Plus, *Ruth Bader Ginsburg and Dorit Beinisch with Nina Totenberg,* YouTube.com (Oct. 22, 2014).
「すばらしいことです」：Richard Wolf, *Ginsburg's Dedication Undimmed After 20 Years on Court,* USA Today, Aug. 1, 2013.
「以前はすらすら引用できた訴訟名が出てこなくなったら」：*Justice Ginsburg Speaks: Women and the Law; Syria, Congress and the President and More,* The Takeaway with John Hockenberry (Sept. 16, 2013).
マーティーのキッチン：Shana Knizhnik による Anita Fial へのインタビュー.
「母はときどき、わたしが起きるころに」：Irin Carmon による Jane Ginsburg へのインタビュー.
「でもいまは、もう寝なさいと言ってくれる人もいません」：Beth Saulnier, *Justice Prevails: A Conversation with Ruth Bader Ginsburg '54,* Cornell Alumni Magazine, Nov./Dec. 2013.
「祖母はコーヒーで生きてる」：Shana Knizhnik による Clara Spera へのインタビュー.
「生きていることの喜びをいっそう探すように」：Lewis H. Lapham, *Old Masters at the Top of Their Game,* New York Times Magazine, Oct. 23, 2014.
「祖母は助手席の女性の連邦保安官に」：Shana Knizhnik による Paul Spera へのインタビュー.
「もし結婚という制度が平等主義に」：Oral Argument at 07:58, *Obergefell v. Hodges* (No. 14-556).
ボタンダウンのシャツの下に：Irin Carmon による Dan Canon へのインタビュー.
同性婚禁止を違憲とする法廷意見：*Obergefell v. Hodges,* 576 U.S. (2015).
レインボーを背景にした RBG の画像：darth!™, Twitter (June 26, 2015, 8:41 AM),

「自分にとって心地よいものを選ぶべきだと」：*Supreme Court Justice Elena Kagan Interview,* C-SPAN (Dec. 9, 2010).

「『わたしたちはみな公正な判断を下すのが仕事だ』」：Brian Lamb and Susan Swain, *The Supreme Court: A C-SPAN Book, Featuring the Justices in Their Own Words* 116 (2013).

「女性判事用のローブをつくってくれるところは」：Adam Liptak, *The Newest Justice Takes Her Seat,* New York Times, Sept. 8, 2009.

「判事というのは、華々しく着飾る職業としては」：*Stars and Storm Volunteers Mingle at Glamour Women of the Year Awards,* CBS News (Nov. 13, 2012).

「軽やかに揺れるプリーツスカートに」：Carrie Donovan, *Style: Security Blankets,* New York Times, Oct. 31, 1993.

「彼女の放つ信じがたいほどの魅力に」：Rosen, *The New Look of Liberalism.*

マーティーが勤めるニューヨークの法律事務所には：*Women's Law and Public Policy Remarks.*

マーティーはあまり買い物好きなタイプじゃない：Irin Carmon による David Schizer へのインタビュー.

「その日ギンズバーグ判事が選んだのは」：Jeffrey Toobin, *The Nine: Inside the Secret World of the Supreme Court* 143 (2007).

「祖母はいつもピアスのことを『その顔についているもの』って」：Shana Knizhnik による Clara Spera へのインタビュー.

「ロジックとイマジネーションの融合」：Cindy Nemser, *Ben Cunningham: A Life with Color* (1989).

巡回展に出ているアルバースが：Toobin, *Heavyweight.*

RBG はオペラを観て泣くことがある：Barnes, *The Question Facing Ruth Bader Ginsburg.*

「母は映画でも感傷的に」：Irin Carmon による Jane Ginsburg へのインタビュー.

「神様から何か才能を与えてもらえるのなら」：*Justice Ruth Bader Ginsburg Remarks at Georgetown University Law Center,* C-SPAN (Feb. 4, 2015).

「アメリカで公演するとき、彼は一度も」：Anne Constable, *Santa Fe a Favorite Summer Getaway for Justice Ginsburg,* Santa Fe New Mexican, Aug. 23, 2014.

「ああ、なんて堂々たる女性でしょう」：Anthony Tommasini, *Justices Greet Diva: It's Ardor in the Court,* New York Times, Oct. 31, 2008, at C8.

オペラ好きはマーティーの家系にも：Irin Carmon による Jane Ginsburg へのインタビュー.

「非公式にではありますが、わたしたちにとって彼女は」：Marisa M. Kashino, *Stage Presence: Ruth Bader Ginsburg's Love of the Arts,* Washingtonian (Oct. 10, 2012).

「彼女はすばらしいセンスの持ち主で」：Irin Carmon による Michael Kahn へのインタビュー.

少なくとも三回エキストラとして舞台に立っている：Rosen, *The New Look of Liberalism.*

「最高裁からの最高なゲストのお三方です」：Roxanne Roberts, *Opera's Supreme Moment,* Washington Post, Sept. 8, 2003.

最高裁で年に二回開かれるオペラと楽器演奏のリサイタル：Ruth Bader Ginsburg, Remarks for Chautauqua Lawyers in Opera, Jul. 29, 2013.

「同じことが最高裁の会議の場でも起こり得ます」：同上.
レディングが受けた裸での持ち物検査を：*Redding*, 557 U.S. at 368 (2009).
「人は生きているかぎり学ぶことができます」：*MSNBC Interview.*
「介入の土台となるから」Richard L. Hasen, *Roberts' Iffy Support for Voting Rights*, Los Angeles Times (Aug. 3, 2005).
「わたしが思うに、これはおおいに」：Oral Argument at 51:48, *Shelby Cnty. v. Holder,* 133 S. Ct. 2612 (2013).
「いまの法廷はその点では最も改革的な法廷の一つとして」：Richard Wolf, *Ginsburg's Dedication Undimmed After 20 Years on Court,* USA Today (Aug. 1, 2013).
「傘の外は暴風雨だというのに」：Lani Guinier, *Justice Ginsburg: Demosprudence Through Dissent,* in The Legacy of Ruth Bader Ginsburg 214 (Scott Dodson, ed. 2015).
「ゴンザレス対カーハート」裁判　RBGの反対意見抜粋：*Gonzales v. Carhart,* 550 U.S. 124, 171–91 (2007) (Ginsburg, J., dissenting).
レッドベター対グッドイヤー・タイヤ&ラバー社：Opinion Announcement at 4:00–10:57, *Ledbetter v. Goodyear Tire and Rubber Co.,* 550 U.S. 618 (2014).
シェルビー郡対ホルダー：*Shelby Cnty. v. Holder,* 133 S. Ct. 2612, 2633–51 (2013) (Ginsburg, J., dissenting).
「そのような未検証の予言が」：*Bush v. Gore,* 531 U.S. 98, 144 (2000) (Ginsburg, J., dissenting).
「幾世代にもわたる人種的抑圧の痕は」：*Gratz v. Bollinger,* 539 U.S. 244, 304 (2003) (Ginsburg, J., dissenting).

9: あなたの派手なやり方が好き

「でも一度にできるのは10回までね」*MSNBC Interview.*
ブライアント・ジョンソンはもう二〇年近く：Irin Carmon による Bryant Johnson へのインタビュー.
「わたしはルースに、ボートの後ろに乗るように言いました」：Shana Knizhnik による Burt Neuborne へのインタビュー.
「クリントン大統領は若い法律家を」：Claudia MacLachlan, *Mr. Ginsburg's Campaign for Nominee,* National Law Journal, June 27, 1993, at 33.
少し練習すればポイントガードに：Maria Simon, *Reflections,* 20 University of Hawai'i Law Review 599, 600 (1998).
RBGは大リーグ・ヤンキースの：Shana Knizhnik による Burt Neuborne へのインタビュー.
「やることは全部やりました」：*MSNBC Interview.*
「あなたは腕立て伏せが何回できますか？」Irin Carmon による Jeffrey Toobin へのインタビュー.
「ほら、判事が着る法服は」：Robert Barnes, *Justices Have Differing Views of Order in the Court,* Washington Post, Sept. 4, 2009.
「反対意見にふさわしい見た目だから」：*Exclusive: Ruth Bader Ginsburg on Hobby Lobby, Roe v. Wade, Retirement and Notorious R.B.G.*, Yahoo News Video (Jul. 31, 2014).
「すばらしい日でした」：同上.

「州は中絶の手法を制限するにあたり」*Stenberg,* 530 U.S. at 931 (2000).

RBG は個別に判事意見を書き：*Stenberg,* 530 U.S. at 951–52 (Ginsburg, J., concurring).

この中絶手法をグロテスクだと感じたケネディ判事は：*Stenberg,* 530 U.S. at 957–59 (Kennedy, J., dissenting).

ブッシュ大統領が「部分分娩中絶」を：*The Partial-Birth Abortion Ban Act of 2003,* Public Law 108–5, 117 Stat. 1201.

下級裁判所判事のうちでただ一人：*Planned Parenthood v. Casey,* 947 F.2d 682, 719 (3d Cir. 1991) aff'd in part, rev'd in part, 505 U.S. 833 (1992).

ゴンザレス対カーハート：550 U.S. 124, 159 (2007).

「この現象を測る信頼に足るデータは」同上 at 159–60.

「もしすべての女性がこの中絶手法の」：Dahlia Lithwick, *Father Knows Best,* Slate (Apr. 18, 2007).

ケネディ判事の意見は、RBG への侮辱に：Bazelon, *The Place of Women on the Court.*

「我々の義務はすべての人にとっての自由を」：*Gonzales v. Carhart,* 550 U.S. 124, 182 (2007) (Ginsburg, J., dissenting) (quoting *Planned Parenthood v. Casey,* 505 U.S. 833, 850 [1992]).

「最高裁の構成は」：Opinion Announcement at 15:35, *Gonzales v. Carhart* 550 U.S. 124 (2007).

リリー・レッドベター：Lilly Ledbetter, *Grace and Grit: My Fight for Equal Pay and Fairness at Goodyear and Beyond* (2013).

訴えるのが遅すぎた：*Ledbetter v. Goodyear Tire and Rubber Co.,* 421 F.3d 1169, 1182–83 (11th Cir. 2005).

「わたしと彼女は年齢も同じくらい」：Ledbetter, *Grace and Grit.*

「一八〇日以内に」：*Ledbetter v. Goodyear Tire and Rubber Co.,* 550 U.S. 618, 619 (2007).

「彼女の経験は、この年代の働く女性のほぼ誰もが」：Toobin, *Heavyweight.*

選挙資金の上限：*Federal Election Commission v. Wisconsin Right to Life, Inc.,* 551 U.S. 449 (2007).

「人種にもとづく差別を止めるには」：Parents involved in *Cmty. Sch. v. Seattle Sch. Dist. No. 1,* 551 U.S. 701, 748 (2007).

「彼女はつねに、ある種、白い手袋をはめた」：Linda Greenhouse, *Oral Dissents Give Ginsburg a New Voice,* New York Times, May 31, 2007.

「反対の意思を声に出して吐露していくつもりです」：*The Nation in Brief: No Turning the Clock Back on Abortion, Justice Ginsburg Says,* Washington Post (Oct. 22, 2007).

「リリー・レッドベター公正賃金法」に署名する：Sheryl Gay Stolberg, *Obama Signs Equal-Pay Legislation,* New York Times, Jan. 29, 2009.

アリゾナ州の一三歳の女子生徒サバナ・レディング：*Safford Unified Sch. Dist. v. Redding,* 557 U.S. 364 (2009).

「何がそこまで問題なのか、理解できません」：Oral Argument at 43:40, *Safford Unified Sch. Dist. v. Redding,* 557 U.S. 364 (2009).

「下着一枚にしただけではありません」：Oral Argument at 44:12, *Safford Unified Sch. Dist. v. Redding,* 557 U.S. 364 (2009).

「彼らは一三歳の女の子だったことがないのです」：Joan Biskupic, *Ginsburg: Court Needs Another Woman,* USA Today (Oct. 5, 2009).

8: あなたのその言葉に夢中

「いずれにせよ、希望は永遠に湧いてきます」：*Columbia Symposium.*

「間違ったものは破壊されなければならない」：Nina Totenberg, *Justice Scalia, the Great Dissenter, Opens Up,* NPR (Apr. 28, 2008).

ドレッド・スコット：*Dred Scott v. Sandford,* 60 U.S. (19 How.) 393 (1857).

プレッシー対ファーガソン：163 U.S. 537 (1896).

ブッシュ対ゴア：531 U.S. 98 (2000).

「この裁判はまるでサーカスだと言われますが」：Op-Ed, *My Florida Recount Memory,* New York Times, Nov. 20, 2010.

「ある一人の票を」：*Bush v. Gore,* 531 U.S. at 104–5.

「連邦裁判所は、州の法律については」：*Bush v. Gore,* 531 U.S. at 143 (Ginsburg, J., dissenting).

「この脚注にスカリアは激怒した」：Jeffrey Toobin, *Too Close to Call: The Thirty-Six-Day Battle to Decide the 2000 Election* 266–67 (2002).

「連邦最高裁をめぐる一二月の嵐」：*Ginsburg Recalls Florida Recount Case,* New York Times, Feb. 4, 2001.

「わたしたちは全員が、この機関を」：Transcript of *NOW with Bill Moyers* (PBS television broadcast May 3, 2002).

「わたしの首席」：Ruth Bader Ginsburg, *Constitutional Adjudication in the United States as a Means of Advancing the Equal Stature of Men and Women Under the Law,* 26 Hofstra Law Review 263, 267–70 (1997) ("my now Chief"); *A Conversation Between Justice Ruth Bader Ginsburg and Professor Robert A. Stein*, 99 Minnesota Law Review 1, 11 (2014) ("later became my chief").

「その女性たちはどこです？」：Scott Conroy, *Madame Justice,* CBS (Oct. 1, 2006).

「政治のリーダーたちに訊いてください」：同上.

女性を雇っていない判事たちに訊いてみてください：Linda Greenhouse, *Women Suddenly Scarce Among Justices' Clerks,* New York Times, Aug. 30, 2006.

「たまに現れては好奇の目で見られる」：Joan Biskupic, *Ginsburg "Lonely" Without O'Connor; The Remaining Female Justice Fears Message Sent by Court Composition,* USA Today, Jan. 25, 2007.

「法廷におけるいまの自分を表現する言葉は」：同上.

プランド・ペアレントフッド対ケイシー：505 U.S. 833 (1992).

「女性が合衆国の経済および社会的生活に」：同上, 856.

「わたしは、科学がこの決断を」：Stephanie B. Goldberg, *The Second Woman Justice,* ABA Journal, Oct. 1993, at 42.

「過度な負担」：*Casey,* 505 U.S. at 874 (1992) (「州の規制が、女性がこの決断を下す能力にとって過度な負担となる場合のみ、州の権力はデュープロセス条項によって守られた自由の中核に達することになる」).

クリントン大統領は悲劇的な経緯で妊娠した女性たちに囲まれて：*Bill Clinton on Vetoing the Partial Birth Abortion Ban,* PBS NewsHour (Apr. 10, 1996).

同調的な州で同様の：*E.g., Stenberg v. Carhart,* 530 U.S. 914 (2000).

「この特定手法の禁止が実際のところ何であれ」：Opinion announcement at 24:46, *Stenberg v. Carhart,* 530 U.S. 914 (2000).

への電話インタビュー.

「ケネディ判事は朝型人間でした」：Shana Knizhnik による Daniel Rubens への電話インタビュー.

「意見が二〇ページを超えると」：*Interview with Bryan Garner,* LawProse (2006).

「正しく、簡潔に」：Maria Simon, *Reflections,* 20 University of Hawai'i Law Review 599, 599 (1998).

「もしシンプルな英語で言い換えられるのなら」：*Interview with Bryan Garner.*

「法律とは文学的な職業だと」：同上.

すべての単語が線で消されて書き直されていた：Irin Carmon による David Shizer への電話インタビュー.

「今日はマーティーから夜に映画に行こうと」：Irin Carmon による David Shizer へのインタビュー.

「わたしの文章は、一部の人にとっては」：*Symposium Honoring the 40th Anniversary of Justice Ruth Bader Ginsburg Joining the Columbia Law Faculty: A Conversation with Justice Ginsburg,* Columbia Law School (Feb. 10, 2012).

「彼女は、法律が現実の人々の暮らしと」：Irin Carmon による Alisa Klein へのインタビュー.

「彼女の仕事の速さは、わたしたちのジョークの種でした」：Barnes, *The Question Facing Ruth Bader Ginsburg.*

「いくら沈黙が降りようが気にしない」：Shana Knizhnik による Richard Primus への電話インタビュー.

「ゆっくり五つ数える」：同上.

「ドアに向かってゆっくり後ずさりします」：Shana Knizhnik による Paul Berman への電話インタビュー.

「世界で初めてそれをした男ではなかったですが」：Irin Carmon による David Post への電話インタビュー.

「父親が子どもの育児について対等な責任を」：Rosen, *The New Look of Liberalism.*

「親としての責務を果たしている男性」：Linda Greenhouse, *Word for Word: A Talk with Ginsburg on Life and the Court,* New York Times, Jan. 7, 1994.

「もちろん、誰にもこういった配慮をしてもらえないまま」：Irin Carmon による David Post への電話インタビュー.

「ギンズバーグ判事はたいそう喜んだ」：Susan H. Williams and David C. Williams, *Sense and Sensibility: Justice Ruth Bader Ginsburg's Mentoring Style as a Blend of Rigor and Compassion,* 20 University of Hawai'i Law Review 589 (1998).

「ですから、わたしの秘書たちにどう接するか」：Todd C. Peppers, *In Chambers: Stories of Law Clerks and Their Justices* (2012).

「あなたに裁判所で特別な友人がいたなんて」：Shana Knizhnik による Paul Berman へのインタビュー.

「『合衆国憲法から与えられた権限により』」：同上.

ギンズバーグ調査官チームが：Irin Carmon による Scott Hershovitz への電話インタビュー.

「新任とはいえ、もう少し健闘を、と期待しています」：同上.

stitution of Supreme Court Justice Antonin Scalia 89 (2010).

「スカリアが入ってくると、リベラル派の客たちは」：Margaret Carlson, *The Law According to Ruth*, Time, June 24, 2001.

二人には、オペラ好きという共通点があった：C-SPAN, *Supreme Court Justices*; Biskupic, *Ginsburg, Scalia Strike a Balance.*

「スカリアが殺して、マーティーが料理するんだ」：Biskupic, *Ginsburg, Scalia Strike a Balance.*

「彼らが政治的な話や（……）聞いたことがありません」：Shana Knizhnik による Paul Spera への電話インタビュー.

「とても堂々とした」：*UC Hastings Conversation.*

「彼のことは好きなんですが」：Biskupic, *American Original,* at 277.

アリート判事はRBGの主導する：Charlie Campbell, *Shakespeare in Court: Justices Hold Mock Trial Based on Bard's Tragedy,* Time (May 15, 2013).

アリートが同窓会グループの：Dale Russakoff, *Alito Disavows Controversial Group,* Washington Post, Jan. 12, 2006.

「あります。ただ、昔ほどではありません」：*MSNBC Interview.*

「自身の意見書やスピーチを通じて」同上 .

「人生で辛酸をなめてきた賢いラテン系の女性は」Charlie Savage, *A Judge's View of Judging Is on the Record,* New York Times, May 14, 2009.

「そのことで大騒ぎするのは、ばかばかしいことだと」：Bazelon, *The Place of Women on the Court.*

「ギンズバーグ判事は気持ちを和らげ」：Joan Biskupic, *Breaking In: The Rise of Sonia Sotomayor and the Politics of Justice* (2014).

ケイガンは、一九七三年に当時一三歳だったとき：*The Justice Ruth Bader Ginsburg Distinguished Lecture on Women and the Law,* C-SPAN (Feb. 3, 2014) (introductory remarks by Justice Ginsburg).

「誰よりも、彼女のおかげです」：同上 (Kagan's speech about RBG).

全然引っ込み思案じゃない：*Conversation with Ted Olson.*

「九人です」：*Georgetown Remarks.*

「大したことのない判事だと」：Tom Goldstein, Oral Argument as a Bridge Between the Briefs and the Court's Opinion, in The Legacy of Ruth Bader Ginsburg 221 (Scott Dodson, ed. 2015).

「そう頻繁には起こりませんけれど、ときには」：C-SPAN, *Supreme Court Justices.*

「親愛なるルース、ここそこ、あるいはこの一点を変えてくれれば」：同上 .

「誰か一人に目立たない事案ばかりを割り振ったり」：Jeffrey Rosen, *Ruth Bader Ginsburg Is an American Hero,* New Republic, Sept. 28, 2014.

「くらくらするような体験」：Ruth Bader Ginsburg, *Lecture: The Role of Dissenting Opinions,* 95 Minnesota Law Review 1 (2010).

週末をつぶすことになりました、と RBG はジョークを言う：Barnes, *The Question Facing Ruth Bader Ginsburg.*

「夜遅くまで仕事をしないで寝なくては、と思うのですが」：*MSNBC Interview.*

「まあリチャード、そんなところで何をしているの？」：Shana Knizhnik による Richard Primus への電話インタビュー.

「それ以降に出入りするときは、最高裁警察に」：Irin Carmon による Samuel Bagenstos

「ニノといるといつでも楽しい」：Joan Biskupic, *Ginsburg, Scalia Strike a Balance,* USA Today, Dec. 25, 2007.
「法律問題で意見が激しく対立してもなお」：Barnes, *The Question Facing Ruth Bader Ginsburg.*
「いまの首席判事は」Toobin, *Heavyweight.*
彼女を起こそうと体をつついてくれたが：*MSNBC Interview.*
「つい感情が表に出てしまったのだと」：Adam Liptak, *Court Is "One of the Most Activist," Ginsburg Says, Vowing to Stay,* New York Times, Aug. 24, 2013.
「5対4の判決はどれも」：Toobin, *Heavyweight.*
端役で舞台に立ったこともある：Roxanne Roberts, *Opera's Supreme Moment,* Washington Post, Sept. 8, 2003.
RBGを激怒させた：Linda Greenhouse, *Justices Back Ban on Abortion Method,* New York Times, Apr. 19, 2007.
「面接さえしてくれなかったんです」Adam Liptak, *Kagan Says Path to Supreme Court Was Made Smoother Because of Ginsburg's,* New York Times, Feb. 10, 2014.
「彼女はギンズバーグ判事で、わたしがオコナー判事です」：Rosen, *The New Look of Liberalism.*
「自分たちはいっしょに仕事をするのだと確認するための儀式」：C-SPAN, *Supreme Court Justices.*
「これからはつねに女性がここにいるのだ」ということを：*Conversation with Justice Ruth Bader Ginsburg and Theodore "Ted" B. Olson,* C-SPAN (Dec. 17, 2013) [以後、*Conversation with Ted Olson*].
「I'm Sandra（わたしはサンドラ）」と「I'm Ruth（わたしはルース）」という文字入りのTシャツ：Ruth Bader Ginsburg, *A Woman's Voice May Do Some Good,* Politico (Sept. 25, 2013).
「彼女はギンズバーグ判事で、わたしがオコナー判事です」：Rosen, *The New Look of Liberalism.*
「『ルース、いいのよ。』」：Bazelon, *The Place of Women on the Court.*
「わたしの姉」：Dennis Abrams, *Sandra Day O'Connor: U.S. Supreme Court Justice* 100 (2009).
「あなたの法廷での最初の意見」：Ginsburg, *A Woman's Voice.*
「ブラをつけ、結婚指輪をつけて」：Joan Biskupic, *Sandra Day O'Connor* (2009).
オコナー判事がRBGと異なる立場をとった回数は：Jeffrey Rosen, *The Woman's Seat,* New York Times Magazine, Oct. 16, 2005.
女性がさまざまな意見をもっていることの証明になる：*Feels Isolated on Court,* Washington Post, Jan. 28, 2007.
プランド・ペアレントフッド対ケイシー：505 U.S. 833 (1992).
RBGとオコナーは（……）夕食会も主催：*Ginsburg on Same-Sex Marriage, Women's Rights, Health,* Bloomberg (Feb. 12, 2015).
こうアドバイスしてくれた：Biskupic, *Sandra Day O'Connor.*
「みんながわたしのそばに来て」：*UC Hastings Conversation.*
ネバダ州人的資源局対ヒッブス：538 U.S. 721, 736 (2003).
「誰も考えもしなかったでしょうね」：Bazelon, *The Place of Women on the Court.*
「わたしは彼に魅了されました」：Joan Biskupic, *American Original: The Life and Con-*

burg, Columbia Law School (Feb. 10, 2012).
「あなたの息子はもう四歳になるのよ」：Von Drehle, *Conventional Roles.*
「だってそういうものじゃないか」：*Balancing Public and Private Life.*
「この子には親が二人います」：Ruth Bader Ginsburg, *Remarks for George Mason University School of Law Graduation May 22, 1993,* 2 George Mason Independent Law Review 1, 2–5 (1993).
「どれくらい遠くまで持っていけたんです？」：Irin Carmon による James Ginsburg へのインタビュー.
『働く女性弁護士』：Elinor Porter Swiger, *Women Lawyers at Work* 59–61 (1978).
「母が本当に娘に失望しているんだと知るんです」：Rosen, *The New Look of Liberalism.*
毎日作文を書くように：Irin Carmon による James Ginsburg へのインタビュー.
ノートに記録をつけていたそうだ：Irin Carmon による Jane Ginsburg へのインタビュー.
みんな思ってもいなかった：*UC Hastings Conversation.*
レディース・ダイニング・ルーム：Ruth Bader Ginsburg, *Foreword,* in Malvina Shanklin Harlan, Some Memories of a Long Life, 1854–1911, at xvi (2003).
デニス・サッチャー協会：*Balancing Public and Private Life.*
「マーティーは伴侶であることを楽しんでいました」：Cathleen Douglas Stone, *Lunch with Marty,* in Chef Supreme, at 75.
「あなたの誕生日なので」：Shana Knizhnik による Trevor Morrison へのインタビュー.
「なんだかとても親しみが湧くんです」 Irin Carmon による Kate Andrias へのインタビュー.
「マーティーが立ち上がって」：Todd C. Peppers and Artemus Ward, *In Chambers: Stories of Supreme Court Law Clerks and Their Justices* (2012).
「マーティーは、いつでもわたしの親友でした」：*Full Interview with Supreme Court Justice Ruth Bader Ginsburg,* MSNBC (Feb. 17, 2015) [以後、*MSNBC Interview*].
「わたしの最も古い記憶の中で」：Ginsburg, *Thoughts on Marty,* at 125.
公立大学内のキリスト教団体が：*Christian Legal Society v. Martinez,* 561 U.S. 661 (2010).
「父もけっして望まなかったと思います」：Irin Carmon による Jane Ginsburg へのインタビュー.
ロバーツ首席判事が短いお悔やみのことばを：Jeffrey Toobin, *Without a Paddle: Can Stephen Breyer Save the Obama Agenda in the Supreme Court,* New Yorker, Sept. 27, 2010.
墓所に添えられていたアメリカ国旗は：Mark Sherman, *Ginsburg Anticipates Being 1 of 3 Female Justices,* Seattle Times, Aug. 4, 2010.

7: 俺らのチームは最高

「彼女は屈しません」：Bazelon, *The Place of Women on the Court.*
「すばらしい判事」：Adam Liptak, *From Justice Thomas, a Little Talk About Race, Faith, and the Court,* New York Times, Sept. 17, 2012.
『Race, Gender, and Power in America（アメリカにおける人種、ジェンダー、権力）』：Rosen, *The New Look of Liberalism.*

「ぼくが成し遂げた最も重要なことは」：Nina Totenberg, *Notes on a Life,* in The Legacy of Ruth Bader Ginsburg 6 (Scott Dodson, ed. 2015).
「人生のパートナー」：*Senate Judiciary Hearings*, at 46.
「パイオニア的な夫婦」：同上 at 561 (statement of Stephen Wiesenfeld).
「当然豊かであるべき人々の富を」：Jeffrey Toobin, *Heavyweight,* New Yorker, Mar. 11, 2013 [以後、Toobin, *Heavyweight*].
「幸運なことに、結婚生活では」：Elizabeth Vrato, *The Counselors: Conversations with 18 Courageous Women Who Have Changed the World* 176 (2002).
「マーティーを誉めようとしても、それは不可能でした」：Shana Knizhnik による Burt Neuborne へのインタビュー.
「わたしはずっと昔から妻を支えてきました」：Labaton, *The Man Behind the High Court Nominee.*
「夫婦はお互いに譲り合うものです」：Irin Carmon, *Ruth Bader Ginsburg on Marriage, Sexism, and Pushups,* MSNBC (Feb. 17, 2015).
RBG が車を門にぶつけて以来：Bill Hewitt, *Feeling Supreme,* People, June 27, 1993.
「はいとは言うけど、動きやしない！」：Maria Simon, *Reflections,* 20 University of Hawai'i Law Review 599, 600 (1998).
「もう寝なさい」とアドバイス：*Balancing Public and Private Life*, C-SPAN (May 17, 1997).
「彼はいつもわたしを」：同上 .
「互いをよく知り」：Totenberg, *Notes on a Life.*
「ぼくの仕事は本当に文字どおり」：*Women's Law and Public Policy Remarks.*
ツナのキャセロール：Jay Mathews, *The Spouse of Ruth: Marty Ginsburg, the Pre-Feminism Feminist*, Washington Post, June 19, 1993.
エスコフィエのレシピ本：同上 ; Irin Carmon により Ruth Bader Ginsburg にファクトチェック、マサチューセッツ州ボストン、2015 年 5 月 29 日 .
「わたしがつくれる料理は七つでした」：*UC Hastings Conversation.*
「お母さんを徐々に台所から締め出す」：Carmon, *Ruth Bader Ginsburg on Marriage.*
「母は考えること」：James Ginsburg, *Thoughts on Marty,* in Chef Supreme: Martin Ginsburg 91 (Clare Cushman, ed. 2011).
息子のジェームズは成長するにつれて：Irin Carmon による James Ginsburg へのインタビュー.
ギンズバーグ家のワシントン DC の自宅の本棚には：Jessica Gresko, *New Cookbook: Eating Like a Supreme Court Justice,* Boston.com (Dec. 20, 2011).
「ぼくはマーティー・ギンズバーグを憎んでいますよ」：Rosen, *The New Look of Liberalism.*
ホワイトハウスの昼食会に招かなくて幸いだった：Barnes, *The Question Facing Ruth Bader Ginsburg.*
「ほとんどの女性にとって本当に大変なのは」：Acad. of Achievement.
ジェーンの世話に全力を傾けた：Von Drehle, *Conventional Roles.*
「あの子のお母さんは働いているのよ」：Irin Carmon による Jane Ginsburg へのインタビュー.
「街一番のブラック企業」：*Symposium Honoring the 40th Anniversary of Justice Ruth Bader Ginsburg Joining the Columbia Law Faculty: A Conversation with Justice Gins-*

Ginsburg, Breyer Nominations Offer Insight, Some Fun, Washington Post, June 8, 2014.

「ACLU を貶めるようなことはしたくなかった」： *UC Hastings Conversation.*

「うちのおばあちゃんはすごく特別」： *Senate Judiciary Hearings*, at 46.

ストロム・サーモンド上院議員からは： 同上 at 146.

「判事は自らが法的に正しいと判断したことを行う」 同上 .

「あなたは優秀な判事だ」： 同上 .

「でも彼女をよく知る人なら」： Irin Carmon による Alisa B. Klein へのインタビュー.

「女性の特権に対する自身の傾倒を」： *Senate Judiciary Hearings,* at 506 (statement of Nellie J. Gray, President of March for Life Education and Defense Fund).

「政府がその決定に干渉するというのは」： 同上 at 207.

「秘書官も、法務調査官も」： C-SPAN, *Supreme Court Justices.*

「誰かしらが」： 同上 .

バージニア州立軍事学校： *United States v. Virginia,* 518 U.S. 515 (1996).

「男性的価値を教え（……）ことを目的とした」 Oral Argument at 8:15, *United States v. Virginia,* 518 U.S. 515 (1996).

「男性は女性から指示を受けることに慣れなくてはなりません」： 同上 at 23:56.

法廷は厳格審査に裏口から滑り込んだと： *United States v. Virginia,* 518 U.S. 515, 567–68 (1996) (Scalia, J., dissenting).

「VMI の事案は（……）一九七〇年代の取り組みの集大成です」： Ruth Bader Ginsburg, *Advocating the Elimination of Gender-Based Discrimination: The 1970s New Look at the Equality Principle at University of Cape Town, South Africa* (Feb. 10, 2006).

「親愛なるビル、あなたの灯した光が」： Stephen Wermiel, *Justice Brennan: Liberal Champion*, at 408.

「いい日の法廷の」： Irin Carmon による David Toscano へのインタビュー.

RBG は一通の手紙を受け取った： Ruth Bader Ginsburg, *A Conversation with Associate Justice Ruth Bader Ginsburg*, 84 University Columbia Law Review 909, 929 (2013).

「合衆国対バージニア」裁判　RBG の意見抜粋： *United States v. Virginia,* 518 U.S. 515, 532–57 (1996).

6: 真実の愛

「自己犠牲なんかじゃなく、家族だからですよ」： Stephen Labaton, *The Man Behind the High Court Nominee,* New York Times, June 17, 1993.

ブロードウェイに観劇に： *Women's Law and Public Policy Fellowship Annual Conference on Women and the Law,* C-SPAN (Sept. 25, 2003) [以後、*Women's Law and Public Policy Remarks*].

マーティーをふざけて追い回しているのを： Irin Carmon による David Toscano へのインタビュー.

「クラスでの成績は下の下」： Joan Biskupic, *Martin Ginsburg, Justice's Husband, Dies,* USA Today, June 28, 2010.

「平等というモデル」： Irin Carmon による Margo Schlanger へのインタビュー.

「彼はわたしのことを、かなりいい伴侶だと」： Jessica Weisberg, *Supreme Court Justice Ruth Bader Ginsburg: I'm Not Going Anywhere,* Elle, Sept. 23, 2014.

Smoothly as "He" Would?, Legal Times of Washington, May 26, 1980.

ストロム・サーモンド上院議員だけだった： *Senate Judiciary Hearings*, at 664.

満場一致で承認される： 126 Congressional Record 15238 (daily ed. June 18, 1980).

くすくす笑いながら床に座って： Shana Knizhnik による Diane Zimmerman へのインタビュー.

「真にオープンで」： Gerald Gunther, *Ruth Bader Ginsburg: A Personal, Very Fond Tribute,* 20 University of Hawai'i Law Review 583, 586 (1998).

「制約を常に意識できる」： 同上 .

「法廷で最も独立した、思慮深い」： 同上 .

「『奥方』とはどういうこと？」： Abramson, *Class of Distinction.*

相手はきまってマーティーに握手を： *Conversation with Justice Ginsburg and Joan C. Williams at UC Hastings,* C-SPAN (Sept. 15, 2011) [以後、*UC Hastings Conversation*].

「彼女は『女性のための』判事ではなく」： Susan H. Williams and David C. Williams, *Sense and Sensibility: Justice Ruth Bader Ginsburg's Mentoring Style as a Blend of Rigor and Compassion*, 20 University of Hawai'i Law Review 589, 590 (1998).

「わたしは強く異論を唱えることが自分の役割だとは」： *On Becoming a Judge: Socialization to the Judicial Role*, 69 Judicature 139, 145 (1985).

スピーチの影響が大きい： Ruth Bader Ginsburg, *Speaking in a Judicial Voice,* 67 New York University Law Review 1185 (1992).

「政治プロセスを中断させ」： 同上 at 1208.

「彼らはロー判決が非常に危うい状態にあると感じていました」： Shana Knizhnik による Burt Neuborne へのインタビュー.

「女性たちは彼女に批判的だ」： Daniel Patrick Moynihan and Steven R. Weisman, *Daniel Patrick Moynihan: A Portrait in Letters of an American Visionary* 605–6 (2012).

アーウィン・グリズウォルドの演説： Stephen Labaton, *Senators See Easy Approval for Nominee,* New York Times, June 16, 1993.

《リーガル・タイムズ》誌の一九八八年の調査： Clarence Page, *President Clinton's "Stealth" Justice*, Chicago Tribune, June 20, 1993 [以後、Page, *President Clinton's "Stealth" Justice*].

「ロバート・ボークのアメリカは」： 133 Cong. Rec. S9188 (daily ed. Jul. 1, 1987) (statement of Sen. Edward Kennedy).

「敵意は抱いていない」： *Ruth Bader Ginsburg: "So Principled, She's Unpredictable,"* BusinessWeek, June 27, 1993.

「ルース・ベイダー・ギンズバーグははたしてサーグッド・マーシャルか」： Page, *President Clinton's "Stealth" Justice.*

「感じのいい淑女」： 同上 .

弁護士から「口うるさくて」（……）と思われている： Alan Dershowitz, *And the Winner Is . . . ,* Washington Times, June 16, 1993, at G1.

「いわゆる『扱いにくい人』」： 同上 .

「英雄の記憶を侮辱する」： 同上 .

「大統領はこれ以上ないくらい良い選択をした」： Stephen Wermiel, *Justice Brennan: Liberal Champion* (2010).

「委員会の共和党議員たちは」： Robert Barnes, *Clinton Library Release of Papers on*

「これ以上の場所はないからですよ」：Harvard Law School Celebration 25 Keynote.
「近いうちに、最高裁判事の会議テーブルも」：同上 .
「リード対リード」裁判　RBG の弁論趣意書抜粋：Brief for Appellant, *Reed v. Reed,* 404 U.S. 71 (1971) (No. 70-4), 1971 WL 133596, at 5–21.

5: 誰にも止められない、星まで手を伸ばす

「まったく考えられないことでした」：Acad. of Achievement.
まるで花嫁みたいだ：*Makers Profile: Ruth Bader Ginsburg: U.S. Supreme Court Justice*, MAKERS (Feb. 26, 2013).
自分が彼女を選んだ理由はなによりも：Acad. of Achievement.
「倫理的な機知は（……）不和を幾度も収めてきた」*The Supreme Court, Transcript of President's Announcements and Judge Ginsburg's Remarks*, New York Times, June 15, 1993.
「ルース・ベイダー・ギンズバーグは、リベラルとも保守とも呼べません」：同上 .
「ぼくは大したことはしてませんよ」：Claudia MacLachlan, *Mr. Ginsburg's Campaign for Nominee*, National Law Journal, June 27, 1993, at 33.
「たぶん一〇〇票は入っていますよ」：同上 .
マーティーが租税専門の弁護士だということで：Jan Crawford Greenburg, *Supreme Conflict: The Inside Story of the Struggle for Control of the United States Supreme Court* (2007).
ランチをつくって振る舞った：同上 ..
彼女が「社会的自由主義寄りになる」ことを：George Stephanopoulos, *All Too Human: A Political Education* 292 (2008).
「簡単なセレモニーを行う予定です」：Acad. of Achievement.
「ホワイトハウスの担当者は」：同上 .
「一九六〇年代の公民権運動」：同上 .
「なぜならそれは（……）日々を終わらせることにつながるからです」：同上 .
セリア・アムスター・ベイダー（……）勇敢で力強い人：同上 .
「じゃあ、あなた方は、性差別関係の訴訟を」：Nina Totenberg, *Notes on a Life, in* The Legacy of Ruth Bader Ginsburg 3 (Scott Dodson, ed. 2015).
新組織の会長は：Shana Knizhnik による Lynn Hecht Schafran への電話インタビュー.
第二巡回区面接メモ：手書きメモ , Ruth Bader Ginsburg, Notes from 2nd Circuit Interview (on file with the Library of Congress Manuscript Division).
「異議を唱えてくれた方々や団体の存在に励まされています」：Letter from Ruth Bader Ginsburg to Diane Serafin Blank (Mar. 19, 1979) (on file with the Library of Congress Manuscript Division).
「どれだけ人数と勝利が増えようが」：Letter from Barbara Allen Babcock to the Attorney General (Mar. 12, 1979) (on file with the Library of Congress Manuscript Division).
「好戦的なフェミニスト的考えの持ち主」：126 Congressional Record E39 (daily ed. Jan. 22, 1980) (statement of Rep. John M. Ashbrook).
「まったくの歪曲です」：Letter from Ruth Bader Ginsburg to Professor Herbert Wechsler (Jan. 28, 1980) (on file with the Library of Congress Manuscript Division).
「上院司法委員会の共和党議員は」：Nina Totenberg, *Ginsburg: Will "She" Sail as*

New York Times, Jul. 7, 2009 [以後、Bazelon, *The Place of Women on the Court*].

国が中絶費用を負担するのを禁止する決定： *Harris v. McRae,* 448 U.S. 297 (1980).

「固定観念に根差している」： Brief for the American Civil Liberties Union and Equal Rights Advocates, Inc. as Amicus Curiae, *General Electric Co. v. Gilbert,* 519 F.2d 661 (4th Cir. 1975) (No. 74-1557) (on file with the Library of Congress Manuscript Division).

「そういう考えです」： Ostrer, *Columbia's Gem of the Motion.*

「それには二人の人間が必要ですが」： Letter from Ruth Bader Ginsburg to Mary Just Skinner, Re: *Crawford v. Cushman* (Feb. 13, 1973) (on file with the Library of Congress Manuscript Division).

ゲドゥルディグ対アイエロ： 417 U.S. 484 (1974).

ゼネラル・エレクトリック社の女性従業員たちが： *Gen. Elec. Co. v. Gilbert,* 429 U.S. 125 (1976).

「昼休みに日帰りで受けられる処置」： Strebeigh, *Equal,* at 121.

「自発的で」 *Gen. Elec. Co. v. Gilbert,* 429 U.S. 125, 136 (1976).

ゼネラル・エレクトリック社は（……）除外していない： 同上 at 151 (Brennan, J., dissenting).

「彼女はさまざまな人をまとめる」： *Shana Knizhnik* による *Judith Lichtman* へのインタビュー.

妊娠差別禁止法： 42 U.S.C. § 2000(e) et seq.

彼が「専業主夫をしていた」あいだ： Stephen Wiesenfeld, *Letter to the Editor,* New Brunswick Home News, Nov. 27, 1972.

「おなじみの固定観念」： Brief for Appellee, *Wiesenfeld v. Wiesenfeld,* 420 U.S. 636 (1975) (No. 73-1892), 1974 WL 186057.

「女性の被保険者の稼ぎ手としての立場は過小評価され」： 同上 .

「聞いたその瞬間に思ったのは」： Mildred Hamilton, *Ruth Wins One for ERA*, New Jersey Examiner, Mar. 24, 1975, at 21.

「伴侶に先立たれた親が（……）できるようにするという目的を考えると」： *Weinberger v. Wiesenfeld,* 420 U.S. 636, 651 (1975).

「ワイゼンフェルド裁判は（……）進化の一歩でした」： Ruth Bader Ginsburg, *The Supreme Court Back on Track:* Weinberger v. Wiesenfeld (on file with the Library of Congress Manuscript Division).

スティーブン・ワイゼンフェルドのような男性の選択は： Cary C. Franklin, *The Anti-Stereotyping Principle in Constitutional Sex Discrimination Law,* 85 New York University Law Review 83 (2010).

「女性解放ではありません」： Margolick, *Trial by Adversity.*

「男性たちは、学ばなければなりません」： Ruth Bader Ginsburg, Keynote Speech at Harvard Law School Celebration 25 (Apr. 15, 1978) (on file with the Library of Congress Manuscript Division) [以後、Harvard Law School Celebration 25 Keynote].

「必要になるときが来るかもしれない」： Letter from Erwin N. Griswold to Ruth Bader Ginsburg (Oct. 17, 1978) (on file with the Library of Congress Manuscript Division).

「すぐれた白人男性が（……）奪うことにはならない」： Letter from Ruth Bader Ginsburg to Erwin N. Griswold (Oct. 19, 1978) (on file with the Library of Congress Manuscript Division).

Rights Project of the American Civil Liberties Union (1972) (on file with the Library of Congress Manuscript Division).
フロンティエロ対リチャードソン：411 U.S. 677, 684 (1973).
「伝統的に、こうした差別は」：同上 at 684.
「わたしの妻は、男性優越主義者の」：Marlene Cimons, *Family Ruling on Rehnquist*, Los Angeles Times, Dec. 14, 1973, at F7.
「真の変化、永続的な変化」：*Senate Judiciary Hearings*, at 122.
「わたしたちはたいてい、彼女の助言に従いました」：Rosen, *The New Look of Liberalism*.
「ギンズバーグはグロリア・スタイネムのような活力にも」：Mitchel Ostrer, *Columbia's Gem of the Motion: A Profile of Ruth Bader Ginsburg*, Juris Doctor, Oct. 1977, at 35 [以後、Ostrer, *Columbia's Gem of the Motion*].
授業評価アンケート：Columbia Law School Course Evaluations, Conflict of Laws (on file with the Library of Congress Manuscript Division).
「大手柄を立てた」：Lesley Oelsner, *Columbia Law Snares a Prize in the Quest for Women Professors*, New York Times, Jan. 26, 1972, at 36 [以後、Oelsner, *Columbia Law Snares a Prize*].
「《ニューヨーク・タイムズ》紙は『ミズ（Ms.)』の使用を認めていないのか」：Letter from Ruth Bader Ginsburg to Lesley Oelsner (Jan. 26, 1972) (on file with the Library of Congress Manuscript Division).
「わたしにとって唯一の制約は」：Oelsner, *Columbia Law Snares a Prize.*
コロンビア大学の女性たちは：Ruth Bader Ginsburg, Remarks at Columbia Law School, May 1980 (on file with the Library of Congress Manuscript Division).
「支える動きが大学内に存在することを目に見える形で示す」：Letter from Women's Affirmative Action Coalition to Ruth Bader Ginsburg (Feb. 16, 1972) (on file with the Library of Congress Manuscript Division).
「深刻かつ大きな代償をもたらす過ち」：Letter from Ruth Bader Ginsburg to William J. McGill, President of Columbia University (Aug. 22, 1972) (on file with the Library of Congress Manuscript Division).
「時期尚早に騒ぎを起こす傾向があまりにも強すぎる」：Letter from Walter Gellhorn to American Civil Liberties Union and New York Civil Liberties Union (Aug. 28, 1972) (on file with the Library of Congress Manuscript Division).
「一種の反感はたしかにありました」：Interview by Shana Knizhnik with Diane Zimmerman.
「『消極的差別』の時代」：Ruth Bader Ginsburg, *Introduction*, 1 Columbia Journal Gender and Law 1 (1991).
「女性仕事中」：Brenda Feigen, *Not One of the Boys: Living Life as a Feminist* (2000).
スーザン・ストラック空軍大尉：*Struck v. Sec'y of Def.,* 460 F.2d 1372 (9th Cir. 1971), *vacated as moot*, 409 U.S. 1071 (1972); Ian Shapiro, *Still Speaking in a Judicial Voice: Ruth Bader Ginsburg Two Decades Later*, 122 Yale Law Journal Online 257 (2013).
RBG はこの事件を手放すつもりはなかった：Ruth Bader Ginsburg, *Speaking in a Judicial Voice*, 67 New York University Law Review 1185 (1992).
「広く含まれる」：*Roe v. Wade,* 410 U.S. 113, 153 (1973).
「女性が一人で決められるとでも」：Emily Bazelon, *The Place of Women on the Court*,

of Law–Newark (Apr. 11, 1995) (on file with the Library of Congress Manuscript Division) [以後、Rutgers Remarks].
「わかったよ、おまえ」：Strebeigh, *Equal,* at 113.
ニュージャージー支部：Rutgers Remarks.
授業をしてほしいと頼んできた：同上 .
「土地は女性と同じく、所有されるべきものである」：Von Drehle, *Conventional Roles.*
賃金差別を訴える集団訴訟：Ruth Bader Ginsburg, *Remarks on Women's Progress in the Legal Profession in the United States*, 33 Tulsa Law Review 13, 15 (1997).
「女性配達員用の帽子」：Letter from Laney Kaplan to American Civil Liberties Union (Aug. 20, 1971) (on file with the Library of Congress Manuscript Division).
「女性郵便配達員の性別を識別するよう要求する」Letter from Ruth Bader Ginsburg to William H. Blount, Postmaster General (Sept. 17, 1971) (on file with the Library of Congress Manuscript Division).
チャールズ・E・モーリッツ：*E.g., Conversation with Justice Ruth Bader Ginsburg and Goodwin Liu*, C-SPAN and American Constitution Society for Law and Policy (June 13, 2015).
「女性の権利のために泥くさい仕事をしていた」：Strebeigh, *Equal,* at 25.
「暗がりから表舞台に引っぱり上げ」：同上 .
「生物学的な差異が」：Brief for Petitioner-Appellant, *Moritz v. Commissioner of Internal Revenue,* 469 F.2d 466 (10th Cir. 1972) (No. 71-1127) (on file with the Library of Congress Manuscript Division).
「この件には女性の共同弁護士を」：Letter from Ruth Bader Ginsburg to Mel Wulf (Apr. 6, 1971) (on file with the Library of Congress Manuscript Division).
「たぶん彼女は、自分で自分を」：Strebeigh, *Equal,* at 27.
グウェンドリン・ホイト：*Hoyt v. Florida,* 368 U.S. 57 (1961).
「女性は依然として家庭と家庭生活の中心と考えられている」：同上 at 62.
「倫理的、社会的な問題が増加する」：*Goesaert v. Cleary,* 335 U.S. 464, 466 (1948).
女性弁護士と出会っていた：*A Conversation with Justice Ruth Bader Ginsburg: Her Life as a Woman, a Jew and a Judge*, Only in America (Sept. 2, 2004).
『Jane Crow and the Law（女性差別と法）』：Linda K. Kerber, *No Constitutional Right to Be Ladies* 202 (1998).
白人男性のみから成る陪審員：*White v. Crook,* 251 F. Supp. 401 (Ala. 1966).
いたるところで、マレーの言葉を：Brief for Appellant, *Reed v. Reed,* 404 U.S. 71 (1971) (No. 70-4), 1971 WL 133596.
「彼女たちの偉業を拠りどころとした」：*Georgetown Remarks.*
「そいつはどうかと思うよ」：Shana Knizhnik による Burt Neuborne へのインタビュー.
「時代がようやく、その声を聞こうとしはじめた」：*Georgetown Remarks.*
「最高裁、性差別を違法と判断」：*High Court Outlaws Sex Discrimination*, New York Post, Nov. 22, 1971.
《プレイボーイ》誌のバニー：Von Drehle, *Redefining Fair.*
コンピューターを使って（……）リストアップさせ、：*E.g.,* Ruth Bader Ginsburg, *Advocating the Elimination of Gender-Based Discrimination: The 1970s New Look at the Equality Principle at University of Cape Town, South Africa* (Feb. 10, 2006).
「女性の機会均等に向けた道のりは」：Ruth Bader Ginsburg, *Prospectus for the Women's*

アンデシュ・ブルツェリウス：Daniel Friedland, *Scandinavian Trip This Summer,* The Transcript, Apr. 11, 1966, at 6.
「男性と女性はどちらも一つの主要な役割を担っている」：Linda Haas, *Equal Parenthood and Social Policy: A Study of Parental Leave in Sweden* 55 (1992).
女優のシェリー・フィンクバイン：*Symposium Honoring the 40th Anniversary of Justice Ruth Bader Ginsburg Joining the Columbia Law Faculty: A Conversation with Justice Ginsburg*, Columbia Law School (Feb. 10, 2012) [以後、*Columbia Symposium*].
イングマール・ベルイマンの映画を字幕なしで：Irin Carmon により Ruth Bader Ginsburg にファクトチェック、マサチューセッツ州ボストン、2015 年 5 月 29 日 .
最も優れた一冊：Adam Liptak, *Kagan Says Path to Supreme Court Was Made Smoother Because of Ginsburg's,* New York Times, Feb. 10, 2014.

4: ステレオタイプの「女」ってやつ

「憲法上の原則をめぐる」：Acad. of Achievement.
RBG は昼食を抜いていた：*E.g.,* Jay Boyar, *Supreme Sightseeing,* Orlando Sentinel, Nov. 13, 2005.
母親の形見の飾りピン：Elinor Porter Swiger, *Women Lawyers at Work* 56 (1978).
「首席判事殿、申し述べます」：Oral Argument at 17:19, *Frontiero v. Richardson,* 411 U.S. 677 (1973) [以後、Frontiero Oral Argument].
シャロン・フロンティエロ：*Frontiero v. Richardson,* 411 U.S. 677 (1973).
リード対リード：404 U.S. 71 (1971).
「同じステレオタイプ」：Frontiero Oral Argument, at 17:32.
「ミセス・ルース・ギンズバーグ」：Seth Stern and Stephen Wermiel, *Justice Brennan: Liberal Champion* 394 (2010).
「女性を閉じ込めるのに」：Frontiero Oral Argument, at 25:22.
彼女のうしろにはブレンダ・フェイゲンが座っていた：Irin Carmon による Brenda Feigen へのインタビュー.
「性別は人種と同じく」：Frontiero Oral Argument, at 20:52.
「『わたしの性別に対する特別扱いは求めません』」Frontiero Oral Argument, at 27:33.
「非常に正確な女性だ」Fred Strebeigh, *Equal: Women Reshape American Law* 55 (2009) [以後、Strebeigh, *Equal*].
シモーヌ・ド・ボーヴォワールの『第二の性』：Von Drehle, *Conventional Roles.*
ラトガース大学が女性の教職員を探している：*Georgetown Remarks.*
「教授用ローブ、二人の女性に」：Sue Weinstock, *Robes for Two Ladies*, Newark Star-Ledger, June 4, 1970.
「でもあなたには、給料の良い旦那さんがいる」：Pam Lambert, *Ginsburg and Rabb: Setting Precedents*, Columbia, Summer 1980, at 10.
「ほかに誰かいるのね？」：Irin Carmon により Ruth Bader Ginsburg にファクトチェック、マサチューセッツ州ボストン、2015 年 5 月 29 日 .
義母のクローゼットを頼ることに：Ruth Bader Ginsburg, Remarks at Hawaii Women Lawyers' Tea (Oct. 30, 1986) (on file with the Library of Congress Manuscript Division) [以後、Hawaii Remarks].
「毎日わたしの授業の直前になると」：Ruth Bader Ginsburg, Remarks for Rutgers School

「ルース、もしロースクールに行きたくないのなら、」：Saulnier, *Justice Prevails.*

「力と美が合わさったように」：Tamar Lewin, *Herbert Wechsler, Legal Giant, Is Dead at 90,* New York Times, Apr. 28, 2000.

「もっとよく知りたいと思ったので」：*E.g.,* Judith Richards Hope, *Pinstripes and Pearls: The Women of the Harvard Law Class of '64 Who Forged an Old Girl Network and Paved the Way for Future Generations* 105 (2003).

「一風変わった人材を求めています」：Lynn Gilbert, *Particular Passions: Ruth Bader Ginsburg* (1988).

「奇妙で変わった存在」：Ruth Bader Ginsburg, Keynote Speech at Harvard Law School Celebration 25 (Apr. 15, 1978) (on file with the Library of Congress Manuscript Division).

「講義のあいだは」：Acad. of Achievement.

大学図書館：*Nomination of Ruth Bader Ginsburg to Be an Associate Justice of the Supreme Court of the United States: Hearings Before the S. Comm. on the Judiciary,* 103rd Cong. 134 (1993) [以後、*Senate Judiciary Hearings*].

ローダ・アイセルベーカー：Jill Abramson, *Class of Distinction: Women Find Success After Harvard Law '59, Despite the Difficulties—Judge Ginsburg's Classmates Balanced Lives, Careers, Helped Shape Profession—"Ecstatic" Over Appointment,* Wall Street Journal, Jul. 20, 1993, at A1 [以後、Abramson, *Class of Distinction*].

RBG の母親を奪ったがんが：Only in America.

なんとかやっていける：Robert Barnes, *The Question Facing Ruth Bader Ginsburg: Stay or Go?,* Washington Post, Oct. 4, 2013 [以後、Barnes, *The Question Facing Ruth Bader Ginsburg*].

「成績は一、二年次だけを対象に」：Only in America.

グリズウォルドの答えはノー：*Georgetown Remarks.*

ヘイゼル・ガーバー：Interview by Irin Carmon with David Schizer.

「東海岸で最も賢い人物が」：David Margolick, *Trial by Adversity Shapes Jurist's Outlook,* New York Times, June 25, 1993.

マーティーは学内紙の：Martin D. Ginsburg, *Spousal Transfers: In '58, It Was Different,* Harvard Law Review, May 6, 1977, at 11.

「考えてみてほしい」：Ruth Bader Ginsburg, *The Changing Complexion of Harvard Law School,* 27 Harvard Women's Law Journal 303, 305 (2004).

フェリックス・フランクファーター：Neil A. Lewis, *Rejected as a Clerk, Chosen as a Justice,* New York Times, June 15, 1993.

ポール・ベンダー：Todd C. Peppers and Artemus Ward, *In Chambers: Stories of Supreme Court Law Clerks and Their Justices* (2012).

ラーニッド・ハンド：　Strebeigh, *Equal,* at 37.

ちなみに、その女性というのが：Only in America.

ジェラルド・ガンサー：AALS, *Engendering Equality.*

もしだめだったら：同上 .

「お若いお嬢さん、きみのことは見えていないんでね」：Saulnier, *Justice Prevails.*

「ルース、スウェーデンの民事訴訟に関する本の」：*Georgetown Remarks; Professor Hans Smit Remembered as an "Odysseus" at Memorial Service,* Columbia Law School (Feb. 20, 2012).

Scalia, and O'Connor, C-SPAN (Oct. 8, 2009) [以後、C-SPAN, *Supreme Court Justices*].

「女性用トイレの位置をすべて頭に入れて」：AALS, *Engendering Equality.*

「女子は男子よりもものすごく賢かった」：Scott Rosenthal, *Students in D.C. Meet Justice Ginsburg '54,* Cornell Daily Sun, Apr. 16, 2007.

「たとえ勉強中に爆弾が落ちても」：Shana Knizhnik による Anita Fial へのインタビュー.

夜一〇時の門限：Von Drehle, *Conventional Roles.*

一方の男子は：Acad. of Achievement.

キキはそれを目指して、そして脱落した：Only in America.

ウラジミール・ナボコフ：*Ruth Bader Ginsburg: From Brooklyn to the Bench,* Cornell University (Sept. 22, 2014) [以後、Cornell, *From Brooklyn to the Bench*].

ロバート・E・クシュマン：同上 .

「人種差別との闘い」：同上 .

マーカス・シンガー：*Cornell Relieves Marcus Singer of Teaching Duties,* Harvard Crimson, Nov. 24, 1954; Von Drehle, *Conventional Roles.*

「弁護士になるのは」：*Justice Ruth Bader Ginsburg Remarks at Georgetown University Law Center,* C-SPAN (Feb. 4, 2015) [以後、*Georgetown Remarks*].

それまで出会ったボーイフレンドの中で初めて：Cornell, *From Brooklyn to the Bench.*

マーティーの愛車であるグレーのシボレー：Beth Saulnier, *Justice Prevails: A Conversation with Ruth Bader Ginsburg '54,* Cornell Alumni Magazine, Nov./Dec. 2013 [以後、Saulnier, *Justice Prevails*].

「コーネル大学の一週間は長くて寒い」：*Georgetown Remarks.*

「二人の関係について言えば、間違いなく」：Jay Mathews, *The Spouse of Ruth: Marty Ginsburg, the Pre-Feminism Feminist,* Washington Post, June 19, 1993 [以後、Mathews, *The Spouse of Ruth*].

「ルースは優秀な学生で」：Claudia MacLachlan, *Mr. Ginsburg's Campaign for Nominee,* National Law Journal, June 27, 1993, at 33.

彼の父親のモリスは：Irin Carmon による Ruth Bader Ginsburg へのインタビュー.

五回落ちたすえに：Irin Carmon により Ruth Bader Ginsburg にファクトチェック、マサチューセッツ州ボストン、2015 年 5 月 29 日 .

「夫婦で同じ分野に進めば」：Mathews, *The Spouse of Ruth.*

化学の授業は：AALS, *Engendering Equality.*

「ルースは最初から、そのつもりだった」Mathews, *The Spouse of Ruth.*

ギンズバーグ家の居間で結婚式を：Ruth Bader Ginsburg, *The Honorable Ruth Bader Ginsburg: Associate Justice of the Supreme Court of the United States,* in The Right Words at The Right Time 116 (Marlo Thomas, ed. 2004) [以後、The Right Words at the Right Time].

その場に集まったのは全部で一八人：同上 .

「幸せな結婚生活の秘訣を」：AALS, *Engendering Equality.*

「義母はシンプルに、こう言いたかった」：The Right Words at the Right Time.

フォートシル基地：AALS, *Engendering Equality.*

公務員試験：Von Drehle, *Conventional Roles*; Irin Carmon により Ruth Bader Ginsburg にファクトチェック、マサチューセッツ州ボストン、2015 年 5 月 29 日 .

v. Carhart, 550 U.S. 124 (2007).
リリー・レッドベター： *Ledbetter v. Goodyear Tire and Rubber Co.,* 550 U.S. 618 (2007).
「ギンズバーグ判事はジャンプシュートの練習を」： Jeffrey Toobin, *The Oath: The Obama White House and the Supreme Court* 118 (2012).
「人々に示したかったのです」： Joan Biskupic, *Ginsburg Back with Grit, Grace,* USA Today, Mar. 6, 2009.
「わたしたち女性がこうして法廷のあちこちに」： Joan Biskupic, *Justice Ginsburg Reflects on Term, Leadership Role,* USA Today, June 30, 2011.
「スキムミルクのような不完全な結婚」 Oral Argument at 70:51, *United States v. Windsor,* 133 S. Ct. 2675 (2013).
バーウェル対ホビー・ロビー・ストアア社： 134 S. Ct. 2751 (2014).
「100 パーセントしゃきっとは」していなかった： Ariane de Vogue, *Ginsburg and Scalia on Parasailing, Elephants and Not Being "100% Sober,"* CNN (Feb. 13, 2015).
「祝福とたまのケンカを」： Robert Barnes, *Ginsburg to Officiate Same-Sex Wedding,* Washington Post, Aug. 30, 2013.

3: 伝えたいことがあるんだ

「幸せな少女だったと思います」： Bruce Weber, *Latest Chapter in a Photographer's Worldwide Project,* New York Times, Sept. 19, 1996.
「うちの娘婿は医者で、弁護士で……」： Von Drehle, *Conventional Roles.*
「小柄な女の子たちのグループとよく一緒に」： Irin Carmon による Hesh Kaplan へのインタビュー.
チェナワでのサマーキャンプ： David Von Drehle, *Redefining Fair with a Simple Careful Assault: Step-by-Step Strategy Produced Strides for Equal Protection,* Washington Post, Jul. 19, 1993 [以後、Von Drehle, *Redefining Fair*].
「ナンシーは冒険好きで」： *Ruth Bader Ginsburg Interview, Acad. Of Achievement: A Museum of Living History* (Aug. 17, 2010) [以後、Acad. of Achievement].
「中華料理の匂いを愛するようになったのは」： AALS, *Engendering Equality.*
ジュディス・コプロン： Irin Carmon による Hesh Kaplan へのインタビュー.
死の匂い： Von Drehle, *Conventional Roles.*
友だちが集まって： Irin Carmon により Ruth Bader Ginsburg にファクトチェック、ボストン、2015 年 5 月 29 日 .
セリア・アムスター： Fred Strebeigh, *Equal: Women Reshape American Law* 11 (2009).
式の一日前に： 同上 .
ミニヤーン： Abigail Pogrebin, *Stars of David: Prominent Jews Talk About Being Jewish* 19–20 (2007).
「つねに礼儀正しく振る舞い、」： Larry Josephson, *A Conversation with Justice Ruth Bader Ginsburg: Her Life as a Woman, a Jew and a Judge,* Only in America (Sept. 2, 2004) [以後、Only in America].
密かに貯金していたことを： Strebeigh, *Equal,* at 12; Von Drehle, *Conventional Roles*; Only in America.
「わたしの人生で最もつらい時期の一つ」： *Supreme Court Justices Kennedy, Ginsburg,*

「わたしも、そこに含まれていなかったかもしれません」： *Conversation with Justice Ruth Bader Ginsburg and Theodore "Ted" B. Olson,* C-SPAN (Dec. 17, 2013).

彼女は少しめまいを覚えた： *E.g.,* Jess Bravin, *Justice Ginsburg Undergoes Heart Procedure to Treat Coronary Blockage,* Wall Street Journal, Nov. 27, 2014.

「聡明なクリエイターの方々に」： Ruth Bader Ginsburg から Shana Knizhnik, Aminatou Sow, Frank Chi への手紙 (Oct. 8, 2014)（著者所蔵）.

2: この稼業じゃもう長い

最高裁判事は一つ屋根の下で： Ruth Bader Ginsburg, *The Supreme Court: A Place for Women,* Vital Speeches of the Day, May 1, 2001, at 420–24.

「首席判事の椅子に座るよう勧められ」： Letter from Sarah Grimke to Sarah Wattles (Dec. 23, 1853) Weld-Grimke Papers, William L. Clements Library, University of Michigan).

マイラ・ブラッドウェル： *Bradwell v. Illinois,* 83 U.S. 130 (1873).

「コミュニケーション手法は」： Brief for the Petitioner, *Struck v. Sec'y of Def.,* 409 U.S. 1071 (1972) (No. 72-178), 1972 WL 135840, at 39.

ミルズ対アメリカ合衆国： 164 U.S. 644 (1897).

「推薦できそうな卒業生がいない」： David L. Weiden and Artemus Ward, *Sorcerers' Apprentices: 100 Years of Law Clerks at the United States Supreme Court* 88 (2006).

ブラウン対トピカ教育委員会： 347 U.S. 483 (1954).

「わたしの世代で法律を学ぶ女性は」： Sandra Pullman, *Tribute: The Legacy of Ruth Bader Ginsburg and WRP Staff,* ACLU (Feb. 19, 2006).

「わたしの給与をほどほどに抑えるのはまったく正当」： Ruth Bader Ginsburg, *Remarks on Women's Progress in the Legal Profession in the United States,* 33 Tulsa Law Review 13, 15 (1997).

「スウェーデンの民事訴訟に関して難しい問題に」 Adam Liptak, *Kagan Says Path to Supreme Court Was Made Smoother Because of Ginsburg's,* New York Times, Feb. 10, 2014.

「司法省にはたしか男性秘書はいない」： Oral Argument at 75:51, *Phillips v. Martin-Marietta Corp.,* 400 U.S. 542 (1971).

リード対リード： Brief for Appellant, *Reed v. Reed,* 404 U.S. 71 (1971) (No. 70-4), 1971 WL 133596.

ロー対ウェイド： 410 U.S. 113 (1973).

ドウ対ボルトン： 410 U.S. 179 (1973).

「プライバシー権には」： *Roe,* 410 U.S. at 153.

史上初となる性差別事件の判例集： Kenneth M. Davidson, Ruth Bader Ginsburg, and Herma Hill Kay, *Sex-Based Discrimination: Text, Cases and Materials* (1974).

ブッシュ対ゴア 531 U.S. 98 (2000).

「法廷による介入の決断と」： David G. Savage, *Ginsburg Rebukes Justices for Intervening in Fla. Vote,* Los Angeles Times, Feb. 3, 2001.

「たった一人の女性判事」 Darragh Johnson, *Sandra Day O'Connor, Well Judged Women's Group Honors Pioneering High Court Justice,* Washington Post, Mar. 7, 2006.

ゴンザレス対カーハート： 550 U.S. 124 (2007).

「あたかもこの判決が女性を守るかのように」 Opinion Announcement at 7:27, *Gonzales* *v. Holder,* 133 S. Ct. 2612 (2013).

「真実（Truth）は、ルース（Ruth）なしには綴れない」：Shana Knizhnik による Aminatou Sow へのインタビュー; Irin Carmon による Frank Chi へのインタビュー.

「お堅い女性教師のよう」：Alan Dershowitz, *And the Winner Is . . .* ,Washington Times, June 16, 1993; David Von Drehle, *Conventional Roles: Hid a Revolutionary Intellect,* Washington Post, Jul. 18, 1993 [以後、Von Drehle, *Conventional Roles*].

お門違いなフェミニスト Jeffrey Rosen, *The Book of Ruth,* New Republic, Aug. 2, 1993 参照.

時代遅れの化石：Margaret Carlson, *The Law According to Ruth,* Time, June 24, 2001.

急進派にしては生ぬるい：Shana Knizhnik による Burt Neuborne へのインタビュー.

文章がつまらない：Transcript of *NOW with Bill Moyers* (PBS television broadcast, May 3, 2002).

コメディアンのエイミー・シューマー：Jennifer Konerman, *Amy Schumer's Marketing Ploy for Season 3,* Brief: a promaxbda publication (Mar. 31, 2015).

ドラマ『スキャンダル』：*It's Good to Be Kink,* Scandal (ABC television broadcast, Mar. 19, 2015).

ドラマ『グッド・ワイフ』 *The Deconstruction,* The Good Wife (CBS television broadcast, Apr. 26, 2015).

『サタデー・ナイト・ライブ』でたびたび RBG のものまねを披露：*Dakota Johnson/Alabama Shakes,* Saturday Night Live (NBC television broadcast, Feb. 28, 2015); *Scarlett Johansson/Wiz Khalifa,* Saturday Night Live (NBC television broadcast, May 2, 2015).

「まじめな人がおおいに評価されるように」：Shana Knizhnik による Aminatou Sow へのインタビュー.

「彼女ほどカルト的人気を得たいと思っていない人間は」：Irin Carmon による David Schizer へのインタビュー.

「母のことを今風でイケてると思ったことはありませんね」：Irin Carmon による James Ginsburg へのインタビュー.

「アメリカ人の想像力が決定的に広がった」：Rebecca Traister, *How Ruth Bader Ginsburg Became the Most Popular Woman on the Internet,* New Republic, Jul. 10, 2014.

「歳をとるほど女性は力を失い」：Irin Carmon による Gloria Steinem へのインタビュー.

「世間に注目されることをいとわなくなった」：Shana Knizhnik による Burt Neuborne へのインタビュー.

「けれど、本当に変わったのは」：Jeffrey Rosen, *Ruth Bader Ginsburg Is an American Hero,* New Republic, Sept. 28, 2014.

「彼女はどんなことも熟慮します」：Rosen, *The New Look of Liberalism.*

「ルースはほぼ純粋に仕事の人です」：Pam Lambert, *Determined Judge,* Cornell Alumni News, November 1980, at 67.

ACLU 時代の同僚二人：Von Drehle, *Conventional Roles.*

「とんでもなく過激な人物」：Shana Knizhnik による Cynthia Fuchs Epstein へのインタビュー.

「本当の自分というものは彼女にとって二の次」：Shana Knizhnik による Burt Neuborne へのインタビュー.

原注

1: 悪名高き判事

「反対意見」を示すときに身につける付け襟：Irin Carmon により Ruth Bader Ginsburg にファクトチェック、マサチューセッツ州ボストン、2015 年 5 月 29 日 .

一日も休むことなく：同上 .

土地利用に関するもの：*Koontz v. St. Johns River Water Mgmt. Dist.,* 133 S. Ct. 2586 (2013).

「インディアン児童福祉法令」にまつわる悲痛な親権訴訟：*Adoptive Couple v. Baby Girl,* 133 S. Ct. 2552 (2013).

「シェルビー郡対ホルダー」裁判：133 S. Ct. 2612 (2013).

「しかし、(……) 我が国の状況は変わった」 Opinion Announcement Part 1 at 7:25, *Shelby Cnty. v. Holder,* 133 S. Ct. 2612 (2013) (すべての意見は oyez.org にて入手可能).

殺害された公民権運動家：*Shelby Cnty. v. Holder,* 133 S. Ct. 2612, 2626 (2013) 参照 .

黒人投票率の高まり：同上参照 .

黒人の市長：同上参照 .

アファーマティブ・アクション (……) に関するもの：*Fisher v. Univ. of Tex.,* 133 S. Ct. 2411 (2013).

職場での差別をめぐる二件の訴訟：*Vance v. Ball State Univ.,* 133 S. Ct. 2434 (2013); *Univ. of Tex. Sw. Med. Ctr. v. Nassar,* 133 S. Ct. 2517 (2013).

「法廷は (……) 軽視している」：Opinion Announcement Part 2 at 4:19, *Univ. of Tex. Sw. Med. Ctr. v. Nassar,* 133 S. Ct. 2517 (2013).

多数意見を執筆したアリート判事："Dana Milbank, Alito Is On a Roll: An Eye Roll,"Washington Post, June 25, 2013.

サンドラ・デイ・オコナー元判事が座っていた：Mark Walsh, *A "View" from the Court: June 25, 2013,* SCOTUSblog (June 25, 2013).

「ギンズバーグ判事から反対意見が」：Opinion Announcement Part 1 at 8:15, *Shelby Cnty. v. Holder,* 133 S. Ct. 2612 (2013).

「傲慢というほかない」 *Shelby Cnty. v. Holder,* 133 S. Ct. 2612, 2648 (2013) (Ginsburg, J., dissenting).

「傘を投げ捨てる」：同上 at 2650.

「かつては夢見る対象だったもの」：Opinion Announcement Part 2 at 1:22, *Shelby Cnty. v. Holder,* 133 S. Ct. 2612 (2013).

怒るのは時間を浪費するだけ：*E.g.,* Jeffrey Rosen, *The New Look of Liberalism on the Court,* New York Times, Oct. 5, 1997 [以後、Rosen, *The New Look of Liberalism*].

ときには、ちょっと聞こえないふりをするのも役に立つ：*E.g.,* Association of American Law Schools, *Engendering Equality: A Conversation with Justice Ginsburg,* YouTube.com (Feb. 20, 2015) [以後、AALS, *Engendering Equality*].

この半世紀のあいだ (……) 記録的な数だ：Richard Wolf, *Ginsburg's Dedication Undimmed After 20 Years on Court,* USA Today, Aug. 1, 2013.

「揺るぎない尽力があればこそだ」：Opinion Announcement Part 2 at 9:59, *Shelby Cnty.*

口絵写真 : The Syndicate / Alamy Stock Photo、
Sebastian Kim/AUGUST/amanaimages、Courtesy Columbia Law School

アメリカ合衆国連邦最高裁判事《がっしゅうこくれんぽうさいこうさいはんじ》
ルース・ベイダー・ギンズバーグの
「悪名高《あくめいだか》き」生涯《しょうがい》

2024年9月30日 初版1刷発行

著　　者――イリーン・カーモン　シャナ・クニズニク
訳　　者――柴田《しばた》さとみ
翻訳協力――株式会社リベル
カバーデザイン――向井紀代子
DTP・本文デザイン――マーリンクレイン
印 刷 所――萩原印刷
製 本 所――国宝社
発 行 者――三宅貴久
発 行 所――株式会社 光文社
〒112-8011　東京都文京区音羽1-16-6
電話――編集部 03-5395-8289
書籍販売部 03-5395-8116
制作部 03-5395-8125

落丁本・乱丁本は業務部へご連絡くだされば、お取替えいたします。

Printed in Japan ISBN 978-4-334-10426-9